MÉTHODOLOGIE
DU BUSINESS PLAN

Éditions d'Organisation
1, rue Thénard
75240 Paris Cedex 05
www.editions-organisation.com

DU MÊME AUTEUR

Aux Éditions d'Organisation

Acheter une entreprise (2ᵉ édition), 1992.

Manuel d'évaluation des entreprises (4ᵉ édition), 1992.
en collaboration avec Jean BRILMAN

ISBN : 2-7081-2835-3

Claude MAIRE

MÉTHODOLOGIE DU BUSINESS PLAN

Deuxième édition
Quatrième tirage 2006

Éditions
d'Organisation

Table des matières

8

Annexes

Avant-propos

Les difficultés qu'ont rencontrées nos économies et, par voie de conséquence, nos entreprises au cours des dernières années avaient semblé diminuer l'intérêt pour l'entreprise de se projeter dans l'avenir, du moins dans
le cadre strict d'un plan précis et chiffré.

Pourquoi en effet établir un plan dont on a la quasi-certitude qu'il sera
remis en cause par une prochaine crise pétrolière ou par une future crise
du Golfe ? Ce scepticisme sur l'intérêt d'une formalisation du projet de
l'entreprise est aujourd'hui largement contesté. L'intérêt de la prévision est
au contraire désormais reconnu au niveau des grandes entreprises et des
groupes. Les utilisateurs ont en effet admis que les buts d'un tel plan sont
à la fois de tenter de prévoir l'avenir mais également d'exprimer qu'il existe
un cap et qu'il sera tenu, même si les événements obligent pour cela à
choisir des chemins différents de celui que l'on avait initialement envisagé.

Désormais, ce sont non seulement les affaires de grande taille mais également de plus modestes qui éprouvent le besoin de disposer d'un tel outil.
Nombreux sont de ce fait les dirigeants qui s'interrogent sur le mode de
construction du plan de développement d'une entreprise, généralement
appelé business-plan.

Le but de cet ouvrage est de décrire l'utilité d'un tel travail et de donner
une démarche et des techniques pour construire un véritable business-plan
qui saura échapper aux deux écueils du genre :

- n'être qu'un document qualitatif exprimant des souhaits dont la réalisation effective ne pourra jamais être précisément mesurée ;
- n'être qu'un document "comptable" obtenu par un processus purement arithmétique et qui ne saurait alors pas entraîner l'adhésion des
  forces vives de l'entreprise.

Pour ce faire, après avoir défini les utilisations possibles du business-plan,
cet ouvrage présentera la méthodologie générale à respecter pour l'élaborer, puis décrira en détail chacune des étapes du travail à réaliser.

Il peut ainsi être lu dans l'ordre des chapitres si le souhait du lecteur est de
se faire une idée complète sur le processus de travail à mettre en place.

Chaque chapitre peut également être étudié distinctement lors de la réalisation de l'étape correspondante du travail.

Introduction

A fin de définir ce qu'est un business-plan, faisons une comparaison. Il est possible d'affirmer que le business-plan est à l'avenir ce que la comptabilité est au passé. La comptabilité ne crée ni les bénéfices, ni les pertes, elle ne fait que les constater. Le business-plan ne construit pas l'avenir et n'oriente pas la politique future de l'entreprise, il a pour rôle de quantifier le plus précisément possible les effets prévisibles des décisions envisagées. Cette définition est schématisée ci-dessous.

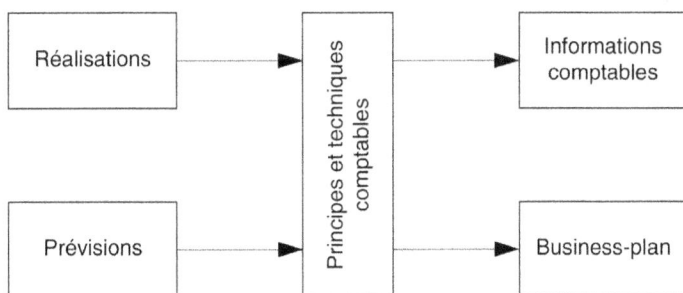

| Réalisations | → | Principes et techniques comptables | → | Informations comptables |
| Prévisions | → | | → | Business-plan |

Le business-plan est donc, comme la comptabilité, un outil de chiffrage précis permettant de décrire le devenir de l'entreprise. En fonction des hypothèses retenues, il fera apparaître quelles seront à terme la situation patrimoniale et la structure financière de la société. Ce sont les bilans prévisionnels qui fourniront cette information et diront si les moyens financiers de l'entreprise permettent à celle-ci d'envisager avec succès la mise en œuvre de sa politique ou si elle doit modérer ses ambitions.

Les comptes de résultat prévoiront la rentabilité de l'affaire et donc le bien-fondé des décisions envisagées. Ce point est important puisque le but final de toute décision est, dans une entreprise commerciale, de dégager des bénéfices et ce, à la fois à court terme et dans la durée.

Ce premier rôle est essentiel puisqu'il n'est évidemment pas possible d'envisager de mettre en œuvre une stratégie qui va engager l'entreprise pour de nombreuses années sans avoir chiffré avec précision les conséquences probables des décisions prises et les risques éventuels en résultant.

C'est pour n'avoir pas établi de telles prévisions que chaque année de nombreuses entreprises font faillite. On pense ici aux sociétés qui déposent leur bilan alors qu'elles se trouvent sur des marchés porteurs et dégagent des résultats positifs, mais qui se sont lancées dans un fort développement sans avoir mesuré l'ampleur des investissements nécessaires et mis en place préalablement les moyens financiers adéquats. Dans de tels cas, le simple fait d'établir un business-plan n'aurait pas résolu le problème. Il aurait cependant démontré par avance l'existence du problème et permis à la direction d'en tirer les conséquences ; c'est-à-dire, selon les cas, soit de limiter les ambitions de l'entreprise, soit de trouver préalablement les moyens financiers du développement, soit encore d'imaginer des solutions pour réussir à financer autrement la croissance.

Ensuite, et sans qu'il s'agisse pour autant d'un rôle moins essentiel, le business-plan est un outil de communication et ce, à plusieurs niveaux :

◇ *Communication interne*

Toute direction qui désire impulser une action dans l'entreprise éprouve le besoin d'un support à sa communication. L'avantage du business-plan est son aspect global puisqu'il présentera non seulement les buts visés mais également les moyens à mettre en œuvre pour les atteindre et les résultats attendus. Il sera ensuite l'outil privilégié de la communication sur leur réalisation ou leur non-réalisation et donc de la justification des éventuelles mesures correctives à mettre en œuvre.

◇ *Communication avec les actionnaires*

Même au niveau des entreprises moyennes, on constate aujourd'hui un éclatement de l'actionnariat. Celui-ci trouve son origine dans l'organisation des successions ou l'ouverture du capital. Le dirigeant doit donc de nos jours, sinon partager le pouvoir, du moins accepter de communiquer avec les autres propriétaires de l'entreprise : ses associés. Le business-plan sera un moyen pour le président de préciser où il veut conduire l'affaire et comment il entend procéder. Il devrait ainsi éviter un certain nombre de conflits classiques entre dirigeants et actionnaires minoritaires.

◇ *Communication avec les financiers*

Lors des négociations avec les banques, le fait de disposer d'un business-plan permettra au dirigeant de justifier le montant des financements recherchés. Par ailleurs, l'existence de ce document est un moyen de démontrer aux financiers que la gestion est maîtrisée et que les risques qu'ils encourent en finançant l'affaire sont limités.

Dans tous ces cas, l'effet ne sera positif que si le business-plan a été établi avec tout le sérieux souhaitable. En cas de non réalisation des prévisions, les écarts devront être expliqués et les mesures correctives rapidement mises en œuvre.

Pourquoi construire un business-plan ?

S i les objectifs principaux de la construction d'un business-plan ont été rapidement présentés en introduction ; il convient maintenant d'y revenir plus en détail. Le but est cette fois-ci de tenter de définir quel type de business-plan devra être établi selon l'usage principal que l'on entend en faire. On conçoit bien, en effet, que si ce document doit faire l'objet d'une large communication, le détail de certaines orientations stratégiques ne pourra pas être communiqué au risque de voir ces éléments aboutir entre les mains de la concurrence.

11. Le business-plan de création

La création est ici prise au sens large. Elle peut couvrir plusieurs cas que nous décrivons brièvement.

11.1. La création d'une entreprise

C'est probablement le cas le plus complexe que l'on puisse rencontrer puisque le créateur ne dispose d'aucun historique.

Il faudra tout "inventer", c'est-à-dire tout prévoir depuis le montant à dépenser pour construire une usine jusqu'à la consommation de fournitures de bureau.

Même si ce business-plan est le plus difficile à établir, il n'en est pas moins totalement indispensable. On peut au minimum recenser trois utilités essentielles :

● Valider la faisabilité financière du projet

Il s'agit de vérifier que l'entreprise que l'on envisage de créer peut dégager des résultats et de connaître leur niveau probable. Cette vérification ne peut être obtenue qu'en réalisant une projection sur une durée assez longue. On sait en effet que, de manière classique, une création se solde en général dans les premiers temps par des pertes. Ce n'est qu'après trois ans, voire plus, qu'apparaissent normalement l'équilibre puis les bénéfices.

● Convaincre de futurs actionnaires

Si la création de l'entreprise suppose de lever des capitaux plus ou moins importants, il faudra convaincre les futurs associés de l'intérêt du projet. Le business-plan remplira ce rôle puisqu'il mettra, en face de l'investissement à réaliser par les futurs actionnaires, les profits que ceux-ci peuvent attendre. Ces profits s'exprimeront :

- par la capacité de l'entreprise, à réaliser dans l'avenir des profits permettant de distribuer des dividendes,
- par l'évaluation à terme de l'entreprise, compte tenu des performances prévues. Cette évaluation mettra en évidence la plus-value que peuvent espérer les actionnaires.

C'est de cette manière, et en fonction de ces éléments provenant du business-plan, que les sociétés de capital-risque spécialisées dans le "start-up" se prononcent pour savoir si elles accepteront ou non de participer au financement d'une nouvelle société.

● Obtenir des financements

Même si un capital de départ a été rassemblé, il sera en général également nécessaire de faire appel à des financements bancaires pour :

- réaliser les investissements,
- financer, du moins en partie, le besoin en fonds de roulement de l'entreprise à créer.

Pour convaincre les banquiers, il est nécessaire de présenter un plan précis leur permettant d'apprécier leurs risques et de définir le niveau de leurs engagements éventuels.

Notons enfin qu'en cas de création au-delà de la présentation d'un business-plan crédible, c'est de loin, et peut-être avant tout, la personnalité du créateur qui emportera la décision des financiers, qu'ils soient capital-risqueurs ou banquiers. Ces derniers seront toutefois également sensibles aux garanties données.

11.2. La reproduction d'une entreprise

Il s'agit ici encore de construire le business-plan d'une création. Tel est le cas d'une entreprise régionale qui crée une filiale pour s'implanter dans une région où elle ne l'était pas, voire dans un pays différent.

Ce cas est relativement moins complexe puisque le modèle existe. Il suffira, si l'on peut dire, de se demander en quoi l'entreprise nouvelle différera ou non de celle déjà existante.

Les buts de l'établissement du business-plan sont identiques à ceux déjà examinés au paragraphe 10.1. On peut toutefois en ajouter un. Ce nouvel intérêt est de définir quelle dotation en capital sera attribuée par la société existante à sa nouvelle filiale. En effet, dans le cas de la création d'une filiale, la société-mère a parfois le choix entre :

– Faire un apport significatif en capital.

– Limiter l'apport en capital au profit de prêts en compte courant qu'elle pourra récupérer dès que la filiale commencera à dégager des flux de trésorerie positive. Cette stratégie est particulièrement intéressante en cas d'implantation dans des pays où le rapatriement de résultats est ou risque d'être réglementé.

– Limiter l'apport en capital et en compte courant en augmentant les emprunts grâce à des garanties données par la société-mère afin de dépasser les ratios habituellement acceptés (*cf.* chapitre 3). Cette formule se révèle particulièrement intéressante en cas d'investissement dans un pays étranger puisqu'elle évite à l'entreprise d'origine de subir d'éventuels risques de change sur son investissement.

11.3. Les grands projets

Chaque fois qu'une société envisage un projet dont la taille est telle qu'elle modifie fondamentalement la situation de l'entreprise, il est alors nécessaire de bâtir un business-plan spécifique. On parlera dans ce cas de "gestion de projet".

Le business-plan devra :

• d'une part, tenter de mesurer la rentabilité spécifique du projet. Tel sera par exemple le cas si l'on décide de construire une nouvelle usine ou d'adjoindre aux activités de l'entreprise une nouvelle gamme de produits ;

• d'autre part, de mettre en évidence quelle sera à terme la situation globale de l'entreprise si elle lance le projet étudié.

11.4. Le suivi des projets de création

Si, comme nous le verrons plus loin, un business-plan doit toujours faire l'objet d'un suivi, cela est encore plus indispensable en cas de projet de création, dans la mesure où :

• les enjeux sont souvent majeurs ;

• les risques de dérapage sont très importants. Chacun sait en effet qu'un projet mal contrôlé coûte plus cher que prévu et prend du retard ;

• lors d'une création par un nouvel entrepreneur, les dérapages éventuels peuvent saper à tout jamais sa crédibilité auprès de ses interlocuteurs.

12. Le business-plan dans la gestion courante

Quatre utilités principales sont recensées ci-après. Les trois premières peuvent s'adresser à toutes les sociétés, la quatrième ne concerne quant à elle que les groupes de sociétés.

12.1. Coordonner l'action à moyen terme

Une des difficultés des entreprises, dès qu'elles dépassent la taille artisanale, est d'obtenir que les différentes fonctions qui les composent opèrent de manière concertée et non désordonnée.

Si, à titre d'exemple, on représente l'organigramme très simplifié d'une affaire industrielle, on trouve fréquemment une structure du type de celle représentée ci-dessous :

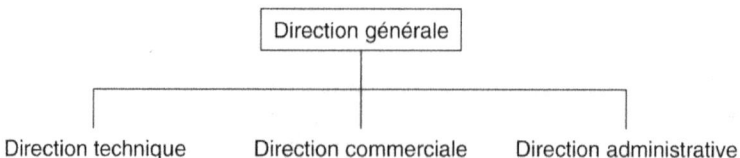

```
                    ┌──────────────────┐
                    │ Direction générale │
                    └──────────────────┘
        ┌───────────────────┼───────────────────┐

 Direction technique   Direction commerciale   Direction administrative
```

Pour que l'entreprise réussisse, il est indispensable :

◆ qu'il existe un consensus sur l'avenir de l'entreprise. Le consensus général est habituellement le plus facile à obtenir car il est, sinon imposé, du moins fortement "proposé" par la direction.

◆ que l'ensemble des décisions prises au niveau des différentes fonctions de l'entreprise soient à la fois cohérentes avec l'objectif global et cohérentes entre elles. Ainsi, ne servirait-il probablement à rien d'investir pour augmenter la capacité de l'outil industriel si le service commercial n'était pas renforcé afin d'écouler les produits que ce surcroît de capacité permettrait de produire.

Il serait tout aussi inefficace de tenter de vendre plus si l'entreprise ne disposait pas d'une capacité de production suffisante et si le recours à la sous-traitance était pour une raison ou pour une autre impossible. Enfin, s'il est possible, grâce à des investissements simultanés, d'augmenter le chiffre d'affaires et de produire ce que l'on va vendre, cela suppose, de plus, une action du financier. Il faudra que celui-ci ait simultanément mis en place les financements indispensables, tant pour ce qui est des investissements que du besoin en fonds de roulement. Cette coordination indispensable entre ces grandes fonctions de l'entreprise l'est également au sein de ces fonctions. Pourquoi, au niveau informatique, mettre en place un système de gestion comptable en temps réel, si rien n'est fait pour rattraper le retard chronique des services administratifs et comptables utilisateurs de ce système ?

C'est donc une des finalités du business-plan que d'assurer cette coordination sur le moyen terme, coordination qui devra évidemment être reprise et affinée au niveau des budgets annuels.

Pour que le business-plan puisse répondre à cette finalité, son mode de construction sera essentiel. Le business-plan ne remplira ce rôle qu'à deux conditions :

• être le résultat d'une concertation entre les différentes fonctions de l'entreprise et avec les services financiers chargés de sa concrétisation sous forme chiffrée ;

• être largement communiqué et commenté au sein de l'entreprise, lors de son établissement et de sa révision périodique. Une communication ponctuelle n'est toutefois pas suffisante même si elle est indispensable. Le business-plan devra devenir, en plus du budget, une référence permanente de l'entreprise.

Il devra donc dans ce cas exister deux versions du business-plan : une version limitée aux seules personnes habilitées à avoir accès aux détails les plus secrets de la stratégie. Une seconde version destinée à une diffusion plus large. Ces deux documents ne seront en fait pas différents. On se contentera pour la version à diffusion large de "gommer" les points délicats sans pour autant modifier les résultats globaux prévus. On peut raisonnablement penser que plus ce type de "mensonges par omission" sera limité et plus l'utilisation du business-plan sera performante. Enfin, n'oublions pas que le fait de couvrir un fait ou un projet du sceau du secret est en général la meilleure façon d'attirer l'attention et d'attiser les curiosités.

12.2. Fournir une prévision globale et cohérente

Dans toute entreprise, il existe de nombreuses prévisions et ce, à des niveaux très différents.

◆ Le vendeur tente de prévoir ses ventes du mois, de l'année et quelquefois à plus long terme. Cette anticipation lui permet d'estimer sa rémunération future et, éventuellement, son intérêt à envisager un changement de poste ou d'employeur.

◆ Le service technique organise sa production non seulement en fonction des commandes connues et enregistrées mais également de celles qu'il peut estimer. Il réalise cette estimation en fonction de ses relations avec les services commerciaux ou quelquefois des enseignements du passé.

◆ Le financier, pour négocier avec son ou ses banquiers, tente de prévoir ses encaissements et décaissements futurs et d'en tirer les conséquences au niveau des besoins ou des excédents de trésorerie prévisibles.

◆ Le président lors de l'assemblée générale annuelle donne à ses associés des indications sur l'activité et les résultats prévisibles pour l'année en cours et parfois les années à venir.

On pourrait continuer longuement cette énumération sans pour autant avoir la certitude d'être exhaustif.

Toutes ces prévisions sont utiles et même indispensables. Il n'est pas question d'en retirer l'initiative et la maîtrise aux différentes personnes concernées pour tout centraliser. Les conséquences de la planification dans les pays communistes n'encouragent pas à aller dans ce sens. Le but du business-plan n'est donc pas de se substituer aux prévisions de détail mais d'en assurer la cohérence et d'éviter par là-même des décisions contraires les unes aux autres et donc néfastes au bon fonctionnement de l'entreprise.

– Le commerçant qui aura connaissance du business-plan ne sera pas plus renseigné sur ses ventes de la semaine à venir. Celles-ci dépendent d'ailleurs largement à aussi court terme de son propre niveau d'activité et d'efficacité. Par contre, il saura si l'entreprise entend se développer dans les années à venir, si ce développement sera réalisé sur la gamme de produits ou la région dont il a la responsabilité ou sur de nouvelles gammes de produits ou de nouveaux secteurs.

– Le service technique ne trouvera pas dans le business-plan la réponse à ses problèmes de lancement du mois ou de la semaine. Par contre, il pourra en fonction de celui-ci décider s'il est ou non nécessaire d'investir dans l'étude de l'automatisation de telle ou telle production ou s'il est préférable de poursuivre durablement dans le cadre du processus actuel.

– Le financier pourra discuter clairement avec ses banquiers en leur parlant non seulement de son besoin à court terme mais en replaçant celui-ci dans un cadre plus large. Une telle approche est toujours rassurante pour ses interlocuteurs. Il est évident qu'un tel outil lui permettra, en ayant une vision à moyen terme, de choisir les financements les mieux adaptés aux besoins (durées, taux, modalités, etc.).

– Le président ne courra pas le risque de tenir à ses actionnaires, des discours incohérents d'une année sur l'autre et, de ce fait, de déstabiliser son actionnariat. Cette vision à long terme et cette cohérence sont encore plus indispensables s'il est nécessaire de demander aux actionnaires un effort particulier (abandon ou limitation du dividende, augmentation de capital par eux-mêmes ou par ouverture de celui-ci à de nouveaux partenaires, etc.).

Ces quelques exemples mettent en évidence l'intérêt pour l'entreprise de disposer d'une prévision à moyen terme. Notons qu'en réalité, ce n'est pas tant le business-plan qui permettra de répondre à ces différentes questions que le fait de l'avoir établi et la réflexion coordonnée que cela suppose.

12.3. Communiquer à l'intérieur de la société

Dans l'entreprise moderne, la décision est rarement solitaire et elle a pratiquement toujours des conséquences au niveau des autres fonctions et de l'entreprise ainsi qu'au niveau global. Il est donc indispensable de communiquer. Le business-plan est-il un outil de communication ? Oui et ce, principalement à deux niveaux :

◇ *Lors de son établissement et de sa révision*

Le business-plan, qui nécessite obligatoirement une réflexion préalable, constitue une occasion privilégiée de :

– Définir les points sur lesquels il y a accord et éventuellement ceux où cet accord n'existe pas. Notons que l'accord est en général plus facile à obtenir sur des objectifs globaux, moins pollués que les décisions courantes par les micro-conflits qui empoisonnent fréquemment le climat de l'entreprise. Il est même probable que l'accord sur les grands principes et les grandes décisions devrait faciliter par la suite le règlement des désaccords constatés au jour le jour.

– Faire travailler en commun des hommes et des femmes qui n'ont dans la fièvre de la gestion courante que trop peu d'occasion de le faire.

– Communiquer dans l'entreprise non seulement un plan mais des valeurs. Il n'est pas inutile de rappeler, lors de l'élaboration de chaque nouveau business-plan, quelles sont les grandes valeurs auxquelles répond l'existence même de l'entreprise.

Un business-plan n'est pas un projet d'entreprise. Il doit cependant mettre en évidence que celui-ci existe, qu'il soit ou non écrit, et que c'est vers son accomplissement que doivent être tendues les énergies dans l'entreprise.

◇ *En cours de vie*

– *Lors de toute décision importante*, la référence au business-plan doit devenir un réflexe. À propos de toute décision significative, il faudra donc s'interroger :

• S'agit-il d'une décision s'intégrant dans les objectifs définis dans le business-plan, à la fois quant à sa finalité (respect de la stratégie et du projet) et à son niveau (montant de l'investissement prévu) ?

• ou d'une décision non cohérente avec le business-plan ? Ce type de décision devrait ne pouvoir être prise qu'à haut niveau car elle suppose une modification ou un infléchissement de la stratégie. Dans l'absolu, toute décision importante qui ne serait pas en accord avec le business-plan devrait amener une modification de celui-ci. Cela ne sera évidemment pas toujours le cas mais devra l'être :

– si la décision prise est d'importance (montant élevé),

– ou si la décision exprime une véritable modification stratégique et non simplement un infléchissement de celle-ci.

– *Lors de l'établissement des budgets annuels*, il sera indispensable de vérifier la cohérence entre le court et le moyen terme (budget et business-plan). En fait, il s'agit plus d'une simple vérification de cohérence puisque la démarche à suivre devrait être celle décrite dans le schéma 1.1.

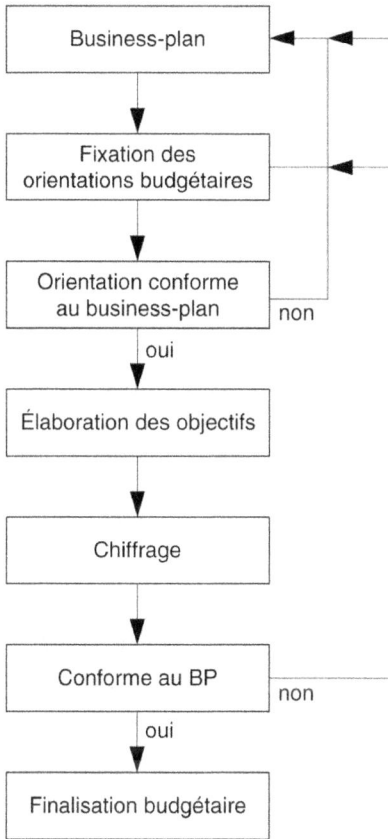

Figure 1.1 - **Vérification de cohérence entre le budget et le business-plan**.

Ce schéma met en évidence que si le budget n'est pas conforme au business-plan, soit dans ses objectifs, soit dans son chiffrage, on devra selon les cas :

– modifier le budget afin de le rendre conforme. Encore faut-il que ce nouveau budget soit réaliste et acceptable pour ceux qui auront la charge de le mettre en œuvre dans l'année à venir ;

– modifier le business-plan afin de tenir compte des évolutions constatées, soit dans les marchés, soit au niveau des choix stratégiques de l'entreprise.

25

La réalité est souvent plus complexe que ne peut le décrire un schéma. Il peut exister plusieurs contrôles de cohérence successifs puisque le processus budgétaire est lui-même itératif.

12.4. Mesurer les dérives et mettre en œuvre les actions correctives

Le rôle du business-plan n'est pas de se substituer au budget dans la mise sous contrôle de la gestion courante de l'entreprise. Le calcul et l'explication des écarts resteront donc bien du domaine du contrôle de gestion.

Le business-plan sera utilisé pour mesurer ou tenter de mesurer les dérives éventuelles sur le moyen terme.

Cette mesure pourra porter soit sur les aspects stratégiques, soit sur les aspects financiers. Ces derniers ne sont fréquemment que la conséquence des premiers.

● Exemples d'écarts stratégiques

– Les prix de revient de la société ne diminuent pas normalement en fonction du principe de la courbe d'expérience.

– Les positions sur le ou les marchés des produits ne sont pas conformes à ce qui avait été prévu par le business-plan.

– Il apparaît de nouveaux entrants sur le marché qui mettent en cause la répartition des ventes prévues entre les intervenants connus et répertoriés lors de l'analyse stratégique.

– Les projets n'ont pas été lancés comme prévu et leur avancement n'est pas conforme à ce qui avait été envisagé.

– Etc.

● Exemples d'écart financier

– Les résultats ne sont pas conformes à la prévision (il s'agit ici de résultats annuels ou éventuellement semestriels).

– Les augmentations de fonds propres ou le recours à l'emprunt que nécessitent les investissements n'ont pas été obtenus, ou pas obtenus dans les conditions prévues.

– Etc.

L'ampleur des questions posées montre à l'évidence qu'il ne peut s'agir d'interrogations permanentes. Ce sera plutôt le résultat d'une étude annuelle, souvent liée à la sortie des résultats définitifs d'un exercice.

Une telle périodicité présente l'avantage d'être cohérente avec la procédure budgétaire. En effet, les écarts constatés conduiront soit :

- à prendre des décisions nouvelles de nature à faire disparaître le "gap" constaté entre le business-plan et la réalité. Ces décisions devront évidemment être intégrées dans la nouvelle prévision budgétaire pour la période à venir ;
- à modifier le business-plan afin de l'adapter à la réalité. Il faudra alors modifier en conséquence les prévisions de la période restant à courir ainsi que les prévisions des années postérieures.

Dans un cas comme dans l'autre, se posera là encore un sérieux problème de communication. Celui-ci peut s'avérer délicat s'il convient de justifier un infléchissement stratégique majeur.

Une telle explication suppose que le rôle du business-plan ait été bien compris. Il convient donc, lors de la mise en place de cette technique, d'insister sur le fait que le business-plan ne constitue pas un dogme qui ne pourrait en aucun cas être remis en cause. Il ne doit pas non plus apparaître comme une prévision sans réalité, puisque remise en cause en permanence.

Comme toujours, rien n'est plus difficile que de trouver le juste équilibre.

12.5. Prévoir et coordonner les actions des filiales

L'on constate de plus en plus que les entreprises même de taille relativement modeste ont en fait tendance à se transformer en groupe. Ces petits groupes ne comportent qu'un nombre de sociétés limité (la notion de groupe commence à partir de deux sociétés).

On peut trouver à ce phénomène plusieurs explications.

- ◆ La répartition d'une activité entre plusieurs sociétés peut avoir pour but une meilleure gestion en isolant les sous-métiers de l'entreprise (technique, commercial et après-vente par exemple).
- ◆ Cette séparation peut permettre d'améliorer la motivation des hommes et en particulier des dirigeants. C'est également fréquemment le moyen de responsabiliser les équipes ou les dirigeants, non seulement sur leurs résultats mais également sur les aspects de besoins de financement. La filialisation leur impose, en plus de la gestion d'un compte de résultat, ce que permet une bonne comptabilité analytique, de devoir maîtriser la gestion d'un bilan.

◆ Cette séparation est parfois historique dans la mesure où le groupe s'est, du moins pour partie, créé par rachat d'entreprise. Le regroupement par le biais d'opérations de fusion ou assimilées n'est pas toujours réalisé.

◆ Enfin, l'internationalisation nécessite en pratique l'existence de filiales dès que l'on cesse de pratiquer des exportations pour réaliser des implantations locales. Cela est le plus souvent nécessaire, même si cette implantation n'a pour rôle que la commercialisation des produits fabriqués dans le pays d'origine.

Il existe évidemment d'autres motivations spécifiques que nous n'énumérerons pas ici.

Toutes ces raisons amènent à raisonner au niveau non plus d'une société unique mais d'entreprises multiples juridiquement et parfois économiquement distinctes.

Il convient de faire à ce niveau une distinction entre deux types de groupe de sociétés qui justifient des traitements différents.

a) La séparation en sociétés distinctes est purement juridique

On se trouve dans ce cas lorsqu'il existe plusieurs sociétés juridiquement distinctes mais qui ne constituent en fait qu'une seule entité économique. Le schéma ci-dessous illustre cette situation :

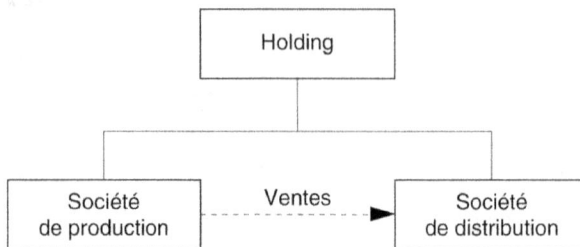

L'on admettra que la société industrielle n'a pratiquement qu'un client unique, la société de distribution. À l'inverse, la société de distribution n'a pour vocation que de commercialiser les produits fabriqués par l'affaire industrielle. La holding n'a d'autre rôle que de contrôler les deux sociétés opérationnelles.

Dans un cas de ce genre, et même si les sociétés sont plus nombreuses, l'établissement d'un business-plan par société ne présente en général aucun intérêt dans la mesure où l'ensemble ne constitue dans les faits qu'une unité économique ayant :

- une stratégie unique,
- un financement global,
- souvent une seule direction, même si les postes de président ou de directeur général ont été répartis entre plusieurs personnes.

On n'élaborera dans ce cas qu'un seul business-plan. Au niveau du mode de construction des chiffres, il apparaîtra probablement nécessaire de calculer ceux-ci par société puis de procéder à leur consolidation, comme on le ferait pour des comptes sociaux. Cette technique aura pour avantage de permettre des comparaisons ultérieures avec les réalisations pour chacune des sociétés.

b) La structure juridique correspond à une réalité économique

Tel est le cas lorsque l'existence de sociétés distinctes trouve sa justification dans :

- l'existence de métiers différents,
- l'existence de clientèle distincte,
- l'existence de zones géographiques (régions, pays) différentes,
- etc.

Dans ce cas, les sociétés sont réellement autonomes et jouissent d'une liberté d'action plus ou moins grande. Il devra alors être établi un business-plan pour chacune des sociétés. La finalité de celui-ci sera double :

◆ d'une part, le business-plan aura pour la société concernée toutes les utilités qui ont déjà été signalées, plus celles qui seront énumérées dans les pages qui vont suivre ;

◆ d'autre part, le business-plan constituera "le contrat" entre la direction de la filiale et celle du groupe. Comme dans tout contrat, il doit donc comporter des engagements réciproques. Ces engagements sont :

- pour le groupe, de donner à sa filiale les moyens de réaliser ses objectifs tels qu'ils ont été proposés et acceptés. Ces moyens peuvent consister soit uniquement en un apport financier (prêts ou fonds propres), soit en des apports plus complexes (accord d'approvisionnement, transfert de know-how, assistance technique, etc.). Il est clair que, pour qu'il y ait engagement du groupe, cela suppose qu'il y ait, préalablement à la finalisation du business-plan, un accord sur le contenu de celui-ci entre le groupe et sa filiale ;

- pour la filiale, de tenir au mieux les objectifs qu'elle s'est fixés et de réaliser les résultats qui doivent normalement en découler.

Le business-plan devient alors un véritable outil de dialogue entre le groupe et sa filiale. Il sera le moyen de rendre objectif ce dialogue dans la mesure où, les rôles et devoirs de chacun ayant été clairement définis, la constatation des écarts devrait mettre en évidence des responsabilités claires et non discutables.

Ce processus de dialogue sera repris lors de l'élaboration des budgets annuels qui ne seront normalement plus qu'un découpage fin du business-plan.

Notons enfin, dans le cas de société économiquement distincte comme dans le premier cas examiné, qu'une consolidation du business-plan sera nécessaire. Cette consolidation permettra de mettre en évidence l'avenir prévisible du groupe. Elle servira également à mesurer si les moyens, en particulier financiers du groupe, lui permettront de tenir l'ensemble des promesses faites aux différentes filiales.

13. L'utilisation du business-plan pour des opérations exceptionnelles

Comme nous avons tenté de le démontrer, le business-plan peut et doit être un outil de gestion permanent au service des entreprises et des groupes. Il est également indispensable de disposer d'un tel document à l'occasion d'opérations ponctuelles portant sur la composition du capital d'une entreprise.

Ce sont ces occasions et l'utilisation qui sera alors faite du business-plan que nous examinerons à présent.

13.1. Les opérations d'acquisition-cession

Que l'on soit en position d'achat ou de vente, se pose toujours un double problème : définir la valeur objective puis le prix. Ce prix ne sera évidemment connu qu'à l'issue de la négociation si celle-ci aboutit finalement. Il n'en est pas moins nécessaire de tenter de définir à quel niveau ce dernier pourrait se fixer.

Examinons donc l'apport et l'utilisation du business-plan pour la détermination de ces deux éléments.

131.1. La valeur objective

Celle-ci se définit comme "un prix normatif de transaction entre un acquéreur et un vendeur qui ne seraient animés que par des motivations financières". Il s'agit évidemment d'une approche théorique dont la seule finalité est de fournir une référence pour une future négociation. Celle-ci prendra, elle, au contraire, en compte les motivations autres que purement financières des parties en présence.

Comment s'apprécie cette valeur ?

Il existe de très nombreuses formules d'évaluation que nous n'exposerons évidemment pas ici. On peut toutefois dans un souci de simplification dire que toutes ces formules peuvent être ramenées à celle qui suit :

$$V = \frac{K\,ANc + K'\dfrac{CB}{i}}{K + K'}$$

V	: Valeur objective
ANc	: Actif net corrigé
CB	: Capacité bénéficiaire
i	: Taux de capitalisation
K	: coefficient
K'	: coefficient

Il s'agit de réaliser une moyenne pondérée par les coefficients K et K' entre :

- *L'actif net corrigé* (ANc). Cet actif net corrigé se définit comme une valeur patrimoniale obtenue en soustrayant des biens et créances détenus par l'entreprise les dettes de celle-ci. Dans la pratique cette valeur sera déterminée en retraitant le bilan afin de substituer chaque fois que nécessaire aux valeurs comptables des valeurs économiques. Ces valeurs seront selon les cas soit des valeurs vénales, soit des valeurs d'utilisation.

- *La valeur de rendement* (VR). Celle-ci est égale à la capitalisation de la capacité bénéficiaire de l'entreprise. La capacité bénéficiaire (CB) se définit comme "le ou les résultats que pourrait raisonnablement attendre un éventuel acquéreur dans les conditions actuelles de gestion et d'animation". C'est donc un résultat futur, mais dans une optique de continuité et sans prendre en compte les effets, qu'ils soient positifs ou négatifs, d'un changement de propriétaire et donc de direction.

31

L'apport du business-plan pour la détermination de l'évaluation objective telle que l'on vient de la définir se situera à trois niveaux :

a) La valeur d'utilité des actifs

Cette valeur est égale à :

$$\text{Valeur à neuf} \times \frac{\text{durée d'utilisation résiduelle}}{\text{durée d'utilisation totale}}$$

Le business-plan permettra d'apprécier les risques qui pourraient exister quant à la durée d'utilisation résiduelle des actifs. Ainsi, le business-plan peut-il mettre en évidence la nécessité de renouveler l'investissement pour des raisons technologiques, de retard d'investissement ou d'évolution des marchés. La durée de vie résiduelle accordée aux biens considérés ne pourra alors être que limitée et, donc, leur valeur d'utilisation faible. Rappelons que le business-plan à retenir ici n'est pas celui de l'acquéreur mais celui de l'entreprise poursuivant la même politique. L'optique retenue est en effet celle du maintien des conditions de gestion et d'animation. Il ne pourrait en aller différemment que si la direction en place avait pris certaines décisions tendant à modifier sa politique et si ces décisions avaient fait l'objet d'un début de mise en œuvre.

b) La capacité bénéficiaire

Il a été précisé que la capacité bénéficiaire doit être l'expression des résultats futurs prévisibles. De manière générale, celle-ci sera appréciée en tenant compte :

– des résultats passés, corrigés, des anomalies fiscales ou comptables qu'ils peuvent contenir. Dans ce cas, ces résultats ne sont pas retenus pour eux-mêmes mais comme l'une des façons de prévoir l'avenir ;

– des prévisions établies par le management en place et donc d'un business-plan.

Toute évaluation suppose de s'interroger sur l'avenir et que les prévisions réalisées seront d'autant plus crédibles qu'elles résulteront d'une démarche systématique et rationnelle comme celle qui sera exposée dans les chapitres qui suivent.

Notons enfin que le business-plan est d'autant plus indispensable que l'évaluateur :

– entend donner à la rentabilité un poids proportionnellement important par rapport à l'actif net corrigé (coefficients K et K' de la formule déjà présentée ci-avant) ;

– utilisera une formule privilégiant les résultats futurs, telle que par exemple celle du discounted cash-flow Cette formule, très usitée de nos jours, apprécie la valeur d'une affaire en actualisant les résultats futurs sur une période longue. Cette formule n'est applicable que si l'on dispose d'un business-plan portant sur une période équivalente à celle que l'on entend prendre en compte pour l'évaluation.

c) Le choix des taux d'actualisation ou de capitalisation

Il s'agit selon les formules utilisées de capitaliser des résultats en multipliant la capacité bénéficiaire par un coefficient ou d'actualiser des résultats ou cash-flow futurs à un certain taux. Ce taux ou ce coefficient a pour rôle de prendre en compte les risques spécifiques de l'entreprise.

Parmi les risques mesurables figurent la pérennité des résultats et leur niveau prévisible. Là encore, le fait de disposer d'un business-plan va grandement aider l'évaluateur dans la mesure où il lui fournira une vision claire et argumentée des résultats futurs de l'entreprise dont il doit réaliser l'évaluation. Il devra cependant se souvenir que le business-plan peut ne pas se réaliser dans l'avenir et ce, pour deux raisons :

- la prévision établie est irréaliste,
- des événements non prévisibles viendront éventuellement contrarier les plans de l'entreprise (crise économique, nouveau concurrent, évolution technologique, etc.).

La seconde catégorie de causes de non-réalisation existe pour toute entreprise et à toutes les périodes, elle fait partie du "risque de l'entrepreneur" et explique pourquoi, à rentabilité égale, un "placement entreprise" est payé moins cher qu'un "placement financier garanti".

Un bon business-plan, comportant une réelle description de la position stratégique et concurrentielle de l'entreprise, permettra à l'évaluateur de se prononcer sur la décote à envisager. Pour ce qui est du réalisme des prévisions, l'étude de la manière dont ont été construites les hypothèses retenues et de leur chiffrage permettra à l'évaluateur de porter un jugement sur leur crédibilité.

C'est intentionnellement que le mot crédibilité est utilisé et non le mot exactitude. En effet, l'avenir ne peut jamais être garanti sauf à attendre pour voir s'il se réalise effectivement.

131.2. Le prix

Peut-être est-il utile de rappeler tout d'abord qu'une négociation d'entreprise est un accord complexe qui porte non seulement sur le prix mais aussi sur une série de conditions essentielles telles que :

- les modalités de règlement,
- les garanties données et reçues,
- des conditions non financières mais souvent importantes :
  - la pérennité de l'entreprise et de son implantation,
  - le futur rôle du dirigeant si c'est lui le vendeur,
  - la position des cadres ou de certains d'entre eux,
  - etc.

Le principe de toute négociation étant celui de l'échange, le prix final variera donc en fonction des concessions faites ou obtenues sur ces différents points. Il ne faut pas non plus ignorer que la qualité et l'expérience du ou des négociateurs ont un effet certain, même s'il est difficilement mesurable, sur le niveau final d'une transaction.

Ces éléments font qu'il n'est jamais possible de justifier le "prix payé" uniquement par des calculs financiers rationnels. Il serait également inexact de prétendre que le "prix" n'a d'autre justification que le résultat d'une négociation où l'envie d'acquérir aurait été plus importante que celle de vendre ou vice versa. Il existe en réalité des motifs objectifs pour qu'un acquéreur accepte de payer plus ou moins que la valeur objective d'une entreprise donnée. Cette affirmation est rassurante lorsque l'on sait qu'il n'est pas rare de constater des prix de transaction deux à trois fois supérieurs à la valeur objective et qu'en moyenne, les prix constatés se situent dans une fourchette de plus ou moins 20 % par rapport à la valeur calculée. Nous tenterons donc d'expliquer les raisons objectives de ces écarts et de voir en quoi l'existence ou la construction d'un business-plan est de nature à aider dans sa négociation l'une ou l'autre des parties en présence.

131.3. Le business-plan
et la définition du prix maximum acceptable

Dans le principe, l'entreprise doit être évaluée pour ce qu'elle est et en fonction de ce qu'elle produit, ou pourra produire en demeurant indépendante et en continuant à être gérée à l'identique. L'acquéreur, lui, se posera une question différente : combien me rapportera cette entreprise si j'en prends le contrôle ? La réponse ne sera en principe différente que si l'acquéreur peut mettre en œuvre des synergies avec d'autres entreprises qu'il contrôle déjà ou éviter des pertes liées à l'existence d'une concurrence frontale entre sa propre entreprise et celle qu'il envisage d'acquérir. Voyons sur un exemple très simplifié comment pourrait se présenter un calcul de prix dans cette hypothèse.

Dans l'exemple présenté, il s'agit de racheter un confrère. Les deux entreprises sont concurrentes. Elles se retrouvent pour une partie de leur activité chez les mêmes clients qui les mettent en concurrence, ce qui a pour effet de faire baisser les prix :

Le calcul réalisé par l'acquéreur est dans ce cas le suivant :
- valeur objective (10 fois les bénéfices de 152 449 €)   1 524 490 €
- bénéfice lié à une disparition de la concurrence :
  • dans l'entreprise achetée
    (152 449 € × 10)   1 524 490 €
  • dans l'entreprise acheteuse
    (76 225 € × 10)   762 245 €
- prix maximum pour cet acquéreur   3 811 225 €

Nous avons parfaitement conscience du caractère simplificateur de l'exemple ci-dessus qui n'a pour intérêt que de tenter d'expliquer quel sera dans ce cas le rôle du business-plan.

Ce rôle est évident puisque l'acquéreur potentiel, pour réaliser ce calcul, a dû préalablement établir des prévisions. Les effets des synergies envisagées ne sont en général :
- ni immédiats,
- ni forcément durables.

Il convient donc d'en mesurer l'effet prévisible sur une période de plusieurs années. C'est bien là le rôle ou l'un des rôles d'un business-plan.

Notons que le fait de réaliser le calcul sur plusieurs années, en modélisant le futur fonctionnement de l'entreprise, est bien préférable à l'utilisation d'un résultat moyen. Si l'on avait retenu cette méthode de travail, l'exemple aurait pu être celui décrit par le tableau 1.2.

Total	Résultats de l'entreprise achetée	Complément de résultats de l'entreprise achetée	Complément de résultats de l'entreprise acheteuse	
N (année de référence)	1			1
N+1 (premier exercice après achat)	1	0,6	0,3	1,9
N+2 (seconde année)	1	1	0,5	2,5
N+3 (troisième année)	1	0,9	0,4	2,3
N+4 (quatrième année)	1	0,8	0,3	2,1

Tableau 1.2. - **Exemple de modélisation des résultats de l'entreprise**

De tels chiffres qui résulteraient normalement d'un business-plan ont l'avantage par rapport au raisonnement précédent de mettre en évidence :

- la progressivité des effets financiers des synergies dégagées. Ce n'est qu'au cours de l'année (N+2) que ces effets sont complètement acquis,

- l'érosion des effets des synergies, du fait de la réaction probable de la concurrence et des clients. Il est en effet probable que ces derniers ne vont pas accepter de conserver durablement un fournisseur unique. Ils rechercheront donc de nouveaux fournisseurs à qui passer une partie de leurs commandes. La concurrence, provisoirement diminuée ou limitée, va donc se reconstituer.

Si l'on admet les chiffres ci-dessus comme effectivement réalistes, on constate que la première approche, qui valorisait le prix maximum possible à 3 811 225 €, était trop optimiste. En effet, on capitalisait dans ce calcul le résultat de l'année la plus favorable (381 122 €) alors que le résultat moyen escomptable selon le business-plan était de 335 387 €. Si l'on continue à admettre la valorisation de l'entreprise sur le seul critère de capitalisation des bénéfices et d'un coefficient de 10, on arrive alors à un prix maximum de 3 353 878 € et non plus de 3 811 225 € comme calculé précédemment.

Il aurait été possible de tendre vers les mêmes conclusions sans établir de business-plan puisque, face à une prévision de résultat à 381 122 €, le simple bon sens permet de dire que :

36

- l'amélioration du résultat ne sera pas immédiate,
- la concurrence finira plus ou moins rapidement par réagir face à une concentration, surtout si la nouvelle entreprise représente un poids par trop significatif sur le marché.

Cette remarque est tout à fait exacte. Cependant, l'expérience démontre que l'obligation de raisonner par année et non en moyenne oblige à se poser les vraies questions et à envisager avec plus d'attention les réactions prévisibles du marché et de la concurrence. C'est ici l'intérêt de la démarche d'approche par le business-plan. Il faut cependant rester conscient qu'en cas d'achat d'entreprise on ne disposera pas forcément d'informations suffisamment détaillées et analytiques pour construire un véritable business-plan. Le simple fait d'utiliser la démarche, même en admettant la relativité des chiffres, doit au minimum permettre de poser les "bonnes questions" et, ce qui est plus important, de tenter de faire les "bonnes réponses", même si elles demeurent approximatives.

131.4. Monter une opération de RES/LMBO

Les techniques dites de RES (Rachat de l'entreprise par les salariés) LMBO (Leverage Management Buy Out) correspondent au rachat de l'entreprise par tout ou partie de ses salariés.

La particularité de ces opérations est de permettre à des salariés disposant de ressources financières, par définition limitées, de racheter leur entreprise ou plutôt, à cette étape, l'entreprise dont ils sont les salariés.

Pour ce faire, on fera appel à des financiers qui apporteront un financement pour une partie (faible) en capital et pour une autre (en général plus importante) sous forme de prêts. Les prêts devront être remboursés par prélèvement sur les résultats de l'entreprise.

Une opération de ce genre peut être représentée par la figure 1.3.

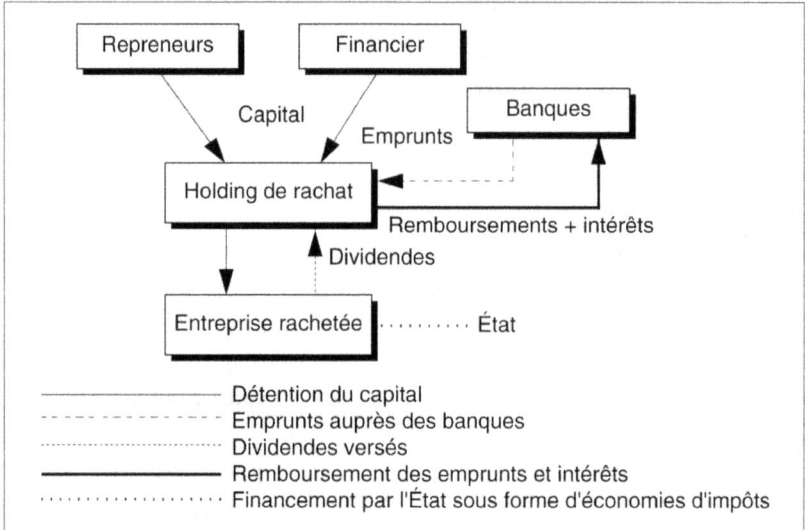

Figure 1.3. - **Schéma d'une opération de RES/LMBO.**

Prenons le cas d'une entreprise dont la valeur ou plutôt le prix serait de 20 millions et qui serait rachetée à 100 % par ses salariés. On pourrait alors envisager le montage suivant :

– Apport en capital des salariés [1]	457 347 €
– Apport en capital des financiers	304 898 €
– Emprunts	2 286 735 €
	3 048 980 €

Il convient, avant de lancer une telle opération, de vérifier que le remboursement des emprunts et le paiement des intérêts seront possibles. Ces paiements étant réalisés grâce aux dividendes distribués par la société cible à la holding, le véritable problème est de savoir si la société rachetée pourra à la fois réaliser les investissements nécessaires à la réussite de sa stratégie et verser des dividendes suffisants.

Un business-plan bien construit permettra de répondre à cette double question. Il faudra dans ce cas chiffrer deux hypothèses.

– Une première hypothèse correspondant à ce qui semble normalement crédible. C'est ce business-plan qui sera communiqué lors du montage de l'opération puis utilisé pour mesurer les éventuelles dérives au cours des années à venir.

---

1. Cet apport proviendra en général, du moins pour partie, d'emprunts contractés par les salariés à titre personnel.

– Une seconde hypothèse, dite "grise", permettant de s'assurer qu'une ou deux mauvaises années ne suffiront pas à faire capoter définitivement l'opération, avec les effets dramatiques qui en résulteraient à la fois pour l'entreprise et ses salariés actionnaires.

Si cette précaution avait été prise, peut-être aurait-on pu éviter un certain nombre des échecs retentissants qu'a connus cette technique ces dernières années.

Notons que la technique utilisée n'est pas réservée aux salariés. Des cadres repreneurs extérieurs pratiquent de même pour acquérir une affaire avec l'aide de financiers.

Une entreprise qui en rachète une autre avec un recours plus ou moins important à l'emprunt est confrontée à un problème identique.

13.2. L'entrée d'un partenaire financier

Cette opération se distingue fondamentalement des précédentes (acquisition ou cession, RES ou LMBO). Il ne s'agit plus cette fois-ci d'une négociation portant sur la majorité voire la totalité du capital, mais sur une minorité. Les deux questions qui vont se poser seront toutefois identiques :

– Quelle est la "valeur" de la participation concernée ?

– Quel sera le "prix" effectivement payé pour ladite participation ?

Ces deux points doivent donc être examinés distinctement.

132.1. Valeur d'une participation minoritaire

Nous n'évoquerons ici que le cas de participation par un financier dit "capital-risqueur". En effet, en cas de prise de participation par un professionnel, les motivations peuvent être différentes et justifier une approche particulière.

Pour déterminer le mode d'évaluation valable pour un partenaire financier minoritaire, il convient de s'interroger sur ses motivations. Cette motivation est simple, il s'agit de trouver une juste rémunération de son placement, c'est-à-dire de l'argent qu'il va investir pour acquérir une part du capital de l'entreprise. Cette dépense peut correspondre selon les cas :

• soit à un achat de titres et dans ce cas le partenaire financier viendra se substituer en tout ou partie à un ou plusieurs des actionnaires actuels ;

- soit à une augmentation de capital, ce qui aura pour effet d'augmenter la valeur de l'entreprise et de réduire la part relative du capital détenue par les actionnaires actuels.

Nous verrons que la technique retenue a un impact sur le calcul d'évaluation mais également sur l'utilisation à faire du business-plan.

D'une manière générale, deux approches seront retenues par les partenaires financiers spécialisés dans ce type d'opérations.

Ces deux approches sont décrites ci-après.

- Une approche classique par les formules habituellement utilisées pour évaluer les entreprises. Cette approche que nous avons présentée précédemment intègre nécessairement la prise en compte à plusieurs niveaux de prévisions et donc d'un business-plan. Cette prise en compte sera d'autant plus indispensable que le capital-risqueur a tendance à privilégier les approches par la rentabilité à celles basées sur un mixte entre l'actif net corrigé et la rentabilité.

- Une approche spécifique à ce type d'opérations reposant sur les cash-flows futurs. Rappelons la plus connue et la plus utilisée de ces méthodes, celle dite du "discounted cash-flow".

La formule générale est la suivante :

$$V = \sum_{n}^{1} \frac{CF\ IR}{(1 + i)^n} + \frac{VR\,/\,VL}{(1 + i)_n}$$

V   : Valeur de l'entreprise évaluée

CF   : Cash-flow annuel prévisible

IR   : Investissement de renouvellement annuel prévu

n   : Durée totale de la période

VR/VL : Valeur de revente ou de liquidation au terme de la période "n"

i   : Taux d'actualisation égal au taux du marché (placement sans risque) majoré d'un taux de risque spécifique.

Pour simplifier, l'on peut dire que la valeur de l'entreprise sera égale à la valeur actuelle des flux financiers annuellement récupérés par l'acquéreur, augmentée de la valeur actuelle de revente ou de liquidation à terme de l'entreprise. Une des variables importantes d'une telle formule est évidemment le taux puisque c'est de lui que dépendra pour une large part le résultat final.

Cette approche correspond bien au raisonnement du capital-risqueur dont nous avons dit que sa motivation était d'obtenir une rémunération de son placement. Il trouvera cette rémunération :

- dans des dividendes annuels,
- dans un prix de revente supérieur à son prix d'achat,
- dans un mix des deux.

La formule appliquée dans ce cas particulier devient alors :

$$V^P = \sum_{n}^{1} \frac{D^P}{(1+i)^n} + \frac{VR^P}{(1+i)_n}$$

La signification des termes utilisés est la suivante :

V^P : valeur actuelle de la participation,
D^P : dividendes annuels revenant à la participation,
VR^P : valeur de revente de la participation,
i : taux de rentabilité recherché par le financier dans l'opération,
n : durée de détention de la participation.

La plupart de ces termes découlent directement ou indirectement du business-plan de l'entreprise.

- *Le dividende* ne peut être versé que si l'entreprise dispose de résultats suffisants. Ceux-ci doivent lui permettre de faire face à la fois au paiement du dividende prévu et à ses besoins d'auto-financement. Ces éléments sont prévus dans le business-plan.

- *La valeur à terme* dépendra largement de ce que seront, à l'issue de la période de détention de la participation, l'actif net et la capacité bénéficiaire de l'entreprise. Là encore, ces données sont directement lisibles au niveau du business-plan établi par la société. Il faut évidemment que le financier juge crédible la prévision réalisée par cette dernière.

- Enfin, le *taux* doit intégrer une appréciation de la probabilité de réalisation ou de non-réalisation des prévisions. C'est l'étude de la partie descriptive du business-plan qui permettra au capital-risqueur de porter un jugement sur la crédibilité du plan et de choisir en conséquence le taux le mieux adapté au risque qu'il considère prendre dans l'opération.

Examinons l'application de cette formule à un exemple dont les données sont les suivantes :

- durée de détention prévue   5 ans
- valeur à terme de la société   30 480 800 €
- dividendes annuels prévus   304 898 €
- pourcentage concerné   20 %

La valeur de la participation se calcule selon le tableau 1.4. si le taux de rentabilité recherché est de 25 % l'an.

Années	Dividendes annuels [2]	Taux d'actualisation	Valeur actuelle
n+1	0,4 M€	1,25	0,32 M€
n+2	0,4 M€	1,5625	0,26 M€
n+3	0,4 M€	1,953125	0,20 M€
n+4	0,4 M€	2,441406	0,16 M€
n+5	0,4 M€	3,091757	0,13 M€
Total	2 M€		1,07 M€

Tableau 1.4. - **Exemple de calcul de la valeur actuelle des dividendes prévus.**

À ce montant, nous ajouterons la valeur actuelle de revente de la participation à l'année n soit :

$$\frac{30\ 489\ 800\ € \times 0,2}{3,091757} = 1\ 971\ 165\ €$$

La valeur d'entrée au capital sera donc, si l'on somme les résultats des deux calculs réalisés ci-dessus :

$$163\ 120\ € + 1\ 971\ 165\ € = 2\ 134\ 286\ €$$

Notons que le taux d'actualisation de 25 % retenu dans cet exemple correspond à la moyenne des rentabilités recherchées par les sociétés de capital-risque tel qu'il ressort de l'enquête réalisée par la CEGOS [3]. Ce taux peut évidemment varier de manière importante en fonction :

- de la période où est réalisée l'opération et donc des taux en vigueur sur le marché financier à cette date. En effet, le taux retenu est composé d'un taux de base qui est celui du marché financier

---

2. Celui-ci a été considéré comme constant par mesure de simplification.
3. Enquête Cegos "Bilan et pratique du capital – investissement en France", juin 1992.

auquel est adjoint un taux de risque qui dépend à la fois de la rentabilité moyenne recherchée par le capital-risqueur et des risques présentés par l'entreprise concernée ;

- de l'espoir de sortie effective à la fin du délai prévu ;
- de la crédibilité des prévisions, appréciée en fonction du marché sur lequel évolue l'entreprise, de la place de celle-ci sur ce marché et d'une anticipation de l'évolution économique globale ;
- de la qualité du management de l'affaire ;
- d'une appréciation de ce que sera la valeur des entreprises à la date de sortie envisagée.

132.2. Prix d'une participation minoritaire

Tout comme pour la négociation globale d'une entreprise, il peut exister un écart entre la valeur et le prix. Toutefois, les écarts constatés dans la pratique sont en général plus faibles que lors d'une négociation globale. Cela s'explique par le fait que les synergies qui justifient d'importants écarts en matière de négociation globale n'existent pas ou quasiment pas dans les opérations de type capital-risque et ce pour deux raisons :

- le capital-risqueur n'a pas de vocation industrielle et il ne pourra donc pas agir significativement sur le management des entreprises dans le capital desquelles il est entré,
- le capital-risqueur est minoritaire et il ne pourra donc pas imposer les restructurations ou rationalisations permettant la mise en œuvre de synergie éventuelle. Cette situation se vérifie même lorsque le capital-risqueur se trouve être propriétaire de participations dans plusieurs entreprises du même secteur présentant des complémentarités industrielles ou commerciales.

Quelles peuvent donc être, dans ce contexte, les causes de variations entre valeur et prix ? Celles-ci semblent être au nombre de trois.

1) *L'effet négociation.* Même s'il s'agit d'une minorité qui va se trouver face à un acquéreur et un vendeur ayant envie et/ou besoin de réaliser une opération, le savoir-faire des parties en présence aura un effet sur le résultat final de la négociation.

2) *La concurrence.* S'il existe de nombreux fonds disposant de sommes importantes à investir, cette importance de l'offre aura, comme dans tout marché, un effet. Celui-ci sera de faire monter les prix puisque l'offre sera supérieure à la demande.

3) *Les clauses contractuelles.* Il s'agit là d'une particularité intéressante : il est possible d'accorder au futur partenaire financier, qui fréquemment le demandera, une série de garanties contractuelles. Ces garanties contractuelles améliorent la position du minoritaire et amèneront par conséquent celui-ci à accepter un prix plus élevé. Pour un montant identique, le financier pourra également accepter d'acquérir un pourcentage plus faible du capital, ce qui revient évidemment au même en matière d'évaluation de la société.

Les plus fréquentes de ces garanties sont :

- un dividende garanti, par exemple en créant des actions à dividende prioritaire ;
- un engagement de sortie en commun par lequel le ou les actionnaires actuels s'engageront, en cas de cession de leur participation, à faire participer à la vente le minoritaire dans les mêmes conditions de quantité d'actions vendues et de prix de vente par action ;
- une promesse de rachat dans un délai et à un prix, ou selon une formule fixée à l'avance. Il s'agit alors non plus d'une véritable opération de capital-risque, mais d'un "portage".

Pour que ces conditions puissent réellement avoir une influence sur le prix, encore faut-il qu'elles soient réalisables. C'est le business-plan qui permettra au financier de porter un jugement sur leur faisabilité. Que vaut en effet un engagement de rachat signé par des actionnaires ayant l'entreprise pour seul patrimoine ?

Celui-ci n'a de valeur économique que si l'entreprise a la capacité de distribuer aux actionnaires des sommes permettant d'envisager le rachat. C'est le business-plan qui permettra de répondre à cette question, à condition évidemment qu'il emporte là encore l'adhésion du partenaire financier.

13.3. La transmission familiale de l'entreprise

Selon diverses études publiées dans la presse spécialisée, la transmission familiale reste celle souhaitée par les dirigeants-propriétaires à 70 %. Le fait de vouloir réaliser une transmission familiale (le plus fréquemment transmission à un ou aux enfants) correspond à un souhait d'attribution du capital et du pouvoir et non à une technique. De nombreuses techniques peuvent être utilisées, pour cela :

◆ la donation avec ou sans création d'une holding de contrôle ;

◆ la succession non préparée qui amènera les enfants à devenir, du fait des lois françaises, "co-propriétaires" de l'entreprise ;

◆ la cession, à un ou à des descendants, de l'entreprise ou d'une partie de celle-ci. On utilise alors fréquemment le terme de "RES familial". Nous ne reviendrons pas sur cette technique qui a déjà été examinée.

Pour saisir complètement le problème posé, il convient de savoir que, pour la plupart des dirigeants-propriétaires, l'entreprise représente entre 80 et 90 % de leur patrimoine. Ceux-ci n'ont donc pas les moyens :

• de faire face au paiement des droits de succession qui peuvent atteindre le taux de 40 % en ligne directe [4] ;

• d'attribuer aux enfants non intéressés par l'entreprise des biens en suffisance pour permettre de les désintéresser et de donner l'entreprise, ou du moins une majorité de son capital, à celui ou à ceux destinés à en assurer la direction.

Face à cette situation, voyons en quoi l'existence d'un business-plan peut permettre la recherche d'une solution.

133.1. Chiffrer la capacité de l'entreprise à participer au financement de la transmission

Examinons, sur la base d'un exemple, comment vont se présenter les choses en cas de donation. Les données de base sont les suivantes :

– Actif net réévalué de l'entreprise	6 097 960 €
– Bénéfice net moyen corrigé (capacité bénéficiaire)	1 067 143 €
– Valeur de l'entreprise	7 622 450 €
– Les parents sont âgés de plus de 60 ans, mais de moins de 65 ans.	
– Droits de donation	1 372 041 € [5]

Si l'on admet que ni les parents, ni leurs enfants n'ont les moyens de faire face au paiement des droits de succession (1 372 041 €), le problème est alors simple. Ce problème se résume à savoir si l'entreprise a ou non la possibilité, en une fois ou en plusieurs, de distribuer aux actionnaires de quoi payer ces droits. La somme à distribuer sera toutefois supérieure aux droits puisque la distribution devra supporter l'impôt sur le revenu et que seul le

---

4. Au-delà de 1 737 918 € par enfant, pour chacun de ses parents.
5. Compte tenu des avantages fiscaux liés aux donations-partages.

montant net après impôt sera disponible pour régler les droits de succession. Dans notre exemple, la somme à distribuer serait de :

$$S = \frac{9}{(100 - 38)}$$

S : est le montant à distribuer pour qu'il reste net aux actionnaires, les 9 millions nécessaires,

38 % : est le taux marginal de l'impôt sur le revenu dans le cas de dividendes bénéficiant de l'avoir fiscal,

soit :

$$S = \frac{9}{(100 - 38)} = 2\,210\,510\ €$$

On constate l'importance à la fois relative et absolue de la somme à distribuer. Notons toutefois qu'en cas de succession non préparée, le montant à payer par les actionnaires, et donc celui à décaisser par l'entreprise, sera du double puisqu'on ne bénéficiera alors pas des avantages fiscaux liés à la donation-partage.

Deux cas vont alors se présenter :

a) L'entreprise dispose d'une trésorerie lui permettant de faire face à une telle distribution

Ce cas est rare mais se présente cependant parfois. Il suffira alors de procéder à la distribution, à condition de vérifier au préalable que les conditions fiscales d'une telle distribution sont réunies. En effet, si pour procéder à cette distribution il était nécessaire de puiser dans des réserves correspondant à des résultats réalisés depuis plus de cinq ans, le coût s'en trouverait encore augmenté puisque la société devrait alors acquitter le précompte.

b) L'entreprise ne dispose pas de la trésorerie nécessaire

Il faudra alors envisager de procéder à un emprunt, soit au niveau de la société soit au niveau des actionnaires. Dans ce dernier cas ce seront évidemment les dividendes futurs qui permettront aux actionnaires ou à la société d'assurer le service de l'emprunt (intérêts et principal).

Dans tous ces cas, il apparaîtrait fort imprudent de ne pas examiner quelles seront pour l'entreprise, et à terme, les conséquences de l'appauvrissement que va constituer pour elle l'opération envisagée. Cet examen passera par l'établissement d'un business-plan.

133.2. Mesurer les conséquences pour l'entreprise

C'est le business-plan qui va permettre de procéder au chiffrage des effets de l'opération envisagée, d'en mesurer les conséquences.

Si l'entreprise dispose déjà d'un business-plan, il suffira alors de s'assurer que les prélèvements prévus ne le remettent pas en cause. Si tel n'est pas le cas, plusieurs hypothèses peuvent se présenter :

◆ L'opération n'a de conséquence que sur l'aspect financier du business-plan. Tel sera le cas si, par exemple, le prélèvement a pour effet d'augmenter le recours à l'emprunt, sans toutefois excéder les ratios prudentiels habituellement admis. Ce cas est le plus favorable puisque le projet stratégique de l'entreprise n'a pas à être remis en cause si les choses se passent comme prévu.

◆ L'opération rend impossible le financement des investissements nécessaires à la réalisation du projet initial de l'entreprise. Dans ce cas, trois solutions peuvent être étudiées :

• Modifier le projet de l'entreprise afin de limiter les besoins financiers de l'affaire et de répondre à la demande des actionnaires en matière de dividendes.

• Étaler si nécessaire la réalisation du plan afin de répartir les ressources annuellement disponibles entre l'entreprise et ses actionnaires.

• Permettre aux actionnaires de trouver ailleurs les sommes dont ils ont besoin. On pourrait à cette occasion envisager une ouverture de capital à un partenaire financier (*cf.* 13.2 ci-avant). Dans ce cas, l'ouverture du capital ne sera pas réalisée par augmentation de capital mais par cession de titres. Cette technique permettra que la valeur des titres aboutisse directement entre les mains des actionnaires, moyennant une taxation limitée à 18,1 % de la plus-value constatée à l'occasion de l'opération.

Dans les premiers cas, le business-plan permettra tout d'abord de définir la révision nécessaire de la stratégie de l'entreprise, puis de chiffrer les conséquences de celle-ci. Dans le dernier, il permettra de définir le niveau d'intervention à envisager de la part des partenaires financiers.

14. Outil de synthèse managériale

Les différentes utilisations énumérées dans les points précédents ne prétendent pas à l'exhaustivité. Nous avons voulu mettre en évidence le fait que le business-plan est un outil indispensable au manager tant pour impulser des orientations stratégiques dans l'entreprise et vérifier leurs effets que pour juger de la faisabilité de décisions à caractère exceptionnel.

Une des règles est la cohérence entre gestion courante et opportunité stratégique. Celle-ci n'est obtenue que si le business-plan est véritablement considéré et utilisé comme un outil de gestion. Cela permet en particulier d'assurer la cohérence entre les décisions prises aux différents niveaux. Ainsi, l'expérience démontre qu'un business-plan bâti pour juger, voire justifier, une opération exceptionnelle est rarement le plus crédible ni le plus efficace.

Méthodologie de construction d'un business-plan

N ous avons examiné au chapitre précédent quel pourrait être l'intérêt, tant pour l'entreprise que pour ses actionnaires, de disposer d'un business-plan. Espérons que le lecteur est désormais convaincu. Toutefois, comme le chantait Georges Brassens, "sans technique, un don n'est rien qu'une sale manie", aussi nous intéresserons-nous désormais non plus au "pourquoi" mais au "comment", en tentant tout d'abord de fournir au lecteur une démarche pour bâtir son business-plan, puis en illustrant cette démarche par un exemple.

21. La démarche

Celle-ci est importante dans la mesure où l'élaboration du business-plan est une opération complexe qui concernera et nécessitera :

- de nombreux interlocuteurs,
- de nombreux documents,
- de nombreux calculs,
- des approches interactives.

La rigueur de la démarche, même si elle peut apparaître lourde, est cependant le garant :

- de la fiabilité des résultats obtenus,
- de la facilité de révision du plan,
- de la possibilité d'extension de la prévision à des périodes ultérieures.

21.1. Organisation préalable

Avant d'examiner la procédure à mettre en œuvre, il apparaît souhaitable de définir quelles sont les étapes de construction d'un business-plan. Certaines de ces étapes peuvent correspondre à des démarches déjà menées par l'entreprise. Tel est en particulier le cas de toute la partie stratégie. Il ne sera évidemment pas nécessaire de renouveler ce travail s'il est déjà réalisé.

211.1. Étapes de la construction d'un business-plan

Celles-ci sont énumérées dans la figure 2.1.

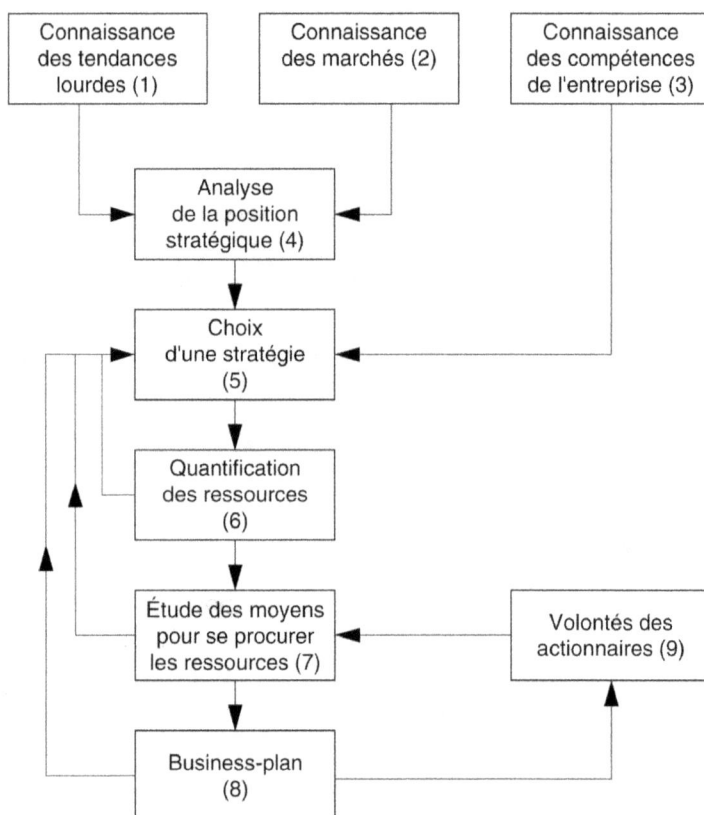

Figure 2.1. - **Étapes de la construction d'un business-plan**

On constate à l'examen de ce diagramme que les étapes 1 à 4 vont consister à se procurer des informations afin de définir dans quelle situation se trouve aujourd'hui l'entreprise. L'étape 5 définit une stratégie. Celle-ci n'est que provisoire puisqu'elle devra être validée quant à sa faisabilité au cours des trois étapes qui vont suivre. Nous reviendrons sur ces étapes, tout d'abord dans ce chapitre pour ce qui est de l'organisation matérielle, puis dans chacun des chapitres consacrés à ces sujets quant au fond.

211.2. Élaboration du plan de travail

Le but de celui-ci est de définir qui fera quoi et dans quels délais. L'utilisation d'un tableau du type de celui-ci, reproduit ci-après, peut être de nature à faciliter cette définition :

Opérations à réaliser	Responsable et fonctions	Date limite
– Analyse stratégique – Vente par produit – Croissance du marché par produit	Martin DG Dupont Dir. Cial Dupont Dir. Cial	$n + 1$ n $n + 1$

Si le business-plan est élaboré par un nombre réduit de personnes, voire par une seule, le document pourra alors être simplifié en suprimant les noms des responsables. Même en cas de travail solitaire, le fait de lister les opérations à réaliser et de fixer le calendrier demeure sinon indispensable du moins très utile.

L'existence d'un tel document présente de multiples avantages.

- Les tâches à remplir étant listées, aucune ou du moins aucune essentielle ne devrait être omise. Ceci est important dans la mesure où le business-plan est une construction de type linéaire et qui suppose, pour aboutir, que toutes les étapes préalables aient été franchies.

- Les responsabilités sont définies et chacun sait donc, de manière non équivoque, ce que l'on attend précisément de lui.

- Les délais sont fixés, ce qui permet d'élaborer un planning cohérent et d'en vérifier la dérive éventuelle. La tenue des délais est particulièrement importante si le document est attendu par des tiers. L'exactitude avec laquelle sera fourni le business-plan démontre le niveau de sérieux et d'organisation de la société.

L'élaboration du business-plan nécessite :

- que les informations fournies par chaque responsable soient mises en commun,

- que certaines décisions soient préparées collectivement.

Il est indispensable pour cela de fixer, dès le début de la construction du business-plan, un planning général des réunions à organiser. Celui-ci pourrait se présenter sur le modèle du tableau 2.2.

Objet de la réunion	Participants	Date
- Lancements	Toutes les personnes concernées [1]	.../.../...
- Finalisation étapes 1 2 3	Responsable " + " + " +	" " "
- Mise en commun étapes 1 à 3	Tous	.../.../...
- Analyse stratégique (synthèse)	"	"
- Choix d'une stratégie	Comité de direction	"
- Premier projet de business-plan et modifications stratégiques	Comité de direction + les actionnaires	"
- Présentation du BP définitif	Tous	"
- Diffusion du BP	La direction	"

Tableau 2.2. - **Modèle de planning de réunions à organiser au début de la construction du business-plan.**

Le nombre d'étapes peut varier selon l'ampleur et la difficulté du problème. Il en est de même du choix des participants aux réunions qui dépendra de la taille et du mode de management de l'entreprise.

211.3. Forme du document final

Ce point peut apparaître mineur. Il ne l'est probablement pas totalement. L'aspect formel d'un document est un élément de communication. Aussi n'est-il pas indifférent de choisir de présenter un document relativement succinct, composé essentiellement de tableaux de chiffres et de quelques

---

1. Dans la pratique, la liste de celles-ci doit évidemment être nominative.

commentaires, ou un document plus élaboré tant au niveau du fond (importance du texte) que de la forme (qualité graphique, qualité de la recherche, etc.).

Tentons de mesurer les avantages et les inconvénients de l'une ou l'autre des deux formules.

● Établir un document peu fouillé

Selon toute vraisemblance, celui-ci bénéficiera d'une crédibilité limitée. Il risque d'être considéré par ses lecteurs, tant dans l'entreprise qu'à l'extérieur, plus comme une extrapolation de ce qui devrait probablement se produire que comme l'expression d'un engagement de l'entreprise et de la direction. La non-réalisation totale ou partielle ne portera pas réellement à conséquence si ce n'est de décrédibiliser davantage les futures prévisions.

● Établir un document d'information véritable

C'est un moyen pour une direction de montrer l'importance qu'elle attache non seulement au document mais surtout à son contenu. Si l'on se donne la peine de mettre en évidence, par le discours mais également par les actes qui vont suivre, que la direction entend faire référence de manière permanente au plan, l'on peut alors disposer d'un véritable outil de gestion.

La non-réalisation du plan devra obligatoirement être expliquée et commentée sous peine de décrédibiliser les plans à venir et donc le système de management que l'on a tenté de mettre en place.

22. Les moyens techniques à mettre en œuvre

Même si l'aspect financier et mathématique ne constitue que l'aboutissement d'une démarche complexe, c'est ce dernier qui fera apparaître les résultats attendus.

Il est donc indispensable de maîtriser avec précision et fiabilité l'aspect chiffrage. Cette maîtrise est d'autant plus importante que :
- le nombre de données chiffrées à manier est important,
- le nombre d'hypothèses à explorer est élevé, même si finalement le nombre de celles-ci effectivement retenues est limité.

22.1. Logique de chiffrage du business-plan

La figure 2.3. propose un schéma de processus de calcul du business-plan.

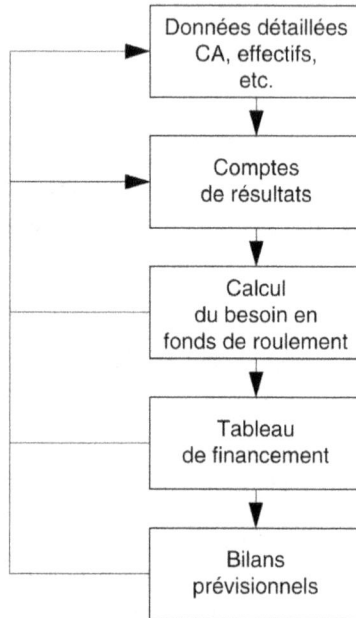

Figure 2.3. - **Schéma de processus de calcul du business-plan.**

Les flèches remontant vers les données mettent en évidence l'aspect itératif du processus. En effet, si le chiffrage met en évidence une impossibilité pratique de réaliser les objectifs quantitatifs, ceux-ci doivent être remis en cause.

22.2. Mode de construction du business-plan

Au plan matériel, on va donc se trouver en présence de tableaux de chiffres ayant une logique propre et se déversant les uns dans les autres. Ces tableaux ou catégories de tableaux sont les suivants :

Les tableaux de données de base

Ceux-ci ont pour fonction de quantifier et de valoriser les hypothèses retenues.

À titre d'exemple, on peut citer le tableau de calcul des chiffres d'affaires qui permettra de déterminer ceux-ci en multipliant pour chaque produit :

- les quantités prévues,

- les prix de vente unitaires,
- les taux de remises escomptés.

Le tableau 2.4. en donne un exemple :

Produits	Quantités	Prix	CA brut	Taux remise	CA net
A	100 000	3,35 €	335 387 €	10 %	381 849 €
B	50 000	1,52 €	76 224 €	-	76 224 €
C	400 000	7,62 €	3 048 980 €	15 %	2 591 633 €
.					
.					
.					
Total			15 976 657 €		13 9655 854 €

Tableau 2.4. - **Exemple de tableau de calcul des chiffres d'affaires**.

Les utilisations de ce tableau sont multiples puisqu'il peut, en plus de sa finalité propre, alimenter :

- le compte de résultat,
- le calcul du besoin en fonds de roulement,
- un tableau de calcul des commissions à verser aux représentants,
- un tableau de calcul des achats,
- etc.

Il existera évidemment autant de tableaux que de périodes concernées par le business-plan.

Le compte de résultat

Celui-ci sera établi selon la forme retenue par la société pour l'établissement des comptes annuels afin d'assurer la comparabilité ultérieure.

Il sera alimenté par différents tableaux annexes dont celui du chiffre d'affaires présenté plus haut. Il alimentera lui-même le tableau de financement au niveau du bénéfice et des amortissements réalisés. Il devra comme le précédent être reproduit autant de fois qu'il existe de périodes à examiner.

Les tableaux de flux

Ceux-ci reprendront certains éléments du compte de résultat ainsi que d'autres éléments financiers.

Le bilan.

La construction détaillée de ces documents sera reprise dans les chapitres qui suivent. Pour les établir, l'utilisateur doit disposer d'un outil lui permettant :

- de construire et de reproduire rapidement un nombre important de tableaux disposant de fonctions identifiées. Ces tableaux seront ensuite renseignés des chiffres propres à chaque période examinée,
- de prendre en compte rapidement de nombreuses modifications, tant des fonctions que des chiffres introduits, afin de s'adapter à l'évolution de la prévision ou des prévisions,
- de relier les différents tableaux les uns aux autres et ce, à la fois, de manière :
  - horizontale, d'une période vers la période suivante,
  - verticale, d'un tableau vers un autre et ce de manière linéaire mais également circulaire. Ainsi, le bilan doit-il enregistrer le résultat provenant du compte de résultat ; ce même compte de résultat enregistrera des frais financiers dépendant de l'endettement constaté au passif de ce même bilan,
- de refaire l'ensemble des calculs le plus rapidement possible chaque fois qu'une des hypothèses de base sera modifiée. Il n'est pas rare que la modification d'une hypothèse d'un business-plan nécessite 10 à 20 000 calculs élémentaires,
- d'être conçu et modifié directement et en temps réel par l'utilisateur, qui sera en général le responsable financier, ou l'un de ses collaborateurs.

Cet outil existe, il est aujourd'hui connu par la quasi-totalité des financiers, c'est le tableur.

Ce n'est probablement pas un hasard si l'exemple illustrant la première édition du manuel du premier tableur commercialisé (VISICALC) était une prévision de chiffre d'affaires et donc une partie essentielle de tout business-plan.

Si les tableurs sont des outils particulièrement puissants et efficaces, ils présentent également un certain nombre de risques et de limites.

● Les risques d'erreur de programmation

Un tableur, contrairement à son utilisateur, ne fait pas d'erreur d'opérations. Il ne réalise toutefois que celles qui sont programmées, sans avoir la capacité d'en vérifier le bien-fondé. Il est donc indispensable pour l'utilisateur de vérifier avant publication la cohérence des résultats obtenus. Il convient en particulier de se méfier des ultimes modifications de chiffres ou de formules. L'expérience montre en effet que c'est à cette occasion que se produisent les erreurs les plus nombreuses et les plus grossières.

● Les risques liés à la multiplication des hypothèses

L'utilisateur d'un tableur dispose d'un outil infatigable qui lui permet d'explorer rapidement et sans effort de très nombreuses hypothèses. Cette possibilité devient un risque si l'on ne réussit pas à se modérer. Le risque est celui d'avoir un tel nombre d'hypothèses divergentes que le ou plutôt les business-plans cessent d'être l'expression d'une stratégie et d'une volonté managériale pour devenir une sorte de jeu de probabilités. Il est certain qu'en multipliant les hypothèses, l'une d'entre elles se révélera exacte dans l'avenir. Mais quel est l'intérêt d'une telle démarche puisque l'on ne saura quelle est la bonne hypothèse qu'*a posteriori* ?

22.3. Choisir un tableur efficace

Pour tenter de répondre à cette question sans entrer dans un débat de spécialiste, tentons d'énumérer ce que l'on attend de l'outil informatique :

- réaliser les quatre opérations élémentaires (+, -, :, x),
- pouvoir reproduire des zones de calcul autant de fois que le nécessitera le nombre de périodes examinées,
- pouvoir imprimer les résultats.

Bien évidemment, tous les tableurs du marché sont capables de réaliser ces fonctions et souvent bien d'autres. Le seul vrai critère de choix tient donc à l'utilisateur et à son expérience de tel ou tel des tableurs aujourd'hui disponibles et parmi lesquels on peut citer : Lotus, Excel, Multiplan.

Si en effet les logiciels coûtent approximativement entre 152 € et 915 €, le véritable investissement se situe au niveau du temps nécessaire pour maîtriser réellement ces outils. Si donc cet investissement a déjà été réalisé, pourquoi le renouveler pour disposer d'un outil peut-être plus moderne mais pas obligatoirement plus efficace, du moins pour les travaux qui nous intéressent ici ? Le plus efficace des tableurs est donc celui que le financier utilise déjà habituellement et qu'il pourra manier sans nouvel apprentissage.

23. Nombre d'hypothèses à explorer

Il s'agit là d'un véritable problème qui recouvre en réalité deux questions différentes :

– Combien d'hypothèses explorer ?

– Combien d'hypothèses présenter ?

Chacune de ces deux questions peut avoir des réponses différentes aussi nous limiterons-nous ici à l'étude du premier point. Le second sera quant à lui étudié dans le cours du chapitre 7.

Il convient tout d'abord de rappeler qu'avec l'utilisation des micro-ordinateurs et des tableurs, le nombre d'hypothèses explorables est quasiment illimité. Il suffit pour s'en convaincre d'examiner l'exemple du tableau 2.5.

Exemples d'hypothèses	Valeurs possibles	Nombre de plans possibles
• Chiffre d'affaires	90-100-110	3
• Taux de marge	23 %-24 %-25 %	9
• Sous-traitance	oui - non	18
• Nouveaux investissements	oui - non	36
• Embauche de personnel	oui - non	72
• Taux de frais financier	10,5 %-11 %-11,5 %	216
• Etc.		

Tableau 2.5. - **Exemples d'hypothèses explorables à l'aide d'un tableur**

On constate qu'en ne prenant que six variables, ce qui est peu pour vouloir modéliser l'avenir d'une entreprise, on arrive déjà ici à plus de deux cents hypothèses, du fait de toutes les combinaisons possibles entre ces hypothèses. Encore s'est-on limité à ne retenir pour chacune des six variables que deux ou trois réponses. Il est évidemment possible d'aller infiniment plus loin. À titre anecdotique, notons que vingt variables pour lesquelles cinq réponses seraient possibles amèneraient, si l'on envisageait toutes les combinaisons à présenter, plus de trois millions d'hypothèses, ce qui serait évidemment inenvisageable mais surtout totalement inexploitable.

Comment donc procéder pour limiter le nombre d'hypothèses, afin de n'explorer que celles présentant un réel intérêt ?

La démarche habituellement retenue comporte deux étapes.

1. Bâtir une hypothèse unique correspondant à :

- la volonté stratégique de l'entreprise,
- la position de l'affaire sur son marché,
- la possibilité d'exploitation prévisible.

Le fait que l'hypothèse soit à ce niveau unique ne veut pas dire qu'elle soit bâtie de manière linéaire parce que, comme l'indique le schéma du paragraphe 211.1., des retours en arrière sont fréquemment nécessaires, voire indispensables.

2. Examiner d'autres scénarios

Le modèle étant construit sur la base des hypothèses considérées comme les plus vraisemblables, on procédera alors à l'exploration d'autres hypothèses. Ces explorations seront toutefois limitées à des points essentiels tels que :

- les décisions que pourraient envisager la direction de l'entreprise du type :
  - plus d'investissements pour limiter l'embauche,
  - une autre politique de prix,
  - abandon d'un produit ou d'une gamme,
  - etc.
- des événements qui pourraient se produire :
  - nouvelle réglementation,
  - apparition ou disparition d'un concurrent,
  - évolution du cours d'une matière première,
  - etc.

24. Exemple de business-plan

Afin de rendre plus concret l'aspect matériel de la présentation d'un business-plan, nous avons reproduit ci-après un exemple réel mais évidemment simplifié. Il s'agit ici d'établir le business-plan de création d'une société ayant pour vocation la fourniture de chauffage urbain en utilisant l'énergie provenant de l'incinération d'ordures ménagères, afin de répondre aux besoins d'une ville moyenne située dans l'est de la France.

Dans ce cas, deux hypothèses ont été présentées.

L'hypothèse d'origine

Celle-ci correspond à la prévision établie par le responsable du projet, en fonction :

- de ses connaissances techniques, quant à l'investissement nécessaire et au fonctionnement d'une centrale d'incinération,

- d'hypothèses économiques, puisque la rentabilité du projet dépend évidemment des quantités à traiter qui sont liées :

  - à l'évolution de la population,

  - au niveau de vie de cette population,

  - à des aspects écologiques comme le tri et le retraitement de certains déchets,

- d'hypothèses financières, liées au mode de financement et au taux du marché.

Une hypothèse alternative

Celle-ci est en tous points semblable à la précédente, à l'exception du taux de croissance prévu qui a été ramené de 2,5 % l'an à 1,5 % l'an, ce qui, évidemment, cumulé sur une période de vingt ans, modifie profondément les résultats et rend le projet sans intérêt.

Dans ce modèle, seule la feuille 1 comporte les données de base qui peuvent être modifiées afin d'explorer certaines hypothèses. L'ensemble des autres tableaux découle du traitement automatique de ces hypothèses et n'ont pas à être remis en cause. Par mesure de simplification, nous avons représenté uniquement dans cette hypothèse les chiffres des années 1995 à 2003.

1

CAS
CHAUFFAGE URBAIN

HYPOTHÈSE D'ORIGINE

HYPOTHÈSES RETENUES		CAS CHAUFFAGE URBAIN						
		Euros						
INVESTISSEMENTS								
Terrains	4 000							
Bâtiments	22 000							
Installations	264 000							
Divers	10 000							
TOTAL	300 000							
PRODUITS								
Redevances	420	/tonne						
Ventes d'électricité	150	/tonne						
Ventes de déchets	30	/tonne						
CHARGES								
Électricité	30	/tonne						
Autres	2 000	/an						
Gros entretien	20	/tonne plus 6 000 euros						
Prestations	4 000	/an						
Impôts et taxes	2 000	/an						
Salaires	5 500	/an						
Autres frais	1 000	/an						
Amortissements								
Terrains	0	ans						
Constructions	20	ans						
Installations	20	ans						
Divers	20	ans						
TRÉSORERIE								
Stocks	2	% du CA						
Clients	30	jours de ventes						
Divers actifs	1 000							
Fournisseurs	60	jours d'achat						
Personnel	7,5	% des salaires						
Organismes sociaux	15	% des charges sociales						
Divers passifs	700							
FINANCEMENT								
Capital	10 000							
Emprunt	290 000							
Taux d'intérêt	12	%						
Durée de l'emprunt	15	ans						
Annuité	42 579							
Dividendes	95	% du Résultat net						
ACTIVITÉ								
Première année	100 000	tonnes/an						
Croissance annuelle	2,5	% l'An						

	n	n + 1	n + 2	n + 3	n + 4	n + 5	n + 6	n + 7	n + 8
			EXPLOITATION PRÉVISIONNELLE						
ANNÉES	n	n + 1	n + 2	n + 3	n + 4	n + 5	n + 6	n + 7	n + 8
ACTIVITÉ	100 000	102 500	105 063	107 381	110 381	113 141	115 969	118 869	121 840
PRODUITS									
Redevances	42 000	43 050	44 126	45 229	46 360	47 519	48 707	49 925	51 173
Ventes d'électricité	15 000	15 375	15 759	16 153	16 971	16 971	17 395	17 830	18 276
Ventes de déchets	3 000	3 075	3 152	3 231	3 311	3 394	3 479	3 566	3 655
Total produits	60 000	61 500	63 038	64 613	67 884	113 141	69 582	71 321	73 104
CHARGES									
Achats et autres charges									
Électricité	3 000	3 075	3 152	3 231	3 311	3 394	3 479	3 566	3 655
Autres	2 000	2 000	2 000	2 000	2 000	2 000	2 000	2 000	2 000
Gros entretien	8 000	8 050	8 101	8 154	8 208	8 263	8 319	8 377	8 437
Prestations	4 000	4 000	4 000	4 000	4 000	4 000	4 000	4 000	4 000
Impôts et taxes	2 000	2 000	2 000	2 000	2 000	2 000	2 000	2 000	2 000
Salaires	5 500	5 500	5 500	5 500	5 500	5 500	5 500	5 500	5 500
Autres frais	1 000	1 000	1 000	1 000	1 000	1 000	1 000	1 000	1 000
Amortissements									
Terrains	0	0	0	0	0	0	0	0	0
Constructions	1 100	1 100	1 100	1 100	1 100	1 100	1 100	1 100	1 100
Installations	26 400	26 400	26 400	26 400	26 400	26 400	26 400	26 400	26 400
Divers	2 000	2 000	2 000	2 000	2 000	0	0	0	0
Total frais	55 000	55 125	55 253	55 384	55 519	53 657	53 798	53 943	54 092
RÉSULT. EXPLT.	5 000	6 375	7 784	9 229	10 710	14 227	15 783	17 378	19 012
Frais financiers	34 800	35 348	35 303	35 084	34 665	34 020	33 115	31 915	30 381
RÉSULT. AV. I.S.	− 29 800	− 28 973	− 27 518	− 25 855	− 23 956	− 19 792	− 17 332	− 14 537	− 11 369
Impôt société	0	0	0	0	0	0	0	0	0
RÉSULTAT NET	− 29 800	− 28 973	− 27 518	− 25 855	− 23 956	− 19 792	− 17 332	− 14 537	− 11 369
C.A.F.	− 300	527	1 982	3 645	5 544	7 708	10 168	12 963	16 131
SOMME RÉSULTATS	175 608								

n + 9	n + 10	n + 11	n + 12	n + 13	n + 14	n + 15	n + 16	n + 17	n + 18	n + 19
124 886	128 008	131 209	134 489	137 851	141 297	144 830	148 451	152 162	155 966	159 865
52 452	53 764	55 108	56 485	57 897	59 345	60 829	62 349	63 908	65 506	67 143
18 733	19 201	19 681	20 173	20 678	21 195	21 724	22 268	22 824	23 395	23 980
3 747	3 840	3 936	4 035	4 136	4 239	4 345	4 454	4 565	4 679	4 796
74 932	76 805	78 725	80 693	82 711	84 778	86 898	89 070	91 297	93 580	95 919
3 747	3 840	3 936	4 035	4 136	4 239	4 345	4 454	4 565	4 679	4 796
2 000	2 000	2 000	2 000	2 000	2 000	2 000	2 000	69 582	71 321	73 104
8 498	8 560	8 624	8 690	8 757	8 826	8 897	8 969	9 043	9 119	9 197
4 000	4 000	4 000	4 000	4 000	4 000	4 000	4 000	4 000	4 000	4 000
2 000	2 000	2 000	2 000	2 000	2 000	2 000	2 000	2 000	2 000	2 000
5 500	5 500	5 500	5 500	5 500	5 500	5 500	5 500	5 500	5 500	5 500
1 000	1 000	1 000	1 000	1 000	1 000	1 000	1 000	1 000	1 000	1 000
0	0	0	0	0	0	0	0	0	0	0
1 100	1 100	1 100	1 100	1 100	1 100	1 100	1 100	1 100	1 100	1 100
26 400	0	0	0	0	0	0	0	0	0	0
0	0	0	0	0	0	0	0	0	0	0
54 244	28 000	28 160	28 324	28 493	28 665	28 841	29 023	29 208	29 398	29 593
20 687	48 805	50 565	52 369	54 218	56 114	58 056	60 069	62 089	64 181	66 326
28 467	26 122	23 291	19 910	15 906	11 202	5 705	602	259	− 94	− 455
− 7 779	22 682	27 274	32 459	38 312	44 912	52 351	59 446	61 830	64 275	66 781
0	0	0	0	0	0	3 694	19 815	20 610	21 425	22 260
− 7 779	22 682	27 274	32 459	38 312	44 912	52 351	59 446	61 830	64 275	66 781
19 721	23 782	28 374	33 559	39 412	46 012	49 758	40 730	42 320	43 950	45 620

65

		TABLEAUX DE FINANCEMENT PRÉVISIONNELS							
ANNÉES	n	n + 1	n + 2	n + 3	n + 4	n + 5	n + 6	n + 7	n + 8
RESSOURCES									
Cash flow	– 300	527	1 982	3 645	5 544	7 708	10 168	12 963	16 131
Capital	10 000								
Emprunts	290 000								
TOTAL	299 700	527	1 982	3 645	5 544	7 708	10 168	12 963	16 131
BESOINS									
B.F.R.	4 264	152	156	160	164	168	172	176	181
Remboursements emprunts	7 779	8 712	9 758	10 929	12 240	13 709	13 354	17 197	19 261
Dividendes	0	0	0	0	0	0	0	0	0
Investissements	300 000								
TOTAL	312 043	8 864	9 914	11 088	12 404	13 877	15 526	17 373	19 441
SOLDE ANNÉE	– 12 343	– 8 337	– 7 932	– 7 443	– 6 859	– 6 169	– 5 358	– 4 410	– 3 310
SOLDE CUMUL	– 12 343	– 20 680	– 28 612	– 36 055	– 42 915	– 49 084	– 54 441	– 58 852	– 62 161
VAL ACT DIVIDENDES	0	0	0	0	0	0	0	0	0
VAL ACT CAPITAUX	1 947								
TOTAL	22 778								

n + 9	n + 10	n + 11	n + 12	n + 13	n + 14	n + 15	n + 16	n + 17	n + 18	n + 19
19 721	23 782	28 374	33 559	39 412	46 012	49 758	40 730	42 320	43 950	45 620
19 721	23 782	28 374	33 559	39 412	46 012	49 758	40 730	42 320	43 950	45 620
185	190	194	199	204	209	215	220	225	231	237
21 572	24 160	27 060	30 307	33 944	38 017	0	0	0	0	0
0	0	0	0	0	0	0	0	0	0	0
21 757	24 350	27 254	30 506	34 148	38 226	7 232	37 869	39 385	40 938	42 531
– 2 036	– 568	1 120	3 053	5 264	7 786	42 525	2 862	2 936	3 011	3 089
– 64 197	– 64 765	– 63 645	– 60 592	– 55 328	– 47 542	— 5 017	– 2 155	780	3 792	6 881
0	0	0	0	0	0	1 145	5 483	5 092	4 726	4 385

BILANS PRÉVISIONNELS

ANNÉES	n	n + 1	n + 2	n + 3	n + 4	n + 5	n + 6	n + 7	n + 8
ACTIFS									
IMMOBILISATIONS									
Terrains	4 000	4 000	4 000	4 000	4 000	4 000	4 000	4 000	4 000
Bâtiments	20 900	19 800	18 700	17 600	16 500	15 400	14 300	13 200	12 100
Installations	237 600	211 200	184 800	158 400	132 000	105 600	79 200	52 800	26 400
Divers	8 000	6 000	4 000	2 000	0	0	0	0	0
TOTAL	270 500	241 000	211 500	182 000	152 500	125 000	97 500	70 000	42 500
ACTIFS CIRCULANTS									
Stocks	1 200	1 230	1 261	1 292	1 325	1 358	1 392	1 426	1 462
Clients	5 849	5 995	6 145	6 298	6 456	6 617	6 783	6 952	7 126
Divers actifs	1 000	1 000	1 000	1 000	1 000	1 000	1 000	1 000	1 000
Trésorerie	0	0	0	0	0	0	0	0	0
TOTAL	8 049	8 225	8 406	8 591	8 781	8 975	9 174	9 379	52 088
TOTAL ACTIF	270 500	241 000	211 500	182 000	152 500	125 000	97 500	70 000	42 500
PASSIF									
CAPITAUX PROPRES									
Capital	10 000	10 000	10 000	10 000	10 000	10 000	10 000	10 000	10 000
Réserves	0	– 29 800	– 58 773	– 86 291	– 112 146	– 136 101	– 155 893	– 173 225	– 187 762
Résultat année	– 29 800	– 28 973	– 27 518	– 25 855	– 23 956	– 19 792	– 17 332	– 14 537	– 11 369
TOTAL	– 19 800	– 48 773	– 76 291	– 102 146	– 126 101	– 145 893	– 163 225	– 177 782	– 189 131
DETTES									
Emprunts	282 221	273 509	263 751	252 822	240 581	226 872	211 518	194 321	175 060
Fournisseurs	2 534	2 559	2 584	2 609	2 636	2 663	2 690	2 718	2 747
personnel	275	275	275	275	275	275	275	275	275
Organismes sociaux	275	275	275	275	275	275	275	275	275
État									
Dettes diverses	700	700	700	700	700	700	700	700	700
Découvert	12 343	20 680	28 612	36 055	42 915	49 084	54 441	58 852	62 161
TOTAL	298 349	297 998	296 197	292 736	287 382	279 868	269 899	257 141	241 219
TOTAL PASSIF	278 549	249 225	219 906	190 591	161 281	133 975	106 674	79 379	52 088

68

n + 9	n + 10	n + 11	n + 12	n + 13	n + 14	n + 15	n + 16	n + 17	n + 18	n + 19
4 000	4 000	4 000	4 000	4 000	4 000	4 000	4 000	4 000	4 000	4 000
11 000	9 900	8 800	7 700	6 600	5 500	4 400	3 300	2 200	1 100	0
0	0	0	0	0	0	0	0	0	0	0
0	0	0	0	0	0	0	0	0	0	0
15 000	13 900	12 800	11 700	10 600	9 500	8 400	7 300	6 200	5 100	4 000
1 499	1 536	1 575	1 614	1 654	1 696	1 738	1 781	1 826	1 872	1 918
7 304	7 487	7 674	7 866	8 063	8 264	8 471	8 683	8 900	9 122	9 350
1 000	1 000	1 000	1 000	1 000	1 000	1 000	1 000	1 000	1 000	1 000
0	0	0	0	0	0	0	0	0	0	0
9 803	10 023	10 249	10 480	10 717	10 960	11 209	11 464	12 506	15 785	19 150
24 803	23 923	23 049	22 180	21 317	20 460	19 609	18 764	18 706	20 885	23 150
10 000	10 000	10 000	10 000	10 000	10 000	10 000	10 000	10 000	10 000	10 000
− 199 131	− 206 910	− 184 227	− 156 954	− 124 494	− 86 183	− 41 271	369	2 351	4 412	6 554
− 7 779	22 682	27 274	32 459	38 312	44 912	41 640	1 982	2 061	2 142	2 226
− 196 910	− 174 227	− 146 954	− 114 494	− 76 183	− 31 271	10 369	12 351	14 412	16 554	18 780
153 488	129 328	102 268	71 962	38 018	1	1	1	1	1	1
2 777	2 807	2 839	2 871	2 903	2 937	2 971	3 007	3 043	3 080	3 118
275	275	275	275	275	275	275	275	275	275	275
275	275	275	275	275	275	275	275	275	275	275
700	700	700	700	700	700	700	700	700	700	700
64 197	64 765	63 645	60 592	55 328	47 542	5 017	2 155	0	0	0
221 713	198 150	170 002	136 674	97 500	51 730	9 239	6 413	4 294	4 331	4 369
24 803	23 923	23 049	22 180	21 317	20 460	19 609	18 764	18 706	20 885	23 150

69

CAS
CHAUFFAGE URBAIN

HYPOTHÈSE ALTERNATIVE

HYPOTHÈSES RETENUES			CAS CHAUFFAGE URBAIN					
INVESTISSEMENTS		Euros						
Terrains	4 000							
Bâtiments	22 000							
Installations	264 000							
Divers	10 000							
TOTAL	300 000							
PRODUITS								
Redevances	420	/tonne						
Ventes d'électricité	150	/tonne						
Ventes de déchets	30	/tonne						
CHARGES								
Électricité	30	/tonne						
Autres	2 000	/an						
Gros entretien	20	/tonne plus 6000						
Prestations	4 000	/an						
Impôts et taxes	2 000	/an						
Salaires	5 500	/an						
Autres frais	1 000	/an						
Amortissements								
Terrains	0	ans						
Constructions	20	ans						
Installations	20	ans						
Divers	20	ans						
TRÉSORERIE								
Stocks	2	% du CA						
Clients	30	jours de ventes						
Divers actifs	1 000							
Fournisseurs	60	jours d'achats						
Personnel	7,5	% des salaires						
Organismes sociaux	15	% des charges sociales						
Divers passifs	700							
FINANCEMENT								
Capital	10 000							
Emprunt	290 000							
Taux d'intérêt	12	%						
Durée de l'emprunt	15							
Annuité	42 579							
Dividendes	95	% du Résultat net						
ACTIVITÉ								
Première année	100 000	Tonnes/an						
Croissance annuelle	2,5	% l'An						

	EXPLOITAtION PRÉVISIONELLE								
ANNÉES	n	n + 1	n + 2	n + 3	n + 4	n + 5	n + 6	n + 7	n + 8
ACTIVITÉ	100 000	101 500	103 023	104 568	106 136	107 728	109 344	110 984	112 649
PRODUITS									
Redevances	42 000	42 630	43 269	43 918	44 577	45 246	45 925	46 613	47 313
Ventes d'électricité	15 000	15 225	15 453	15 685	15 920	16 159	16 402	16 648	16 897
Ventes de déchets	3 000	3 045	3 091	3 137	3 184	3 232	3 280	3 330	3 379
Total produits	60 000	60 900	61 814	62 741	63 682	64 637	65 607	66 591	67 590
CHARGES									
Achats et autres charges									
Électricité	3 000	3 045	3 091	3 137	3 184	3 232	3 280	3 330	3 379
Autres	2 000	2 000	2 000	2 000	2 000	2 000	2 000	2 000	2 000
Gros entretien	8 000	8 030	8 060	8 091	8 123	8 155	8 187	8 220	8 253
Impôts et taxes	6 000	6 000	6 000	6 000	6 000	6 000	6 000	6 000	6 000
Salaires	5 500	5 500	5 500	5 500	5 500	5 500	5 500	5 500	5 500
Autres frais	1 000	1 000	1 000	1 000	1 000	1 000	1 000	1 000	1 000
Amortissements									
Terrains	0	0	0	0	0	0	0	0	0
Constructions	1 100	1 100	1 100	1 100	1 100	1 100	1 100	1 100	1 100
Installations	26 400	26 400	26 400	26 400	26 400	26 400	26 400	26 400	26 400
Divers	2 000	2 000	2 000	2 000	2 000	0	0	0	0
Total frais	55 000	55 075	55 151	55 228	55 307	53 386	53 467	53 549	53 632
RÉSULT. EXPLT.	5 000	5 825	6 662	7 512	8 375	11 251	12 139	13 041	13 957
Frais financiers	34 800	35 348	35 361	35 276	35 079	34 755	34 287	33 657	32 853
RÉSULT. AV. I.S.	− 29 800	− 29 523	− 28 699	− 27 764	− 26 704	− 23 505	− 22 148	− 20 615	− 18 886
Impôt société	0	0	0	0	0	0	0	0	0
RÉSULTAT NET	− 29 800	− 29 523	− 28 699	− 27 764	− 26 704	− 23 505	− 22 148	− 20 615	− 18 886
C.A.F.	− 300	− 23	801	1 736	2 796	3 995	5 352	6 885	8 614
SOMME RÉSULTATS	20 017								

73

				TABLEAUX DE FINANCEMENT PRÉVISIONNELS					
ANNÉES	n	n + 1	n + 2	n + 3	n + 4	n + 5	n + 6	n + 7	n + 8
RESSOURCES									
Cash flow	− 300	− 23	801	1 736	2 796	3 995	5 352	6 885	8 614
Capital	10 000								
Emprunts	290 000								
TOTAL	290 700	− 23	801	1 736	2 796	3 995	5 352	6 885	8 614
BESOINS									
B.F.R.	4 264	91	92	94	95	97	98	100	101
Remboursements emprunts	7 779	8 712	9 758	10 929	12 240	13 709	15 354	17 197	19 261
Dividendes	0	0	0	0	0	0	0	0	0
Investissements	300 000								
TOTAL	312 043	8 804	9 850	11 023	12 336	13 806	15 453	17 297	19 362
SOLDE ANNÉE	− 12 343	− 8 826	− 9 049	− 9 287	− 9 540	− 9 811	− 10 101	− 10 412	− 10 747
SOLDE CUMUL	− 12 343	− 21 170	− 30 219	− 39 506	− 49 046	− 58 856	− 68 957	− 79 369	90 116
VAL ACT DIVIDENDES	0	0	0	0	0	0	0	0	0
VAL ACT CAPITAUX	1 140								
TOTAL	3 111								

				BILANS PRÉVISIONNELS					
ANNÉES	n	n + 1	n + 2	n + 3	n + 4	n + 5	n + 6	n + 7	n + 8
ACTIF									
IMMOBILISATIONS									
Terrains	4 000	4 000	4 000	4 000	4 000	4 000	4 000	4 000	4 000
Bâtiments	20 900	19 800	18 700	17 600	16 500	15 400	14 300	13 200	12 100
Installations	237 600	211 200	184 800	158 400	132 000	105 600	79 200	52 800	26 400
Divers	8 000	6 000	4 000	2 000	0	0	0	0	0
TOTAL	270 500	241 000	211 500	182 000	152 500	125 000	97 500	70 000	42 500
ACTIFS CIRCULANTS									
Stocks	1 200	1 218	1 236	1 255	1 274	1 293	1 312	1 332	1 352
Clients	5 849	5 936	6 026	6 116	6 208	6 301	6 395	6 491	6 589
Divers actifs	1 000	1 000	1 000	1 000	1 000	1 000	1 000	1 000	1 000
Trésorerie	0	0	0	0	0	0	0	0	0
TOTAL	8 049	8 154	8 262	8 371	8 481	8 594	8 707	8 823	8 940
TOTAL ACTIF	278 549	249 154	219 762	190 371	160 981	133 594	106 207	78 823	51 440
PASSIF									
CAPITAUX PROPRES									
Capital	10 000	10 000	10 000	10 000	10 000	10 000	10 000	10 000	10 000
Réserves	0	– 29 800	– 59 323	– 88 022	– 115 786	– 142 490	– 165 995	– 188 143	– 206 758
Résultat année	– 29 800	– 29 523	– 28 699	– 27 764	– 26 704	– 23 505	– 22 148	– 20 615	– 18 886
TOTAL	– 19 800	– 49 323	– 78 022	– 105 786	– 132 490	– 155 995	– 178 143	– 198 758	– 217 644
DETTES									
Emprunts	282 221	273 509	263 751	252 822	240 581	226 872	211 518	194 321	175 060
Fournisseurs	2 534	2 549	2 564	2 579	2 594	2 610	2 626	2 642	2 658
Personnel	275	275	275	275	275	275	275	275	275
Organismes sociaux	275	275	275	275	275	275	275	275	275
État									
Dettes diverses	700	700	700	700	700	700	700	700	700
Découvert	12 343	21 170	30 219	39 506	49 046	58 856	68 957	79 369	90 116
TOTAL	298 349	298 477	297 784	296 157	293 471	289 588	284 350	277 581	269 084
TOTAL PASSIF	278 549	249 154	219 762	190 371	160 981	133 594	106 207	78 823	51 440

Chapitre 3

Définir la position stratégique actuelle de l'entreprise

C e chapitre n'est pas destiné aux sociétés qui mènent régulièrement des analyses stratégiques poussées mais à celles, et elles
sont nombreuses, pour qui la construction d'un business-plan
constituera une première occasion de se livrer à une telle réflexion. Notons
au passage que toute entreprise a forcément une stratégie. Celle-ci est
écrite et décrite dans les affaires importantes, ce qui est indispensable si
l'on veut qu'elle soit intégrée et mise en œuvre par de nombreux acteurs.
Dans les entreprises de taille plus modeste, souvent elle n'est pas écrite,
mais cela ne signifie pas pour autant qu'elle soit nécessairement ni moins
claire ni moins partagée.

Le but de la définition de la position stratégique de l'entreprise n'est donc
pas d'inventer une stratégie mais de décrire celle actuellement mise en
œuvre et dans quel environnement elle l'est. Tel est le but de la méthodologie décrite ci-après. Cette méthodologie comporte les étapes suivantes :

- description de l'environnement où évolue l'entreprise,
- exposé de la "formule" actuelle,
- énumération des contraintes actuelles ou futures,
- analyse des produits et des marchés,
- synthèse.

31. L'environnement de l'entreprise

Toute réflexion stratégique doit obligatoirement débuter par une réflexion très large, pour se recentrer progressivement sur l'entreprise, ses produits, ses marchés. Il faudrait être capable de répondre aux questions : "Quel est l'état du monde aujourd'hui ? Que sera-t-il demain ?"

Il n'est évidemment pas question de transformer l'équipe de direction en économistes ni en prévisionnistes. Elle n'en a ni le temps, ni les moyens, ni forcément le goût.

Le but est plus simplement de replacer la réflexion dans un contexte plus global et plus général, comme vont tenter de le démontrer les deux exemples qui suivent.

◇ *Une entreprise du secteur agro-alimentaire*

devra s'interroger sur :

– l'évolution démographique régionale, nationale, voire mondiale, de la population dans laquelle se trouve sa clientèle, actuelle et future ;

– l'évolution du goût et du mode de consommation de cette même population :

- quantité consommée par habitant,
- répartition par type d'aliments (sucrés, salés, etc.),
- repas pris à domicile ou hors du domicile,
- temps passé à préparer les repas,
- etc. ;

– l'évolution du niveau de vie des consommateurs et la part consacrée à l'alimentation par rapport aux autres postes du budget des ménages ;

– etc.

◇ *Une entreprise liée au secteur automobile,*

même si elle est de taille modeste, est concernée au premier chef par :

– la bataille mondiale qui se livre dans ce secteur entre les entreprises françaises, européennes et japonaises. Elle ne peut donc se désintéresser des accords mondiaux qui peuvent être conclus et qui diminueraient ou supprimeraient les barrières douanières, ou autres, à l'entrée de tel ou tel pays ;

– l'évolution du goût des consommateurs d'automobiles et les tendances nouvelles, telles que la protection de l'environnement. Les pièces fabriquées par la société posent-elles par exemple un problème de recyclage ?

– là encore, l'évolution de la population et du pouvoir d'achat de celle-ci, au niveau des marchés naturels des entreprises clientes, constitue une réflexion indispensable.

Nous limiterons là les exemples, de crainte de lasser le lecteur. Il n'en demeure pas moins vrai que cette réflexion est indispensable. Pour éviter qu'une telle réflexion reste floue, voire quasi-philosophique, nous proposons au constructeur du business-plan de tenter de répondre à la liste de questions qui suit. Les questions sont à se poser vis-à-vis de ses clients directs, pour les sociétés de premier rang, c'est-à-dire celles qui élaborent des produits ou des services directement destinés aux consommateurs particuliers. Pour celles qui ont pour vocation d'offrir des produits ou des services à d'autres entreprises, les questions sont à se poser au niveau des consommateurs servis par ces entreprises clientes. Pour reprendre les deux exemples ci-dessus :

– La société du secteur agro-alimentaire se posera des questions sur les personnes qui consommeront ses produits.

Si cette société vend par l'intermédiaire de distributeurs, c'est sur la même clientèle de consommateurs finals qu'il lui faudra s'interroger. Cela n'empêchera pas l'entreprise, comme nous le verrons par la suite, de s'interroger sur ses clients au sens classique, c'est-à-dire les distributeurs. Peu importe en effet, dans un premier temps, l'avenir des différents modes de distribution, si de toute manière le produit fabriqué par l'entreprise ne correspond plus aux goûts des consommateurs.

– La société liée à l'automobile oubliera pour l'instant ses clients constructeurs, ou équipementiers. Elle réfléchira sur le client final qui achètera, utilisera et détruira le véhicule dans lequel seront ou non intégrées les pièces qu'elle fabrique.

Les principales questions à se poser semblent être :

◆ Les grandes évolutions économiques ont-elles une influence sur l'entreprise ? On peut citer à titre d'exemple :

• l'apparition de trois zones d'économie dominante : USA, Europe, Sud-Est asiatique,

• la faillite de l'Afrique,

• la libéralisation de l'ancien bloc communiste,

• etc.

◆ Les modes de consommation évoluent-ils ?

• internationalisation des habitudes de consommation,

• protection de l'environnement,

• âge moyen de la population,

• etc.

◆ Rôle des États ou des super-États :

• tendance au dirigisme ou au libéralisme et ce, éventuellement par branches d'activité,

• poids de l'État dans l'économie nationale,

• apparition de nouvelles règles du jeu en matière de concurrence, au niveau de l'Europe, du monde.

Il est évident qu'il n'existe jamais de réponse absolue à ce type de questions et qu'il convient de se les reposer régulièrement. Les questions et les réponses, ou débuts de réponses, qui y seront données ne sont toutefois pas sans intérêt. Elles vont en effet permettre de camper le décor dans lequel l'entreprise évoluera ou pense qu'elle évoluera pendant la période pour laquelle sera construit le business-plan.

Nul ne pouvait prévoir la date et la rapidité des transformations survenues dans les pays de l'Est ces dernières années. Il n'était pas moins nécessaire, pour les entreprises directement concernées, de s'interroger périodiquement sur les conséquences de cette possible libéralisation et ce, depuis d'assez nombreuses années. Le but n'est donc pas de prévoir l'avenir mais d'imaginer des scénarios et d'éviter de croire que l'avenir ne sera que la simple répétition du passé.

Cette réflexion très globale étant menée, et à moins qu'elle ait amené à conclure à l'absence d'avenir de la société ou du projet, il convient ensuite de se recentrer sur celle-ci, même si nous ne l'avons en réalité jamais réellement quittée.

32. La formule de l'entreprise

Il est nécessaire, à la fois dans un but de présentation à l'intérieur mais également de réflexion, de définir tout d'abord ce qu'est l'entreprise aujourd'hui. Cette description permettra de mettre en évidence pourquoi cela fonctionne ou, ce qu'il ne faut pas souhaiter, pourquoi cela ne fonctionne pas.

Pour procéder à cette analyse, nous retiendrons la présentation faite par la CEGOS de ce qu'est le management stratégique de l'entreprise.

Cette représentation est la suivante :

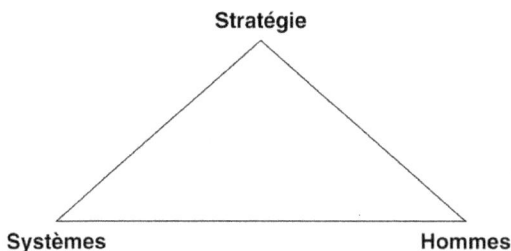

Tout est ici problème d'équilibre entre les trois pôles du triangle.

Pour expliciter cette présentation, il semble possible de partir de ce qu'il est convenu de nommer "l'état de grâce stratégique". On considère que cette position est atteinte lorsqu'il y a parfaite adéquation entre :

- la stratégie choisie par l'entreprise,
- les systèmes qu'elle a su mettre en place,
- les hommes qui la composent.

Tel serait le cas d'une entreprise, leader incontesté sur son marché (c'est la stratégie), disposant de l'outil de production parfaitement adapté et donc le plus productif (ce sont les systèmes) et de salariés ayant la qualification nécessaire et adhérant au projet de l'entreprise (ce sont les hommes).

Notons bien ici que le but n'est pas la recherche pour chacun des pôles d'une position dans l'absolu mais d'une parfaite adaptation aux deux autres pôles.

Ainsi, l'entreprise d'imprimerie fournissant des travaux banals à des clients qui ne recherchent que les bas prix n'a-t-elle pas intérêt à s'équiper des matériels les plus modernes mais aussi les plus coûteux. Une politique d'achat de matériels d'occasion à prix bas, lui permettant d'assurer au moindre coût sa production, constitue pour elle la "recette".

Chacun a entendu parler de ces entreprises du secteur public qui recrutent sur concours et embauchent, de ce fait, du personnel surqualifié. Un tel système amène dans ces entreprises un fort climat revendicatif de la part de personnes qui vont se considérer, à juste raison, comme sous-employées et évidemment sous-payées. Cette situation constitue un bon exemple de déséquilibre du tripôle.

Lorsque l'on examine en détail les grandes réussites en matière d'entreprise, on constate qu'elles reposent sur un équilibre entre les trois pôles.

On sait cependant que l'équilibre n'est pas un état stable. Le management stratégique consiste donc à adapter en permanence l'évolution des différents pôles. Ainsi constate-t-on à titre d'exemple qu'aujourd'hui, le niveau de formation s'est notablement amélioré dans les entreprises. Cet accroissement, souhaitable dans l'absolu, pose cependant un problème dans une société qui n'a à offrir que des postes à qualification faible. Comment, dans un super-marché, faire évoluer les tâches des caissiers lorsque l'on constate que le niveau moyen de formation de base est passé de BAC - 2 à BAC + 2 ? À l'inverse, si une qualification indispensable à l'entreprise risque de disparaître, il faudra alors être capable :

- soit de modifier le système en procédant, si cela est possible, à une automatisation des tâches précédemment exercées par des personnes hautement spécialisées,
- soit de modifier la stratégie afin de déplacer l'offre de la société vers des produits ou des services acceptant une qualification moindre du personnel.

C'est cet équilibre en trois points que nous nous proposons de retenir pour la suite de l'étude de la position stratégique de la société ou du projet. En effet, ce qui est vrai pour une entreprise existante l'est également pour une affaire en création.

33. Les stratégies produits et les marchés

Le but de cet ouvrage n'est pas d'être exhaustif dans la présentation des outils d'analyses stratégiques. Nous nous bornerons donc à la présentation de ceux qui sont apparus indispensables. Au lecteur de compléter son arsenal par l'étude et l'utilisation d'autres outils qu'il considérera comme mieux adaptés à la situation particulière de sa société. Avant d'entrer dans l'analyse Produits / Marchés, proprement dite, il est indispensable de s'interroger, même brièvement sur l'environnement, non plus cette fois-ci au niveau macro-économique mais à celui de l'entreprise.

33.1. Étudier la dynamique de son secteur

Pour mener cette étude, l'outil le plus adapté semble celui développé par Michael Porter, en le complétant toutefois pour prendre en compte l'aspect réglementaire qu'il exclut volontairement de son analyse.

Cette analyse bien connue peut être schématisée par la figure 3.1.

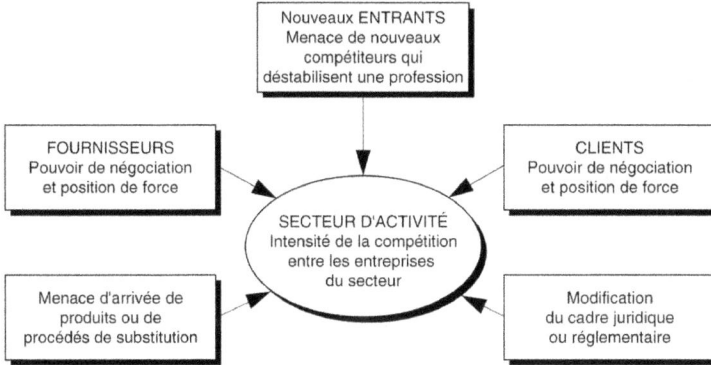

Figure 3.1. - **Analyse de la dynamique d'un secteur d'activité, selon Michael Porter.**

Ignorons provisoirement l'ovale central sur le contenu duquel nous reviendrons longuement au paragraphe 33.2 ci-après, afin de nous concentrer sur les cinq autres points :

◇ *Les nouveaux entrants*

À de rares exceptions, il n'est pas possible de savoir si de nouveaux acteurs s'apprêtent à entrer sur le marché de l'entreprise. Il est toutefois important de s'interroger sur les risques qu'une telle entrée se produise dans un avenir prévisible. Les principales questions à se poser sont :

– Le secteur est-il fortement rentable ?

Plus un secteur est rentable et plus la probabilité que d'autres s'y intéressent est importante. Ainsi voit-on des entreprises qui refusent de publier leurs comptes, qui sont cependant excellents, pour éviter de susciter l'intérêt pour le secteur d'éventuels concurrents.

– Existe-t-il des barrières à l'entrée ?

Ces barrières peuvent être de plusieurs natures :

• importance des investissements à réaliser pour lancer une production,

• verrouillage par des brevets ou un savoir-faire,

• détention d'une part de marché suffisamment forte pour décourager un futur compétiteur,

• organisation de la profession entre un nombre limité d'opérateurs qui se connaissent, se rencontrent et peuvent lutter en commun contre un nouveau compétiteur,

83

- réglementation limitant l'installation de nouvelles unités. Tel est le cas dans le secteur des cliniques où la création d'un nouvel établissement est quasiment impossible aujourd'hui en France,

- etc.

– Existe-t-il des professionnels exerçant leur activité dans d'autres secteurs en utilisant des techniques proches ?

Ceux-ci pourraient alors facilement venir sur le marché puisqu' ils maîtrisent selon les cas :

- la technique de production,

- la connaissance de la clientèle,

- la formule de distribution,

- etc.

– Au niveau international y-a-t-il de grands compétiteurs non encore implantés dans le pays ou dans les régions où opère la société ?

Il convient de noter que même si, pour l'une ou plusieurs des raisons évoquées ci-dessus, l'entrée sur le marché d'un nouvel entrant apparaît peu probable, il demeure toujours un risque, celui du rachat d'un des confrères par un nouveau partenaire. Dans le principe, une telle opération ne devrait pas modifier l'équilibre du marché. Cela peut toutefois avoir une influence dans la mesure où les nouveaux actionnaires du concurrent racheté risquent de modifier le comportement de l'entreprise et d'avoir une politique plus agressive, rompant de ce fait l'équilibre du marché.

◇ Les clients

Une entreprise n'existe que si elle a des clients pour lui acheter ses produits ou ses services. Il convient donc de s'interroger sur la pérennité de la clientèle. Les risques à envisager sont principalement de trois types :

– *La bonne santé des clients.* Si un ou plusieurs de ceux-ci venaient à disparaître, l'entreprise s'en trouverait gravement, voire définitivement, affectée. On peut penser que si un client disparaît, le besoin continuera à exister et sera servi par une autre affaire. Si celle-ci n'est pas déjà cliente, pourra-t-on travailler avec elle ou préférera-t-elle s'adresser à la concurrence nationale ou internationale ?

– *La modification de l'actionnariat des clients* qui, de ce fait, seraient amenés à changer de fournisseurs. Les agences de publicité qui travaillent pour des sociétés de moyenne importance savent bien que lorsqu'une de ces entreprises est reprise par un grand groupe, elles ont peu de chance de conserver la gestion des budgets de publicité.

– *La concurrence des clients.* Elle peut constituer un risque car ceux-ci peuvent décider de rapatrier tout ou partie d'une activité préalablement sous-traitée. Le risque est d'autant plus sensible que l'entreprise réalise déjà en interne des productions identiques à celles sous-traitées.

◇ Les fournisseurs

Il n'existe de risque à ce niveau que si l'entreprise se trouve confrontée à un nombre de fournisseurs limité et que ceux-ci soient difficilement substituables. La question à se poser est de savoir si les fournisseurs risquent de mettre l'entreprise en situation difficile :

- soit en limitant les approvisionnements dont la société a besoin pour conserver son niveau d'activité et faire face aux besoins de ses propres clients,

- soit en augmentant leurs prix sans que la société puisse répercuter sur ses propres clients les modifications tarifaires subies en amont.

Parmi les fournisseurs à inclure dans l'étude, se trouvent les banquiers. Nous reviendrons sur le rôle de ceux-ci en tant que "fournisseurs d'argent" dans le cours du chapitre suivant.

◇ Les procédés ou produits de substitution

Toute entreprise est en permanence à la merci d'une innovation qui la mettrait en difficulté. Cette évidence est vraie non seulement pour les entreprises industrielles mais pour l'ensemble des sociétés. Dans le secteur de la distribution, depuis leur apparition, les hypermarchés puis des chaînes de distribution spécialisées se sont substituées pour plus de 50 % aux modes de distribution traditionnels.

Il n'est en général pas possible de prévoir ce qui peut être en train de s'inventer dans le laboratoire de la concurrence ou de mûrir dans les cartons d'un créateur de génie. Il n'est pas moins nécessaire d'examiner certains points, et en particulier de se poser les questions suivantes :

– Les techniques ou processus de substitution n'ont-ils pas déjà émergé dans d'autres pays ? De nouveaux procédés sont-ils apparus sur des marchés différents mais à partir desquels la transposition serait possible ? C'est à la veille technologique d'y répondre.

– La substitution, si elle se produit, sera-t-elle lente ou rapide ? Chacun sait, par exemple, qu'en France, les modifications dans l'utilisation des matériaux de construction sont fort lentes car :

- avant d'être commercialisé, un matériau nouveau doit obtenir son agrément par un organisme spécialisé, le CSTB,

- les Français sont traditionalistes pour ce qui est de leur habitat et n'acceptent pas facilement l'innovation,

- les entreprises qui mettent en œuvre ces matériaux sont responsables pendant dix ans (garantie décennale), ce qui les rend prudentes même si elles sont assurées et peuvent en cas de difficulté se retourner vers leurs fournisseurs. Ainsi a-t-il fallu vingt ans à la menuiserie plastique pour conquérir 30 % du marché français.

◇ *Les modifications du cadre réglementaire*

Toute entreprise risque de subir un jour ou l'autre des contraintes nouvelles qui modifieront ses conditions d'exploitation.

Les conséquences peuvent selon les cas se révéler plus ou moins graves.

– L'entreprise qui devra fournir à ses ouvriers un dispositif pour se protéger du bruit n'en mourra probablement pas et son compte de résultat devrait rester équilibré.

– La société dont le produit se trouve brutalement interdit à la vente a, elle, infiniment moins de chance de s'en remettre. Tel fut le cas des sociétés élaborant leurs produits à partir d'amiante, lorsque fut démontrée la nocivité de ce produit.

Là encore, la vigilance doit être la règle. L'observation des évolutions étrangères sera souvent fort utile pour prévoir les évolutions locales.

L'étude préalable de l'environnement étant réalisée, il est désormais possible de se concentrer sur la position de l'entreprise sur son marché. Lorsque l'entreprise exerce son activité sur plusieurs marchés, la réflexion doit évidemment être menée distinctement pour chacun d'entre eux.

33.2. L'étude du couple produits/marchés

Il existe de nombreuses techniques destinées à définir la position stratégique d'une entreprise sur ses marchés. Plutôt que de les énumérer toutes, il est apparu plus utile de sélectionner celles qui sont complémentaires et forment entre elles une démarche cohérente. Nous examinerons donc successivement :

- la segmentation stratégique,
- la courbe de vie des produits,
- la courbe d'expérience,
- une matrice stratégique choisie parmi celles qui ont été développées depuis de nombreuses années par de grands cabinets, en général américains. Le choix a été réalisé de manière à présenter un outil utilisable par toutes les sociétés, quelles que soient leur taille et leur activité.

332.1. La segmentation stratégique

La segmentation stratégique a pour but de définir quelle est la position de l'entreprise sur son marché afin d'en tirer certaines conclusions utiles à l'action. Une telle réflexion n'est pratiquement jamais possible au niveau global de l'entreprise puisque celle-ci :

- fabrique des produits différents, diversifiés,
- rend des services multiples,
- vend à des clients appartenant à des catégories distinctes et ayant des besoins divers,
- etc.

Il est donc indispensable, préalablement à toute autre approche, de tenter d'isoler les champs d'actions homogènes sur lesquels la société exerce son activité. C'est sur chacun de ces champs d'actions qu'il sera ensuite possible de définir le positionnement précis de l'entreprise par rapport à la concurrence.

La segmentation stratégique va donc consister à définir quels sont les champs d'actions de l'entreprise. À l'issue de ce travail, on disposera normalement d'une analyse pouvant se présenter comme dans l'exemple qui suit.

La société examinée fabrique deux produits :

- le produit L qui est un produit de "haut de gamme",
- le produit B qui est un produit de même type mais positionné beaucoup plus "bas de gamme".

Elle vend à deux types de clients :

- des distributeurs traditionnels (boutiques centre ville),
- des grandes surfaces (GMS).

87

Après analyse, l'entreprise a considéré qu'elle opérait sur trois segments stratégiques :

   a) le produit L vendu à des distributeurs traditionnels,

   b) le produit B vendu aux mêmes distributeurs.

   Ces deux segments sont distingués bien que les clients servis soient les mêmes. En effet, les compétiteurs sont différents et l'on peut très bien, dans ce cas, livrer à un client le produit L mais pas le produit B. Le client achète le produit B à un concurrent plus spécialisé dans cette production et donc plus compétitif, mais ce fournisseur est incapable de fournir le produit L. Si tous les fournisseurs proposaient à la fois le produit L et le produit B, on considérerait alors qu'il s'agit d'un segment unique puisque, selon toute probabilité, soit l'entreprise réussirait à vendre simultanément ses deux produits à un client, soit elle ne pourrait en livrer aucun.

   c) le produit B vendu aux GMS (Grandes et Moyennes Surfaces). Ce segment est distinct de celui correspondant à la vente de ce même produit au commerce traditionnel. Le mode de vente, les quantités livrées, le service à rendre diffèrent profondément et la concurrence est, là encore, distincte.

   Sur la base de cet exemple, volontairement très simple, on peut dire qu'un segment stratégique se définira par le croisement entre :

   • un produit, le terme produit est ici retenu au sens large et ce peut être un service,

   • une clientèle ayant des comportements d'achats et des besoins homogènes,

   • une formule de prestation identifiée.

Examinons chacun des trois composants de la formule.

a) Le produit ou le service

   C'est, par définition, ce que l'entreprise connaît le mieux. Il ne suffit toutefois pas ici de raisonner sur le produit de l'entreprise mais sur l'ensemble de ceux qui, sur le marché, représentent une offre cohérente. Ainsi, dans le monde de la finance ne peut-on raisonner distinctement sur les deux offres suivantes :

   • la gestion collective sous forme d'OPCVM (FCP et SICAV),

   • la gestion individuelle, déléguée à un responsable financier qui gérera individuellement mais en opérant les mêmes choix de valeurs mobilières pour un certain nombre de clients ayant des objectifs patrimoniaux cohérents.

Bien que ces deux offres soient techniquement et juridiquement distinctes, elles sont au niveau du client totalement substituables. Les entreprises, qu'elles se soient fait une spécialité de l'une ou de l'autre des formules, sont donc en concurrence frontale puisque leurs formules s'adressent à la même clientèle et leur offrent en pratique le même service.

Les produits d'assurance par capitalisation, qui reposent également sur une gestion collective de valeurs mobilières, ne sont pas assimilables aux deux produits ci-dessus. Ils présentent, eux, des possibilités de défiscalisation au niveau des revenus et des successions qui les différencient clairement des deux autres et rendent donc ces formules non substituables les unes aux autres.

b) Les clients

Il faut, là encore, tenter de s'interroger sur l'homogénéité de la clientèle ou des clientèles existantes.

Une entreprise de transport qui opère à la fois dans les domaines du transport urbain et du transport scolaire pourra considérer que, malgré la différence de personnes transportées, la clientèle est homogène. Son véritable client est en effet, dans un cas comme dans l'autre, la municipalité ou la collectivité locale qui lui concède ou sous-traite l'un, l'autre ou les deux services.

La même société peut exercer également son activité dans le domaine du tourisme. Elle propose alors ses produits à de nombreux clients qui auront à choisir entre ses prestations, et celles de la concurrence. Il s'agit là, d'un champ d'actions distinct, même si le personnel et le matériel utilisés sont communs aux deux activités.

c) La formule de prestations

Le dernier point est le plus difficile à identifier puisqu'il s'agit de savoir si un même produit proposé à une même clientèle constitue ou non une offre cohérente.

En matière de distribution de produits surgelés, les spécialistes s'interrogent afin de définir si les formules de :

- libre-service spécialisé,
- livraison à domicile,

constituent ou non un segment homogène.

La réponse donnée est généralement négative bien que :
- les produits vendus soient totalement identiques. On trouve les mêmes marques présentées dans les rayons des magasins de la société ayant opté pour l'une des formules et livrées par l'autre société ;
- les clients appartiennent aux mêmes catégories socio-professionnelles.

Ces deux formules constituent cependant des segments différents dans la mesure où les consommateurs choisissent l'une ou l'autre des formules et y restent durablement fidèles.

De même, la livraison à domicile d'épicerie, qui se développe lentement dans quelques grandes villes, ne fait pas partie du même segment que les GMS (Grandes et Moyennes Surfaces), car elle représente pour les clientèles une offre clairement distincte et correspondant à un besoin précis, celui de gagner du temps et d'éviter de se déplacer.

Précautions à prendre

▶ Celles-ci tiennent plus particulièrement au choix de la maille d'analyse. Il existe deux risques.

● Identifier des segments trop larges

Dans ce cas, l'entreprise risque d'identifier comme concurrentes des entreprises qui ne le sont pas et de s'épuiser dans une lutte inutile. Ainsi l'entreprise de distribution à domicile qui considérerait les GMS (Grandes et Moyennes Surfaces) comme opérant sur le même segment qu'elle, et tenterait de lutter sur le terrain des prix, se ruinerait à coût sûr puisque sa propre formule comporte des coûts logistiques notablement plus élevés du fait du service rendu à la clientèle.

● Identifier des segments trop étroits et donc trop nombreux

- *Trop nombreux* : une société ne peut développer qu'un nombre de stratégies limité. Il ne servirait à rien d'identifier un grand nombre de segments qu'il serait ensuite indispensable de regrouper afin de leur appliquer une stratégie unique.
- *Trop étroits* : le risque est ici de se "faire plaisir" en segmentant tellement fin que l'entreprise devienne leader sur le segment qu'elle s'est définie. On risque alors "d'oublier" certains concurrents sous prétexte qu'ils opèrent sur un segment différent.

Dans la pratique, le nombre de segments à identifier ne doit pas excéder une quinzaine, sauf évidemment pour de très grands groupes à vocation multi-nationale. Pour les moyennes entreprises, il se situe généralement entre un et cinq, et rarement plus.

L'entreprise ayant identifié les segments sur lesquels elle opère ou souhaite opérer, il est alors possible de mener une réflexion sur la position de l'entreprise et de ses produits sur chacun de ceux-ci.

332.2. La courbe de vie des produits

Cet outil indispensable pour l'étude de produits ou de marchés existants n'a guère d'intérêt en cas de création basée sur une innovation. Il est, en effet, quasiment impossible d'évaluer *a priori* quelle sera la durée de vie d'un produit en émergence et son évolution au cours de son existence.

La notion de produit doit être entendue au sens large. Le "produit" peut être, selon les entreprises concernées, un service ou une formule.

La courbe de vie d'un produit se représente classiquement selon le profil de la figure 3.2.

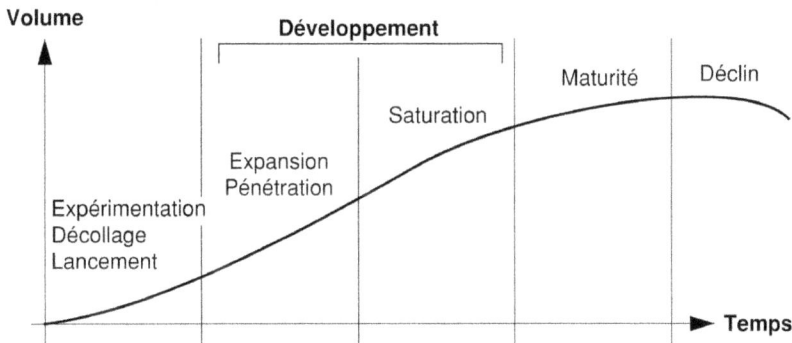

Figure 3.2. - **Courbe de vie d'un produit**

La courbe reprend :

- En ordonnée, les pourcentages de croissance du marché. Il est important de représenter la croissance du marché et non celle du produit de l'entreprise. En effet, ce produit peut avoir une évolution différente, voire opposée, à celle du marché. Ainsi, dans le cas d' un produit en fin de vie ou simplement mature, mais pour lequel le nombre de compétiteurs se réduit, une entreprise peut-elle constater une augmentation de ses ventes.

- En abscisse, le temps écoulé depuis la naissance du produit jusqu'à sa disparition. Dans la pratique, les courbes de vie sont tracées pour

91

des produits existants et la fin de cycle est donc, par définition, inconnue et ne pourra de ce fait être tracée.

Construire la courbe de vie

Le plus complexe sera évidemment de trouver les informations nécessaires et ce, en particulier si :

- le produit est ancien,
- la société ne s'est jamais livrée à ce type de recherches,
- la profession est peu ou mal organisée et ne dispose pas de statistiques fiables.

Dans la pratique, il ne faut pas espérer trouver une réalité mathématique mais, dans bien des cas, une bonne approximation.

Notons au passage que ces courbes doivent toujours être établies en volume, c'est-à-dire en éliminant de l'évolution apparente du marché la part liée à l'évolution des prix du fait de l'inflation. Pour les produits incluant, de manière significative, des matières premières à prix fluctuant, le problème est encore plus complexe puisque ce sont les effets de la variation du cours des matières concernées qui doivent être éliminés.

Les principaux écueils à éviter sont au nombre de deux.

1) Raisonner sur une approche trop large du produit

Tel serait le cas d'une entreprise spécialisée dans le verre trempé pour le bâtiment. Celle-ci ne doit pas raisonner sur les courbes de vie :

- du verre dans son ensemble, puisque ce secteur inclut toute une série de produits (vitrage, double vitrage, etc.) qui ne font pas partie du même segment stratégique,
- du verre trempé, puisque celui-ci comprend les produits formés, utilisés par l'industrie automobile. Ces produits utilisés par l'industrie automobile représenteront la majeure partie du marché jusqu'à l'apparition et la généralisation des pare-brise feuilletés, désormais obligatoires dans de nombreux pays.

La courbe de vie qui intéresse notre entreprise est donc celle du verre plat trempé. On constate alors que le produit est en développement, alors que les deux courbes qui auraient été établies dans les deux autres hypothèses auraient fait apparaître des produits soit matures, soit en récession.

2) Oublier la mondialisation des marchés

Dès que l'on se trouve en présence de produits ou de marchés pouvant s'exporter, il faut, si l'entreprise n'est que nationale, raisonner à la fois à ce niveau mais également au niveau international (voir figure 3.3., l'exemple du stylo à bille).

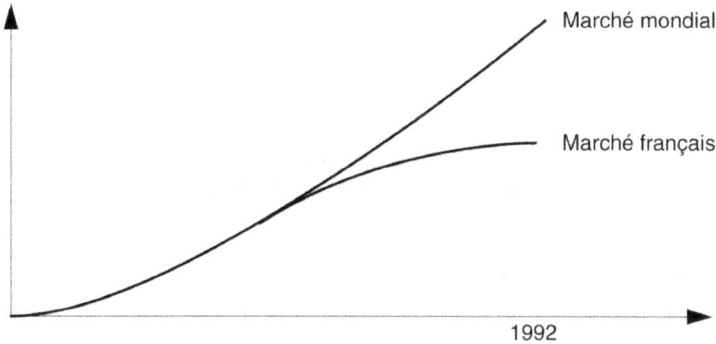

Figure 3.3. - **Courbe de vie du stylo à bille sur le marché mondial et sur le marché français.**

Cette approche est importante même si l'entreprise n'a *a priori* pas vocation à l'internationaliser. Elle met en évidence le développement de nouveaux marchés. Ces marchés peuvent amener l'apparition de nouveaux compétiteurs au niveau mondial. Ceux-ci peuvent avoir un jour vocation à venir concurrencer notre entreprise sur le marché national, qu'elle contrôle aujourd'hui.

Utiliser la courbe de vie

La courbe de vie peut être utilisée à plusieurs fins.

◇ Pour apprécier l'évolution potentielle des marchés

La courbe de vie complète d'un produit ne peut être réellement tracée que lorsque celui-ci a, sinon disparu, du moins largement entamé sa période de décroissance.

Cette courbe achevée, un plan historique n'a plus aucun intérêt pour l'entreprise qui a d'ailleurs probablement déjà disparu si son existence était liée à celle du produit.

Dans la pratique, on ne peut tracer que la partie de la courbe correspondant au passé alors que la seule qui présente un réel intérêt est la partie de la courbe correspondante à l'avenir. Voir les trois exemples de courbes donnés par la figure 3.4.

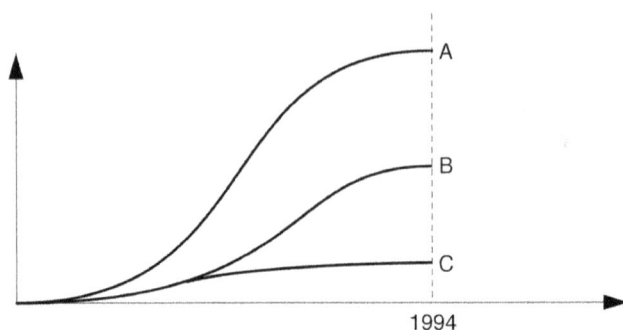

Figure 3.4. - **Partie connue de la courbe de vie des produits A, B, C.**

Pour chacune de ces courbes, le problème est de savoir comment elles vont se prolonger ? Pour la courbe B, on peut imaginer trois hypothèses (voir figure 3.5.)

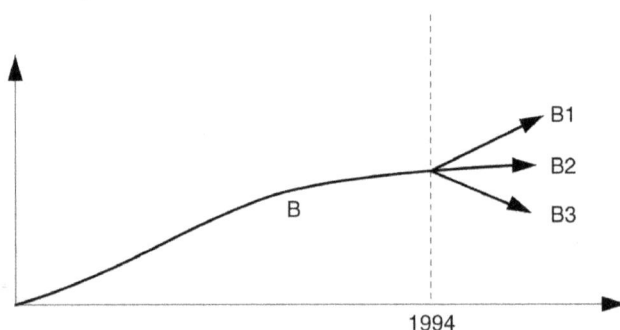

Figure 3.5. - **Hypothèse de prolongation de la courbe de vie du produit B.**

Il est évident que, selon que l'avenir prévisible se situe plutôt en B1 ou en B3, les décisions stratégiques à prendre ne sont pas identiques. On ne traite pas, ainsi que nous le verrons plus loin, de la même manière un produit encore en croissance et un autre ayant déjà entamé son déclin. Même si l'avenir n'est jamais totalement prévisible, il est utile de mener une réflexion sur les hypothèses envisageables afin de retenir la plus vraisemblable pour l'établissement du business-plan de l'entreprise concernée.

◇ *Pour positionner les différents produits de l'entreprise*

Lorsqu'une entreprise fabrique ou vend plusieurs produits, il est important de vérifier quel est le positionnement de l'ensemble de ces produits sur leur courbe de vie. Cette approche peut être réalisée par la représentation de la figure 3.6.

94

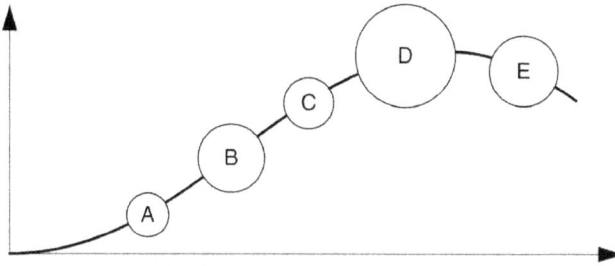

Figure 3.6. - **Positionnement des produits de l'entreprise
sur leur courbe de vie.**

La courbe retenue ici est une courbe moyenne, représentative de l'évolution des produits concernés. Les produits sont représentés par des cercles dont le diamètre est proportionnel à la part du produit dans le chiffre d'affaires total de la société. Si une société vend des produits très différents au niveau de leur rythme d'évolution, il est alors quelquefois préférable d'établir plusieurs courbes, chacune regroupant les produits dont le comportement est comparable.

L'établissement d'une courbe de ce type permet une réflexion sur deux thèmes principaux.

a) La répartition du portefeuille produits

La société développe-t-elle régulièrement des produits nouveaux pour assurer le maintien de son niveau global d'activité et ce, malgré le vieillissement de certains des produits les plus anciens ?

Une société dont la courbe des produits aurait le profil de la figure 3.7. serait confrontée à terme à un grave problème, même si aujourd'hui elle est en fort développement, puisqu'elle ne crée apparemment pas de nouveaux produits.

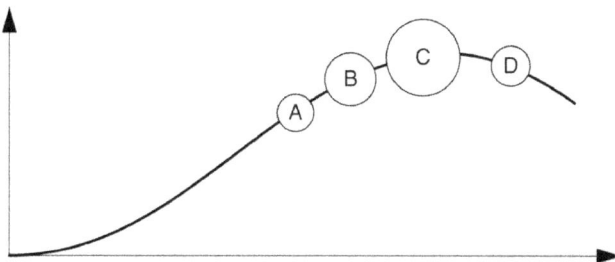

Figure 3.7. - **Courbe des produits d'une entreprise en danger.**

95

b) La part relative des différents produits

L'examen des figures 3.6. et 3.7. permet de visualiser la répartition du chiffre d'affaires entre les différents produits ou familles de produits composant le chiffre d'affaires de la société.

Classiquement, les cercles les plus importants se situent vers le sommet de la courbe. Ce positionnement est normal puisqu'il s'agit de produits ou de marchés matures sur lesquels les possibilités de développement sont par définition faibles.

À l'inverse, les produits en émergence correspondent à des cercles de plus petite taille mais qui ont normalement vocation à se développer rapidement.

Ils deviendront à leur tour importants lorsqu'ils seront devenus matures.

En théorie, le positionnement d'un produit au cours de son existence devrait être celui indiqué dans la figure 3.8.

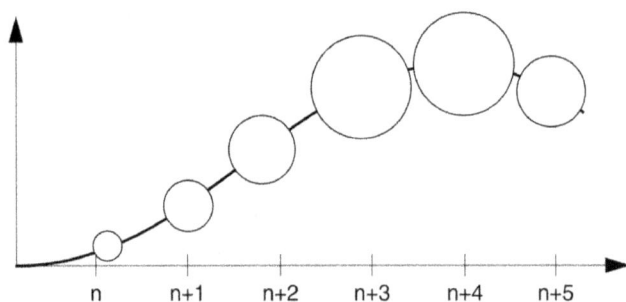

Figure 3.8. - **Positionnement théorique d'un produit au cours de son existence.**

Le respect du schéma impose que l'entreprise conserve sa part de marché tout au long de la vie du produit. Il ne s'agit pas là de la seule hypothèse, on peut en effet imaginer :

- que la société se fasse marginaliser sur le marché par un concurrent plus dynamique qu'elle,
- qu'elle réussisse à accroître sa part de marché soit par conquête directe, soit par croissance externe (rachat de sociétés détenant des parts de marché).

Les courbes restent identiques mais la représentation du volume contrôlé par la société diffère profondément comme le montrent les deux figures 3.9 et 3.10.

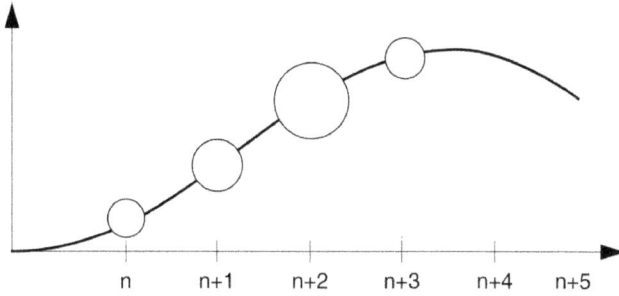

Figure 3.9. - **La société perd des parts de marché.**

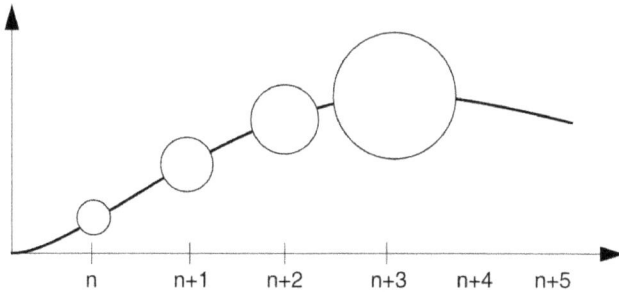

Figure 3.10. - **La société achète des parts de marché.**

Ces différents scénarios montrent bien l'intérêt de cet outil, non seulement pour constater une position et une évolution passées, mais également pour mettre en évidence l'intérêt d'une décision stratégique. Les deux schémas ci-dessus peuvent être la représentation de ce qui risque de se produire dans le cas d'une société confrontée à un concurrent plus puissant qu'elle. Si la société ne réagit pas, le premier scénario risque de se vérifier. Si au contraire la société réagit en reprenant l'un de ses concurrents, le second schéma est envisageable. Elle pourra, grâce à ce rachat, lutter à armes égales avec les autres sociétés leaders sur le même marché.

332.3. La courbe d'expérience

Une des données essentielles de la construction du business-plan est constituée par les marges prévisibles et leur évolution au cours de la période examinée.

Une marge résulte toujours de la différence entre un prix de vente et un prix de revient. Nous allons voir que le nouvel outil examiné ici permet de raisonner sur ces deux grandeurs. La figure 3.11. donne le profil de cette nouvelle courbe.

97

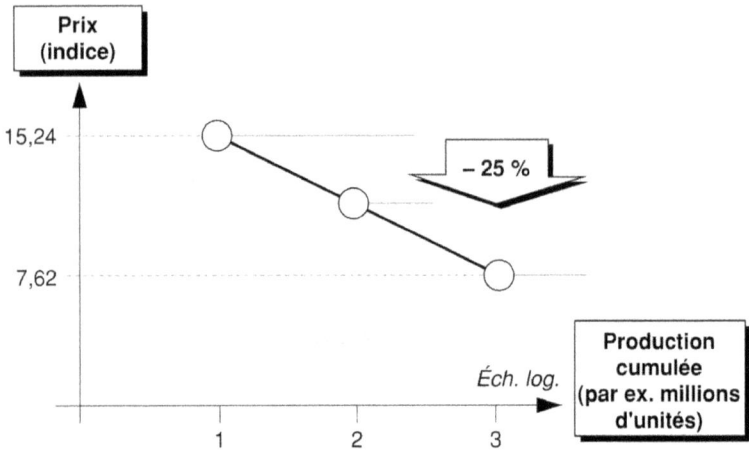

Figure 3.11. - **Exemple de courbe d'expérience.**

Dans cet exemple, les prix baissent de 25 % à chaque doublement de la production cumulée.

Le graphe représente :

— *En ordonnée* : le prix de revient du produit en euros constants, c'est-à-dire hors inflation et évolution spéculative du cours des matières premières utilisées. Les variations liées à des gains de productivité des fournisseurs doivent être conservées, puisqu'elles concourent naturellement à la baisse du prix de revient.

— *En abscisse* : les quantités produites, cumulées depuis que la société fabrique le produit ou rend le service.

Ces courbes observées dans l'industrie depuis fort longtemps démontrent une baisse moyenne de 25 % du prix de revient chaque fois que le nombre cumulé de produits fabriqués double. On a donc, suivant ce principe et pour un produit donné, les prix de revient suivants :

	Prix de revient
1 million d'unités fabriquées	15,24 €
2 millions d'unités fabriquées	11,43 €
4 millions d'unités fabriquées	7,97 €
8 millions d'unités fabriquées	6,43 €

Les observations réalisées dans le domaine des services démontrent que la même règle se vérifie. Il n'a toutefois pu, à ce jour, être calculé un taux moyen de baisse des prix de revient.

Construction de la courbe

Contrairement au cas précédent où la courbe exprimait l'évolution du marché, cette fois-ci, il s'agit d'une observation interne. La courbe à tracer est donc celle de l'évolution du prix de revient de la société.

Le prix de revient recherché peut être calculé à plusieurs niveaux :

- prix de revient industriel calculé en tenant compte de ce qu'a coûté la fabrication du produit lors de sa sortie de l'usine,
- prix de revient complet constitué de l'ensemble des coûts engagés par l'entreprise jusqu'au moment où le produit est livré au client. Pour les entreprises mono-produit, le prix de revient est dans ce cas égal à la division de l'ensemble des coûts de la société par le nombre d'unités fabriquées au cours d'une période.

La construction de cette courbe se heurte de manière générale à trois difficultés essentielles :

a) Trouver ou retrouver l'information

Si la société n'a pas de comptabilité analytique par produit, ou n'en a pas conservé les résultats, il est pratiquement impossible de reconstituer *a posteriori* les données. Il est alors impossible de tracer la partie historique de la courbe. La partie prévisionnelle peut toujours être tracée mais avec une incertitude au niveau du taux de baisse des prix de revient à retenir puisque l'on ne peut pas extrapoler le passé.

b) Tenir compte de l'évolution du produit

Les produits évoluent au cours de leur existence et ont en général une tendance à se complexifier afin de fournir au client de nouvelles fonctions. Cette complexification entraîne fréquemment des hausses de prix de revient qui viennent masquer les baisses liées aux gains de productivité de l'entreprise. Il faut alors tenter d'isoler les deux phénomènes. L'autre solution, qui consisterait à considérer qu'après chaque évolution on se trouve en présence d'un produit nouveau ferait perdre tout intérêt à l'étude puisque l'on ne pourrait plus raisonner sur des quantités suffisantes et sur des périodes assez longues pour mesurer valablement les baisses de prix de revient.

c) Disposer d'une période suffisamment longue

Même si l'on ne peut toujours remonter à l'origine du produit, il est important de disposer d'une période significative. Cette période dépend évidemment de la durée de vie du produit. Dans la réalité, les baisses de prix de revient, si elles interviennent bien, ne sont pas linéaires. La courbe réelle se présente plutôt comme l'indique la figure 3.12.

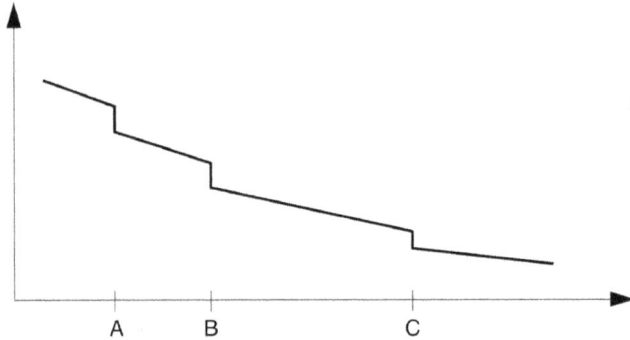

Figure 3.12. - **Exemple de courbe du prix de revient.**

Les ruptures constatées aux niveaux A, B et C correspondent à des investissements nouveaux. La baisse entre ces points résulte de gains de productivité que l'on pourrait qualifier de courants. On constate donc qu'il faut disposer d'une période suffisante si l'on veut pouvoir lisser la courbe. Le seul examen de la portion de courbe situé entre B et C donnerait une vision partielle et donc non significative de l'évolution des prix de revient de la société.

Utilisations de la courbe

Celles-ci sont multiples et on se limitera à énumérer celles qui présentent un intérêt dans le cadre de la démarche business-plan.

◇ Fixer un prix de vente

Cette utilisation est particulièrement utile lors de la création d'un nouveau produit, d'une nouvelle entreprise.

Pour ce faire, on calculera puis tracera la courbe prévisible d'évolution du prix de revient dont on admettra qu'elle se présente comme dans la figure 3.13.

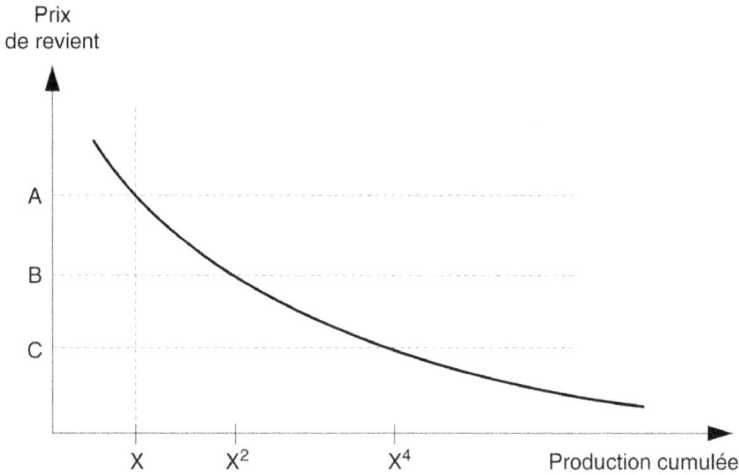

Figure 3.13. - **Courbe d'évolution du prix de revient d'un produit manufacturé**.

La société doit arbitrer entre les prix de vente A, B et C. On constate que seul le prix A lui permet de dégager immédiatement une marge et donc un bénéfice. Toutefois, le prix étant élevé, les ventes risquent d'être limitées ; de ce fait, le prix de revient baissera lentement. Un concurrent qui entrerait sur le marché n'aurait donc pas un handicap important au niveau de son prix de revient par rapport à l'entreprise créatrice du produit. Les marges étant élevées, le marché doit d'autant plus attiser la convoitise. Il devrait attirer naturellement des concurrents qui peuvent se révéler redoutables s'ils disposent de moyens financiers importants.

Dans les hypothèses de prix de vente B et C, l'entreprise accepte de supporter des pertes pendant un certain temps. Normalement, la fixation d'un prix de vente plus faible doit assurer un développement plus rapide du produit et, en conséquence, une diminution accélérée du prix de revient. Lorsque la concurrence réagira, la société aura déjà fortement baissé ses prix de revient et peut espérer être passée, elle, en zone bénéficiaire, alors que le nouveau concurrent subira, lui, des pertes. Si la société créatrice continue à baisser ses prix de vente, elle peut espérer maintenir cette situation jusqu'à décourager au moins une partie des compétiteurs.

On voit bien que, selon le choix, le business-plan sera totalement différent, non seulement au niveau des résultats escomptés mais également des besoins financiers prévisibles.

◇ Vérifier la baisse des prix de revient

Pour une entreprise fabriquant déjà le produit ou rendant le service, il est important de vérifier que la baisse des prix se produit effectivement. Si l'on se trouve face à une courbe du profil de la figure 3.14., cela démontre que tel n'est pas le cas.

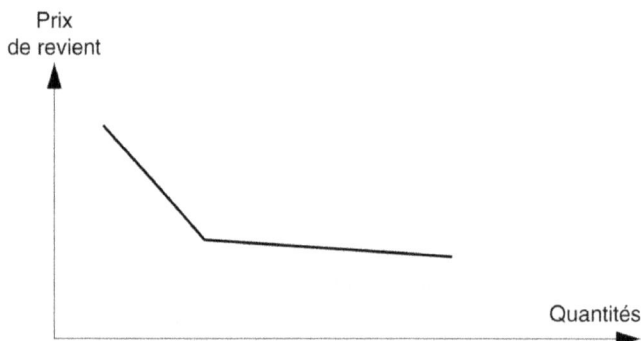

Figure 3.14. - **Exemple de courbe de prix de revient où les gains de productivité ont cessé.**

Une telle courbe est à la fois inquiétante et porteuse d'espoir.

Inquiétante, car elle démontre que l'entreprise ne parvient pas, ou plutôt ne parvient plus, à améliorer sa productivité.

Porteuse d'espoir, car elle permet de penser qu'il existe dans cette affaire des réserves de productivité. On peut voir dans une telle courbe la justification d'un nouvel investissement qui ferait l'objet du business-plan établi par la société.

◇ Positionner l'entreprise face à la concurrence

S'il est possible, et ce, même de manière approximative, d'apprécier les prix de revient de la concurrence, on peut alors les positionner sur une courbe (voir figure 3.15.).

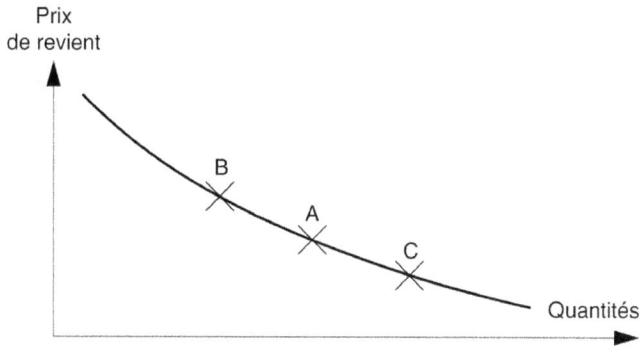

Figure 3.15. - **Positionnement de l'entreprise par rapport
à la concurrence sur une courbe de prix de revient.**

On constate que la société A est mieux positionnée que la société B mais moins bien que la société C. Sauf inversion en cours, dans les parts de marché relatives, la situation risque de continuer à se détériorer puisque la société C doit pouvoir vendre moins cher et donc plus. Elle continuera à augmenter sa production cumulée et à abaisser son prix de revient plus rapidement que la société A.

Face à cette situation, plusieurs stratégies sont envisageables et peuvent servir d'hypothèses à la construction du business-plan.

– Tenter un rapprochement avec B afin d'égaler, voire de dépasser, la société A. Un tel rapprochement n'est pas toujours possible et rarement simple à réaliser. Il demandera beaucoup de temps.

– Mener une politique agressive de prix afin de reconquérir des parts de marchés et de rattraper la société C. Il faut toutefois prévoir que si la société C est dynamique, elle ne restera pas inerte et qu'un effort identique en matière de prix de vente lui coûtera moins puisqu'elle bénéficie d'un prix de revient moins élevé.

– Accepter sa position de suiveur et tenter de se différencier afin d'obtenir des prix de vente supérieurs à ceux de la société C. Il est alors envisageable de compenser par de meilleurs prix de vente un prix de revient plus élevé, ce qui permet de sauvegarder la rentabilité de l'entreprise.

Nous examinerons plus loin ces différentes possibilités et leurs conséquences pour les choix à opérer lors de l'établissement du business-plan.

103

332.4. Les matrices stratégiques

Comme cela a été signalé précédemment, il n'est pas question de présenter l'ensemble des matrices existantes. Nous nous limiterons donc essentiellement à celle dite des "atouts et attraits" car celle-ci semble la plus applicable, quel que soit le projet ou la société concernée. Il n'est cependant pas possible de parler de matrices stratégiques sans évoquer, même rapidement, la plus ancienne d'entre elles, celle du Boston Consulting Group ou BCG.

La matrice du BCG

Cette matrice bien connue permet d'identifier quatre secteurs (voir figure 3.16). Elle est obtenue en positionnant :

- en ordonnée, la croissance du marché, ce qui évidemment repose le problème déjà évoqué de la segmentation ;
- en abscisse, la part relative de l'entreprise sur le marché. Le point X correspond soit au leader du marché, soit au suivant direct si l'entreprise est en position de leader.

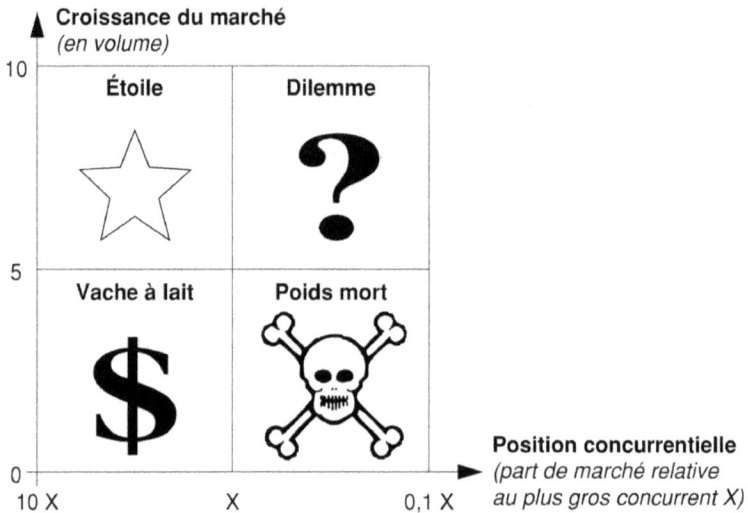

Figure 3.16. - **Matrice du BCG.**

Cette cartographie permet d'isoler quatre catégories de produits :

1) **Vache à lait.** Ce sont des produits dont les marchés sont en croissance faible, voire en récession mais où l'entreprise dispose d'une position de leader. Les stratèges considèrent fréquemment que la

position idéale est d'avoir une part de marché égale ou supérieure au double de celle du principal concurrent.

Les produits qui se trouvent dans cette catégorie dégagent, normalement, à la fois des résultats importants et des flux de trésorerie largement positifs.

2) **Étoile.** La société a, dans ce cas, une part de marché supérieure à celle de ses concurrents mais dans un marché en croissance, voire en explosion.

Cette position doit normalement permettre de dégager des résultats positifs. Cela n'est pas toujours le cas, en particulier si, comme nous l'avons vu lors de l'étude de la courbe d'expérience, la société décide de profiter de son avantage pour baisser ses prix de vente et accentuer son avance. Même si tel n'est pas le cas et que la société réalise des marges, les flux de trésorerie peuvent être en négatif. Un produit en forte croissance nécessite, par définition, des investissements importants, tant au niveau corporel (usines, points de vente, etc.) qu'au niveau incorporel (publicité, promotion, etc.).

Ces deux positions sont évidemment les plus enviables, du moins dans l'optique du BCG qui est celle de la recherche d'une position dominante. Les deux autres positions décrites ci-après sont moins favorables, voire, dans certains cas, désespérées.

3) **Poids mort.** La société est en position de suiveur dans un marché à faible croissance. Cette position est pour le moins délicate puisque l'entreprise a normalement des prix de revient supérieurs à ceux du ou des leaders (voir la courbe d'expérience au paragraphe 332.3) et peu d'action sur les prix de vente qui sont fixés par le leader.

4) **Dilemme.** Comme le nom l'indique, cette position est de loin celle qui pose le plus de problèmes puisque :

• le marché est en croissance, ce qui est toujours attrayant,

• l'entreprise n'est pas leader et a, de ce fait, des prix de revient supérieurs à ceux de ses concurrents. En toute logique, l'écart de prix de revient existant va continuer à se creuser si rien n'est fait. Il faut donc obligatoirement réagir, soit en tentant de rejoindre le peloton de tête, soit en sortant du marché.

L'analyse peut être complétée en positionnant sur la matrice les produits, en les représentant par des cercles dont le diamètre correspond à la part relative de chaque produit dans le chiffre d'affaires de la société (voir figure 3.17.).

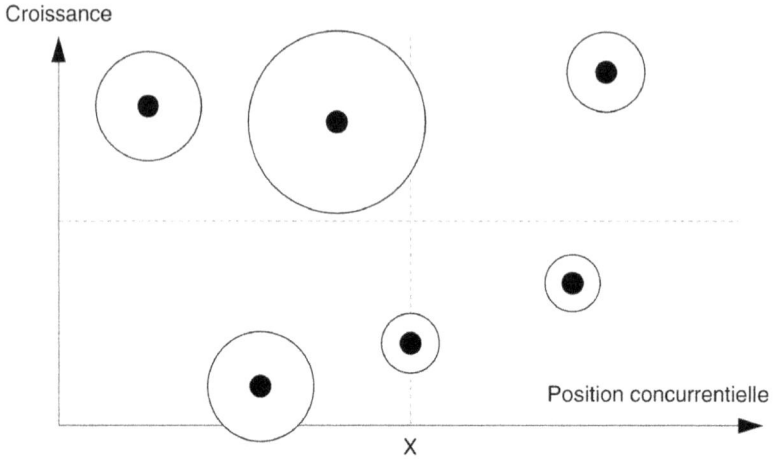

Figure 3.17. - **Positionnement des produits d'une entreprise dans la matrice du BCG.**

Cette représentation a l'avantage de permettre de visualiser l'importance relative des différents produits et les problématiques auxquelles ils se trouvent confrontés. Dans l'exemple ci-dessus, on peut juger la position de l'entreprise globalement positive puisque ses produits importants sont situés dans les secteurs "Étoiles" et "Vache à lait". Elle risque cependant de se trouver face à un problème de financement dans la mesure où les produits "Étoile", qui nécessitent en général du financement, pèsent plus que ses produits "Vache à lait", qui eux devraient en générer.

Matrice "atouts-attraits"

La logique fondamentale de cette nouvelle matrice est identique à la précédente puisqu'elle croise un jugement du marché avec un jugement sur le positionnement de l'entreprise sur ce marché. La différence vient de ce que, contrairement à la matrice du BCG, elle ne juge pas uniquement :

- le marché sur son taux de croissance,
- la position de l'entreprise en fonction de la part de marché.

Elle est de ce fait plus riche, mais également d'un emploi moins aisé (voir figure 3.18.).

Attraits du marché

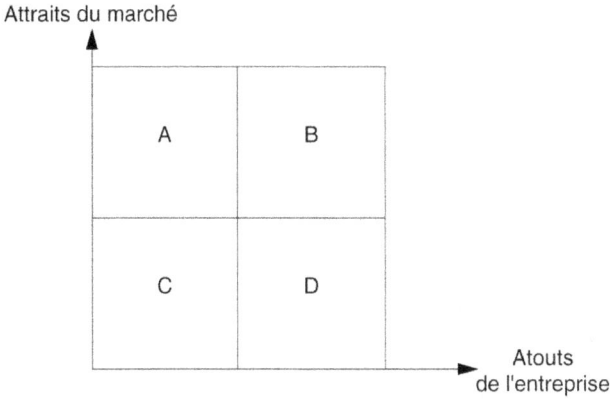

Figure 3.18. - **Matrice "atouts-attraits".**

La règle du jeu va, comme pour la matrice du BCG, consister à positionner les produits ou les formules proposées par l'entreprise dans l'une des quatre cases.

Les cases les plus attractives ne sont évidemment pas identiques. Dans ce cas, c'est la case B qui est la plus intéressante, dans la mesure où le secteur est attrayant et où la société dispose d'atouts pour y réussir. À l'inverse, la case C présente le minimum d'intérêt, puisque la société n'a pas ou peu d'atouts pour espérer réussir sur un marché peu attractif. On voit mal, dans ce dernier cas, l'intérêt de s'engager ou de persévérer sur ce produit.

Comme dans le cas de la matrice du BCG, il est intéressant pour visualiser les positions de l'entreprise de représenter les différents produits par des cercles dont le diamètre correspond à la part relative de chaque produit dans le chiffre d'affaires global de la société (voir figure 3.19.).

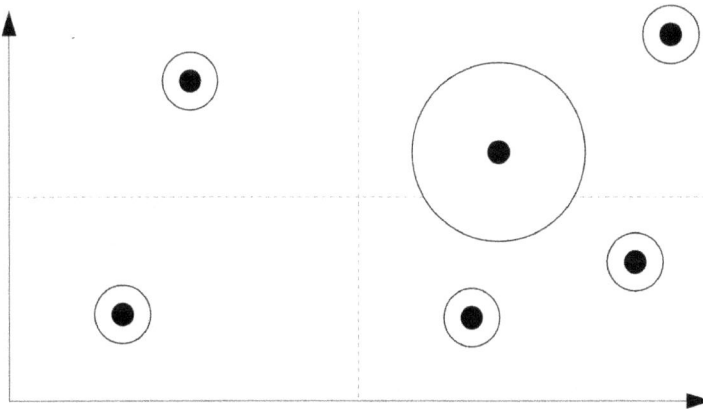

Figure 3.19. - **Positionnement des produits d'une entreprise sur la matrice "atouts - attraits".**

107

La démarche à utiliser pour bâtir une matrice de ce type consiste à :

- lister les atouts et attraits,
- apprécier la position des offres,
- construire la matrice.

Examinons chacun de ces points, successivement.

A| Lister les atouts et attraits

Ceux-ci peuvent différer selon les cas. Il en est cependant un certain nombre que l'on retrouve systématiquement.

Attraits du marché

▶ La croissance du marché

On retrouve ici le principe développé au niveau de la courbe de vie du produit. Si la société a pu tracer ces courbes, y compris pour la partie prospective, elle peut alors répondre à cette question.

▶ La durée du marché

Nous sommes, là encore, dans le domaine exploré par les courbes de vie. Il sera également important de se référer à l'analyse du paragraphe 331, et en particulier aux risques d'apparition de produits de substitution. Cette éventualité peut modifier profondément le profil des courbes de vie des produits.

▶ La taille du marché

Ce n'est pas tant la taille dans l'absolu qui constitue un attrait que le rapport entre la taille du marché et celui de l'entreprise. Un marché mondial en forte croissance ne constitue pas un attrait pour une moyenne entreprise qui sait qu'elle ne pourra pas, en raison de ses moyens limités, en occuper durablement une part significative.

▶ La faiblesse de la concurrence

Le fait que la concurrence soit limitée, ou du moins non sauvage, constitue un attrait non négligeable. Il faudra à ce niveau s'interroger non seulement sur la situation actuelle mais sur les risques futurs. Il est indispensable d'intégrer ici l'éventualité de nouveaux entrants (voir paragraphe 331) qui viendraient mettre le désordre sur ce marché. Le risque est d'autant plus important que les marchés peu concurrentiels sont en général des marchés rentables qui attisent les convoitises.

▶ La rentabilité du marché

Il n'est pas imaginable qu'un secteur demeure indéfiniment sur-bénéficiaire ou sous-bénéficiaire. Des situations de ce type peuvent cependant exister pendant un certain temps. Il est en tout cas certain que, même si cela ne doit pas durer toujours, il vaut mieux opérer dans un secteur où les rentabilités sont normales, voire supérieures à la moyenne.

▶ La rotation du capital

L'argent étant, comme nous le verrons lors de la définition du terme "stratégie", une des ressources rares de l'entreprise, il convient de l'économiser. Il est donc intéressant de pouvoir intervenir dans des secteurs où les fonds à mettre en œuvre sont aussi limités que possible.

▶ Le contexte social

Historiquement, il existe des secteurs ou des pays plus durs les uns que les autres. Il est probable qu'il se trouverait aujourd'hui peu d'entrepreneurs qui souhaiteraient être confrontés au syndicat du livre ou à celui des dockers. Au contraire, opérer dans un secteur où règne un calme social constitue, à n'en pas douter, un véritable attrait.

▶ L'internationalisation

Que ce soit pour s'en protéger ou pour s'y développer, l'internationalisation des marchés constitue un élément de jugement qui ne peut plus être ignoré.

Atouts de l'entreprise

▶ La part de marché de l'entreprise

On retrouve ici, une nouvelle fois, les effets de la courbe d'expérience. Si la concurrence est distancée, la société a donc des prix de revient meilleurs et toutes les chances, si elle est suffisamment dynamique, de conserver cet avantage. Elle peut raisonnablement espérer la disparition de certains des concurrents actuels.

▶ La taille relative

Nous avons déjà évoqué ce point au niveau des attraits.

▶ La maîtrise technologique

Disposer de la compétence nécessaire pour agir sur un marché est totalement indispensable. Au-delà de cette maîtrise, il faut se poser les questions suivantes :

– Cette maîtrise est-elle reconnue par les clients et constitue, de ce fait, un moyen de se distinguer de la concurrence ?

– Cette maîtrise est-elle commune à tous les acteurs du marché ou un "plus" qui permet à l'entreprise de se différencier ?

– Cette maîtrise est-elle verrouillée juridiquement par des brevets ou des licences difficilement contournables ?

Là encore, il faudra tenter de prendre en compte le risque de substitution, non plus au niveau des produits mais des procédés.

▶ L'expérience, la productivité, la qualité

On rassemble ici tous les savoir-faire de l'entreprise. Ce sont eux qui lui permettent de réussir sur le marché. À l'heure actuelle, la qualité constitue probablement un des atouts des entreprises qui en maîtrisent les processus. Elle peut être considérée comme un avantage concurrentiel certain. Dans quelques années, il est probable que les entreprises qui ne maîtriseront pas la qualité auront été "sorties du marché" et que ce point ne pourra plus être considéré comme un atout mais un minimum indispensable pour prétendre à exercer le métier.

▶ Les synergies avec d'autres activités

Les synergies réelles sont celles qui font qu'en exerçant deux métiers (ou plus), on gagne davantage que la somme des résultats de ces deux activités. Ce n'est que dans ce cas que l'on peut parler de synergies. Tel n'est pas le cas de l'entreprise qui, en exerçant plusieurs métiers, arrive tout juste à dégager la même rentabilité que ses confrères qui n'en exercent qu'un. Ainsi, l'entreprise de distribution qui intègre une partie de la production des produits qu'elle distribue et ne dégage pas plus de résultats que ses confrères uniquement distributeurs n'a pas de synergie. On pourrait même penser qu'elle est mauvaise productrice et mauvaise distributrice. L'atout n'est jamais automatiquement obtenu en cas de complémentarité, s'il ne se transforme pas en réelle synergie.

► Les ressources déjà disponibles

On se rapproche ici de la notion de synergie évoquée plus haut. Tel est par exemple le cas d'une société créant des activités nouvelles destinées à valoriser ses productions actuelles.

► Les hommes

Le fait pour l'entreprise de disposer d'hommes ayant les compétences nécessaires constitue un atout essentiel et probablement le plus important de tous.

Les compétences peuvent être de nature diverse :
- compétences techniques ou technologiques,
- compétence sur le produit,
- compétence au niveau de la clientèle,
- compétence managériale,
- etc.

B Apprécier la position des offres

Le risque de cette matrice est sa subjectivité, si la démarche n'est pas menée avec rigueur.

La méthode proposée par la CEGOS pour limiter au maximum cette subjectivité est la suivante :

► Attribuer à chaque facteur une note

La liste des facteurs étant établie, on notera les atouts et les attraits sur une échelle de 0 à 10. Le zéro correspond à l'absence totale d'intérêt, le 10 au maximum possible.

► Fixer la note de manière objective

Il faut autant que possible que les notes attribuées correspondent à des faits et non à des impressions.

À titre d'exemple, si l'on prend l'atout "part de marché", on notera :
- 10 si l'entreprise est leader avec un volume double du concurrent direct,

- 0 si l'entreprise n'a que 10 % de la part de marché du leader,
- entre les deux, on procédera à une interpolation linéaire.

Tous les critères ne peuvent malheureusement faire l'objet d'un calcul aussi précis. Une telle approche diminue cependant la part de subjectivité.

▶ Pondérer les notes

Tous les critères n'ont pas la même importance pour tous les marchés. Une pondération sera donc, si nécessaire, introduite afin de tenir compte du caractère déterminant de certains facteurs. D'une manière générale, on retient une pondération variant de 1 à 3.

▶ Prévoir des notes éliminatoires

Comme chacun sait, les moyennes ont pour effet de cacher ou d'atténuer des phénomènes particuliers qui pourraient se révéler hautement significatifs.

Imaginons par exemple qu'un marché ait de nombreux attraits, et donc des notes positives, mais qu'il fasse l'objet d'une guerre des prix effroyable et dont on pense qu'elle sera durable. Ce fait n'aura pour conséquence que d'attribuer une note faible, voire nulle, au facteur concerné. Cette notation sévère d'un seul des critères n'aura pour effet que de faire légèrement baisser la moyenne alors qu'en fait, le secteur devient sans attrait et qu'il faut en tirer les conséquences.

Ces différentes étapes étant franchies, on obtiendra le tableau 3.20. pour chacun des produits ou chacune des formules de l'entreprise.

Attraits	Note	Coef.	Pond.		Atouts	Note	Coef.	Pond.
Attrait 1	7	3	21		Atout 1	7	1	
2	5	2	10		2	8	2	
3	8	1	8		3	8	1	
8	5	2	8		7	7	1	
		20	120				15	120
Moyenne			6		Moyenne			8

Tableau 3.20. - **Notation des atouts et des attraits.**

Il suffit maintenant de reporter les notes sur la matrice dont les abscisses et ordonnées sont graduées de 0 à 10 et l'on obtient la position du produit ou du marché (figure 3.21.).

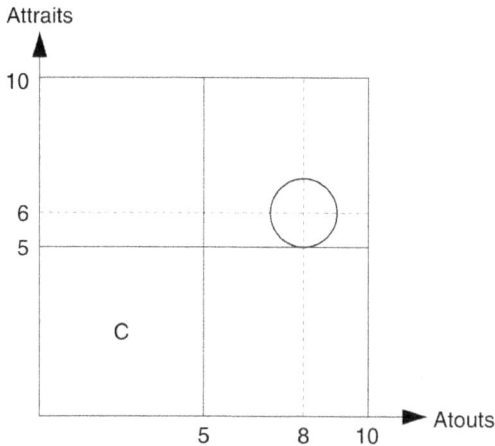

Figure 3.21. - **Report des notes sur la matrice "Atouts - Attraits".**

Sur le point d'intersection se positionne le produit. Le cercle qui l'entoure définit l'importance relative du chiffre d'affaires réalisé par ce produit.

C| Construire la matrice

La matrice attraits-atouts est particulièrement adaptée à une réflexion de groupe. C'est de cette manière qu'elle est la plus généralement utilisée.

Pour ce faire, on constituera une équipe comprenant des représentants des différentes fonctions de l'entreprise :

– commercial,

– marketing,

– production,

– direction.

L'efficacité du travail de cette équipe suppose :

• un meneur de jeu impartial qui recentre en permanence le débat et tente de faire ressortir les faits objectifs au-delà des opinions,

113

- une compilation préalable d'informations quantitatives sur le marché de la concurrence.

Dans la pratique, trois types de réunions sont à prévoir :

- La première aura pour but de définir la liste des critères à retenir. Elle sera suivie d'un travail de compilation et de recherche d'informations, afin de disposer de données, si possible chiffrées, sur chacun de ces critères.

- La seconde ou les suivantes auront pour but d'attribuer les notes et de les coefficienter. À l'issue de cette seconde série de réunions, il sera possible d'établir la matrice.

- Une dernière réunion permettra de valider le travail réalisé et d'en assurer la présentation à la direction, si cette dernière n'a pas participé aux travaux.

114

La position financière actuelle de l'entreprise

B ien que le business-plan ne soit pas qu'un document financier, il se traduira finalement par des données financières (bilan prévisionnel, exploitation prévisionnelle, etc.).

Il est indispensable, pour établir ces documents, de connaître la situation de départ, c'est-à-dire celle la plus proche possible de la date d'établissement du business-plan. Il est également nécessaire d'apprécier si, au moment de l'établissement du plan, la société est financièrement saine ou au contraire déséquilibrée.

Ce chapitre a pour but de présenter la manière de procéder à l'étude de la situation financière actuelle de l'entreprise. Il s'agit ici de réaliser ce que l'on nomme le diagnostic financier de l'entreprise. Tous les lecteurs n'ayant pas forcément une formation financière, il est apparu utile de commencer ce chapitre par le rappel de données de base qui seront utilisées par la suite.

41. Rappel de quelques données de base

Les informations financières de l'entreprise ont pour but de représenter :
- la situation patrimoniale à une date donnée,
- les résultats dégagés au cours d'une période d'activité : le plus souvent cette période est de douze mois.

Les documents qui fournissent ces informations sont respectivement nommés bilan et compte de résultat. Ce sont ces deux documents que nous examinerons rapidement dans les pages qui suivent.

41.1. Le bilan

Ce document, établi au minimum annuellement, a pour but de présenter la situation patrimoniale de la société. Il réalise l'inventaire des biens, des créances et des dettes qui composent ce patrimoine (figure 4.1.).

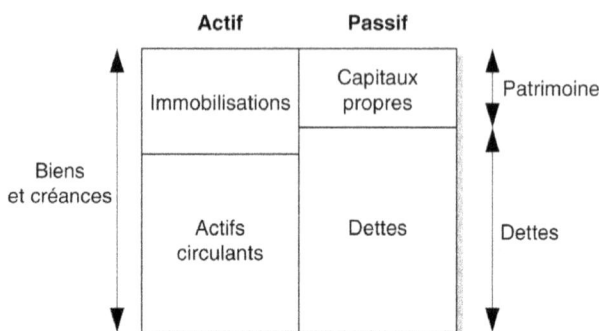

Figure 4.1. - **Représentation du bilan.**

Le patrimoine de l'entreprise (capitaux propres en termes comptables) est égal aux biens et créances de l'entreprise (immobilisations et actifs circulants) diminués de ses dettes.

Une telle présentation ne permet pas de réaliser une analyse suffisamment fine de la situation de la société, aussi allons-nous la compliquer quelque peu en ventilant quelques postes (figure 4.2.).

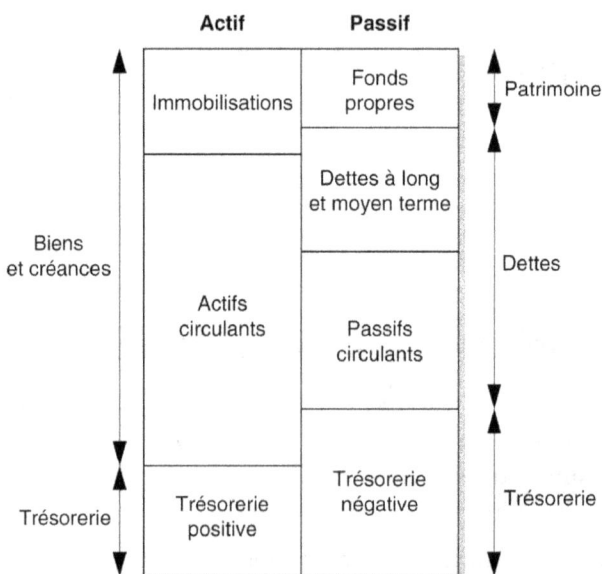

Figure 4.2. - **Représentation du bilan après ventilation.**

116

La signification des différentes rubriques est la suivante :

● Immobilisations

Ce sont les sommes dépensées par l'entreprise afin d'acquérir des biens durables (terrains, immeubles, matériel, etc.).

● Actifs circulants

Il s'agit des biens ou créances, propriété de l'entreprise, mais qui n'ont pas vocation à demeurer durablement dans la société. Pour simplifier, disons qu'il s'agit essentiellement du stock et des sommes dues par les clients.

● Trésorerie positive

Ce sont les disponibilités de la société à la date d'arrêté du bilan. Il s'agit ici d'une situation à un moment donné qui peut se modifier très rapidement si, par exemple, la société doit faire face à une échéance importante le 10 du mois suivant celui où les comptes sont arrêtés.

● Trésorerie négative

On trouve ici la situation inverse de la précédente, la société devant en général à ses banquiers des sommes qu'elle est censée pouvoir rembourser à tout moment (découvert par exemple).

● Passifs circulants

Ce sont les dettes qu'a toute entreprise vis-à-vis de tiers (fournisseurs, états, organismes sociaux, etc.) et qui devront faire l'objet d'un règlement rapide.

● Dettes à long terme

On retrouve ici des sommes dues le plus généralement au banquier, comme pour la trésorerie négative. La différence est toutefois importante puisque ces montants ne pourront être exigés immédiatement par le prêteur. Celui-ci s'est contractuellement engagé à n'en demander le remboursement qu'à une ou des dates données. On retrouve à ce niveau les emprunts souscrits par la société auprès d'organismes financiers (banques et autres prêteurs).

● Les fonds propres

C'est l'écart entre les biens, créances et dettes, énumérés ci-avant. Une autre interprétation consiste à dire qu'il s'agit des sommes mises par les actionnaires à la disposition de l'entreprise, soit sous forme d'apport, soit par le non-prélèvement total ou partiel des résultats réalisés par la société jusqu'à la date où est établi le bilan.

L'analyse la plus significative qui peut être réalisée de ce bilan consiste à isoler le fonds de roulement, le besoin en fonds de roulement et la trésorerie. Cette analyse est schématisée dans la figure 4.3.

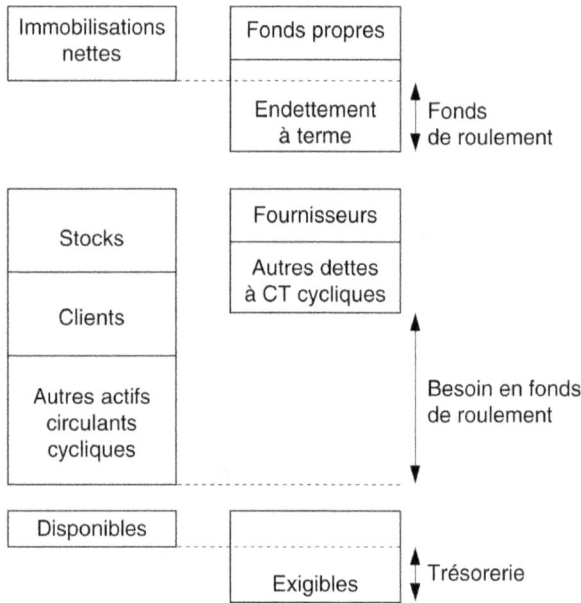

Figure 4.3. - **Représentation analytique du bilan.**

Dans cette présentation, le bilan est éclaté. Les équilibres fondamentaux n'en sont pas moins respectés. Les totaux de l'actif et du passif demeurent bien évidemment équilibrés.

Le mode de calcul ainsi que la signification des trois grandeurs décrites ci-dessus sont précisés dans le tableau 4.4.

Libellé	Définition financière	Signification économique
Fonds de roulement	= Capitaux permanents - Immobilisations nettes **soit :** Fonds propres + endettement à terme - Immobilisations nettes	Différence entre les ressources permanentes et les emplois permanents de l'entreprise. Trésorerie durable dont l'entreprise va disposer pour alimenter son exploitation et couvrir tout ou partie des besoins liés à son exploitation.
Besoins en fonds de roulement **(BFR)**	= Actif d'exploitation - Passif d'exploitation **soit :** = Stocks + Clients + Divers actifs d'exploitation - Fournisseurs - Divers passifs d'exploitation	Le BFR exprime le besoin de trésorerie nécessaire à l'entreprise pour fonctionner normalement. Il représente le décalage dans le temps entre le cycle de production (achat-production-vente) et le cycle de paiements fournisseurs-stockage-encaissements clients.
Trésorerie	= Fonds de roulement - Besoin en fonds de roulement **soit :** = Disponible - Exigible **soit :** = Banque + Placements CT - Crédits de trésorerie + ou - Divers hors exploitation	C'est l'excédent (ou l'insuffisance) du fonds de roulement par rapport au BFR.

Tableau 4.4. - **Définition des termes : fonds de roulement, besoin en fonds de roulement et trésorerie**

Nous verrons par la suite que cette analyse est celle qui permet, lors de la construction du business-plan, de réaliser les projections financières.

41.2. Le compte de résultat

Ce nouveau document a pour but d'analyser le résultat dégagé par l'entreprise sur une période donnée.

Son principe est de partir du chiffre d'affaires réalisé, puis de soustraire de celui-ci les différentes charges, afin de déterminer un certain nombre de soldes intermédiaires, puis le résultat net de l'entreprise. Les principales étapes de ce calcul sont les suivantes selon la présentation classique des comptes (présentation fiscale).

– *Produits de l'entreprise* : on retrouve à ce niveau, en plus du chiffre d'affaires, la production immobilisée et les subventions reçues.

– *Résultat d'exploitation* : ce résultat est obtenu en déduisant des produits les achats et toutes les charges courantes, à l'exception des frais financiers.

– *Résultat financier* : c'est la balance des charges et produits à caractère financier.

– *Résultat exceptionnel* : on y trouve tous les éléments du résultat normalement non liés à l'activité de l'entreprise.

– *Participation des salariés.*

– *Impôt sur les sociétés.*

– *Bénéfice ou perte* : ce dernier montant, qui figure également au bilan parmi les capitaux propres, correspond au résultat d'exploitation diminué ou augmenté des résultats financiers, du résultat exceptionnel, et diminué de nouveau de la participation des salariés et de l'impôt sur les sociétés.

Il est important de noter à ce niveau que les charges enregistrées et qui viennent impacter le résultat sont de deux natures :

a) Des charges correspondant à des dépenses

Même s'il existe un décalage entre l'apparition, ou plutôt la constatation de la charge, et la dépense, on peut toutefois classer dans cette catégorie la plupart des charges, à l'exception des dotations, que ce soit aux provisions ou aux amortissements.

b) Des charges ne correspondant pas à des dépenses

Ce sont les dotations qui vont constater la perte de valeur d'un élément d'actif. Ainsi, l'amortissement constate-t-il la diminution de la valeur d'un matériel qui s'use et devra être remplacé à terme. Une dotation aux provisions peut également constater l'apparition d'un risque nouveau. Tel est le cas d'une provision constituée pour tenir compte des conséquences financières que pourrait subir une société recherchée dans le cadre d'un procès en responsabilité civile intenté par un client insatisfait. Le décaissement n'interviendra, dans ce dernier cas, que si l'entreprise est condamnée et probablement dans plusieurs années.

Notons enfin que les provisions ainsi constituées peuvent se révéler injustifiées. Si, dans l'exemple ci-dessus, la société n'est finalement pas condamnée, il y a alors reprise de la provision. Cette reprise ne correspondra pas plus à une recette que la constitution de la provision n'avait correspondu à une dépense.

Cette distinction entre charges décaissées et non décaissées permet de dégager une notion essentielle celle de : **marge brute d'auto-financement**.

La marge brute d'auto-financement (MBA) se calcule en réalisant la somme algébrique :

- du résultat net,
- des amortissements,
- des dotations aux provisions à caractère de réserve [1],
- des reprises de provisions à caractère de réserve.

Le montant ainsi calculé exprime, au décalage près dans le temps, le flux de trésorerie qu'a généré, au cours de la période, l'entreprise. C'est ce flux de trésorerie qui pourra être utilisé par l'entreprise pour procéder :

- au remboursement des emprunts,
- à l'auto-financement des investissements,
- au versement des dividendes aux actionnaires.

Nous verrons par la suite que cette MBA est une des données essentielles utilisées lors de la construction du business-plan.

Pour les lecteurs non familiarisés avec la lecture des documents comptables, nous avons joint en annexe I une liasse fiscale que doivent remplir chaque année en France toutes les entreprises assujetties à l'impôt sur les sociétés.

42. Passer des données comptables aux données économiques

Les informations financières, telles qu'elles sont habituellement présentées en France, ne permettent pas une analyse rationnelle de la situation d'une société. Il est donc indispensable, avant de procéder à l'analyse, de réaliser un certain nombre de retraitements. Avant de lister les retraitements à opérer nous nous interrogerons sur les raisons du décalage entre réalité comptable et réalité économique.

---

1. Les provisions à caractère de réserve se définissent comme celles qui ne feront pas l'objet d'un décaissement prévisible mais que l'entreprise constitue pour se constituer des réserves.

42.1. Pourquoi retraiter les comptes

On peut séparer les motifs de retraitement en deux catégories principales :

1. Comptabilisation des réalités juridiques

Le droit comptable français privilégie le juridique par rapport à l'économique. Il est par exemple fréquent qu'une société désire acquérir un immeuble et procède à cette acquisition sous forme d'un contrat de crédit-bail (location plus promesse de vente), parce que son banquier préfère cette solution. La règle comptable sera de ne considérer la société que comme un simple locataire. Cette interprétation, juridiquement exacte, est économiquement erronée. En effet, la société paie des loyers qui incluent le rachat de l'immeuble dont elle deviendra automatiquement propriétaire à terme, moyennant un prix de rachat symbolique et sans rapport avec la valeur du bien concerné à cette date. C'est d'ailleurs pour cette raison que les Anglo-saxons comptabilisent ce type de contrat comme s'il s'agissait d'un investissement.

2. Influence de la fiscalité

On peut à ce niveau distinguer trois types d'effet de la préoccupation fiscale sur l'arrêté des comptes.

● Obligations fiscales de comptabilisation

Le droit local édicte, comme dans tous les pays, les règles de détermination de la base fiscalement imposable. Il va cependant plus loin en France. Ce droit impose dans certains cas des règles de comptabilisation. Ainsi, pour qu'un amortissement soit fiscalement déductible, est-il indispensable de l'enregistrer dans les comptes de la société. Il n'est donc pas possible, comme dans certains autres pays, de :

- tenir compte des règles fiscales d'amortissement pour la détermination de l'impôt à payer,
- comptabiliser pour l'établissement des comptes un amortissement normal prenant en compte la seule perte de valeur réelle du bien concerné.

● Arrêté fiscal des comptes

Dans de nombreuses sociétés, les comptes sont arrêtés en respectant prioritairement les règles de déductibilité fiscale. Tel est souvent le cas en matière de provision. Le comptable calculera les provisions en fonction des règles fiscales et non en fonction du risque économique réel.

● La limitation de l'impôt

L'impôt constitue une des charges de l'entreprise. Tout bon manager tente en permanence de réduire les charges de sa société. Cette tendance naturelle du bon gestionnaire peut amener à rechercher des interprétations comptables ayant pour but non pas en général de faire disparaître l'impôt mais de le différer. De telles opérations, bien évidemment, faussent l'image financière de la société.

Toutes les raisons évoquées ci-dessus ont pour effet de limiter la signification des comptes. On sait que par ailleurs peuvent exister, volontairement ou involontairement, des erreurs pures et simples dans les comptes d'une société. La découverte de ces erreurs ou anomalies relève de l'audit des comptes qui est une technique différente de l'analyse financière et que nous n'évoquerons pas.

42.2. Les retraitements à opérer

Nous examinerons tout d'abord les retraitements qui concernent le bilan, puis ceux qui ont trait au compte de résultat. À l'intérieur de chaque catégorie, nous distinguerons les retraitements ayant pour objet des reclassements et les retraitements ayant un impact sur les postes essentiels que sont la situation nette de la société et son résultat.

422.1. Retraitement du bilan

A] Les reclassements

Le premier travail va consister à présenter le, ou plutôt les bilans, sous forme non plus de deux colonnes mais de listes faisant apparaître les données les plus significatives : fonds de roulement, besoin en fonds de roulement, trésorerie (voir figure 4.5.). Cette présentation est faite sur plusieurs années, souvent trois, de manière à mettre en évidence les évolutions.

123

Ces tableaux seront présentés après les reclassements suivants :

- provisions réglementées et subventions :
  - dettes à long terme pour le prorata d'IS,
  - capitaux propres pour le solde ;
- provisions pour risques excédentaires :
  - même règle que les provisions réglementées ;
- quasi-fonds propres non remboursables :
  - à ajouter aux capitaux propres.

B Les retraitements

Les plus usités des retraitements sont ceux décrits ci-dessous.

Actif

Actif immobilisé

Immobilisations incorporelles

– Capital souscrit non appelé	non valeurs
– Frais d'établissement non amortis	
– Frais de Recherche et Développement non amortis	non valeurs
Concessions, brevets, licences, marques	ou actif immobilisé

- Fonds de commerce et droit au bail

Selon : protection juridique, contrats, termes et délais, valeur tangible ou non, transactions de référence.

Immobilisations corporelles

- Valeur nette comptable ou valeur d'usage (réévaluation des capitaux propres).

Crédit-bail

- Valeur nette comptable simulée à l'actif
- Dettes financières au passif

Immobilisations financières

- Valeur nette comptable ou valeur réévaluée des titres de participations. Valeur comptable des autres éléments, recherche d'éventuelles cautions données, prêts sans intérêt...

Passif

Capitaux permanents

Capitaux propres

- Capital + Réserves + Report à nouveau + Résultat + Provisions réglementées et subventions - Non valeurs + plus ou moins - values
  latentes

Provisions pour risques et charges

- Part à long terme (Fonds de roulement) + Part à court terme (risque
  ou charge réalisable dans un avenir proche)

Dettes financières (+ Crédit - bail + EENE [2] Dailly)

- Quasi-fonds propres : à caractère de dette
- Long Terme : fonds de roulement
- Court Terme : trésorerie

Passif circulant

Écarts de conversion   non valeur

Actif circulant

- Stocks : valeurs nettes comptables
- Créances clients (nettes de provisions)

  Rajouter les EENE Dailly
    au poste clients
    et au poste dettes bancaires à court terme

- Trésorerie : valeurs mobilières de placement et liquidités
- Charges à répartir
- Primes de remboursement des obligations : non valeurs
- Écarts de conversion.

---

2. Effets escomptés non exclus.

	199.	199.	199.
Capitaux propres			
Comptes-courants Prêts Participants			
Emprunts à moyen et long terme			
Capitaux permanents			
Immobilisations incorporelles Immobilisations corporelles Immobilisations financières			
Immobilisations			
Fonds de roulement			
Stocks Clients (+ Escompte) Autres actifs d'exploitation			
Actif d'exploitation			
Fournisseurs Autres passifs d'exploitation			
Passif d'exploitation			
Besoins en fonds de roulement			
Trésorerie			
Actif circulant hors exploitation Disponibilité Valeurs mobilières de placement Passif circulant hors exploitation Dettes à court terme			
Trésorerie			

Figure 4.5. - **Analyse des bilans.**

Deux remarques sont nécessaires à ce niveau :

a) Pour la construction du business-plan, on demeure dans l'optique d'une image comptable classique. Cela conduira, contrairement à ce qui est fait en cas d'évaluation d'une entreprise, à retenir une approche comptable des valeurs.

Aussi, pour le retraitement du crédit-bail ou leasing signalé plus haut, portera-t-on à l'actif la valeur comptable simulée et non une valeur réévaluée de type valeur d'usage. La valeur comptable simulée est égale au prix d'acquisition diminué des amortissements qui auraient été pratiqués si la société avait été propriétaire du ou des biens concernés. L'amortissement sera calculé selon les règles en vigueur dans la société pour des biens de même nature.

b) Une analyse financière n'étant pas un audit, la fiabilité des comptes ne sera pas remise en question. On supposera donc, sauf information contraire, que les principes comptables on été respectés et que les comptes donnent bien de l'entreprise une "image fidèle", au sens qu'attribue à ce terme la doctrine comptable.

422.3. Retraitement du compte de résultat

A | Les reclassements

Comme pour le bilan, le premier travail consiste à réaliser une présentation plus économique des comptes (figure 4.6.). Cette nouvelle analyse permet de faire apparaître une série de montants significatifs, dits soldes intermédiaires de gestion (SIG).

Ces soldes intermédiaires sont :
- chiffre d'affaires
- production
- marge brute
- valeur ajoutée
- excédent brut d'exploitation
- résultat courant avant IS
- résultat exceptionnel
- résultat net
- marge brute d'auto-financement.

L'intérêt de cette analyse est de faire apparaître, avec plus de clarté, comment est généré le résultat de l'entreprise. Là encore, l'analyse, pour être significative, doit porter sur plusieurs années. Cette analyse est réalisée à la fois en euros et en pourcentage du chiffre d'affaires, afin d'améliorer la qualité des comparaisons d'année à année.

Un certain nombre de reclassements sont à opérer.

Reprises sur amortissement provisions et transferts de charges :
- Reprises sur amortissements : en moins de la dotation et provisions
- Transfert de charges :

 Transfert de charges courantes à charges financières ou exceptionnelles : en moins de la charge d'exploitation

Transfert de charges de comptes de bilan à compte de résultat : charges à répartir transférées (non valeur)

– Production immobilisée : produit hors exploitation.

Autres achats et charges externes :

– Intérim : frais de personnel

– Crédit-bail mobilier [3] : 1/3 frais financiers
2/3 amortissements

– Crédit-bail immobilier [3] : 1/2 frais financiers
1/2 amortissements

– Sous-traitance : éventuellement en charges de personnel

---

3. Il s'agit d'une méthode approximative ; rien n'interdit de réaliser un calcul plus précis.

Exercice	199.	%	199.	%	199.	%
Chiffre d'affaires						
Ventes de marchandises - Coût d'achat des marchandises						
Marge commerciale						
Production vendue +Variation production stockée + Production immobilisée +/- Corrections						
Production de l'exercice						
- Achats matières prem. et approv. + Variations de stocks +/- Corrections						
Marge brute						
- Autres consom. externes +/- Corrections						
Valeur ajoutée						
+Subvention d'exploitation - Frais de personnel +/- Corrections - Impôts et taxes						
Excédent brut d'exploitation						
+/- Autres prod. et charges d'exploit. - Dotations aux amortissements +/- Corrections - Dotations aux provisions d'exploit. +Reprises aux provisions d'exploit.						
Résultat d'exploitation						
- Charges financières +Produits financiers +/- Corrections - Dotations + Reprises sur prov. fin.						
Résultat courant avant IS						
+/- Résul. except. opér. de gestion +/- Résul. except. opér. de capital +/- Var. de provision exceptionnelle - Participation des salariés - Impôts sur les bénéfices						
Résultat net						

	199.	%	199.	%	199.	%
Résultat net						
+ Dotations aux amortissements + Provisions/reprises à caractère de Réserves						
Marge brute d'autofinancement						

Figure 4.6. - **Analyse de la rentabilité.**

B Les retraitements

Si là encore on considère que les comptes ont été arrêtés de manière convenable, les seuls retraitements à opérer porteront sur :

- les amortissements, qui seront modifiés dans le cas où ceux-ci auraient été calculés de manière totalement différente de ce qui est classique. Notons que si une correction de ce type est réalisée au niveau des comptes de résultat, il devra également en être tenu compte au niveau du bilan et vice et versa ;

- Les provisions : si certaines provisions n'ont aucune chance de correspondre à une perte, elles doivent être annulées. Ce sont ces mêmes provisions qui, au niveau de l'analyse du bilan, ont été pour partie transférées au poste capitaux propres (voir paragraphe 422.1).

Si de telles corrections sont réalisées, il sera indispensable de tenir compte de l'aspect fiscal, en reconstituant l'impôt qui aurait été payé si ces amortissements, provisions ou reprises de provisions excessives n'avaient pas été comptabilisées par la société.

42.3. Analyse complémentaire par les flux

Le bilan et le compte de résultat présentent :

- l'un, une situation instantanée de la société,
- l'autre, le résultat des opérations réalisées au cours d'une période donnée (en général l'année).

Ces deux documents sont évidemment indispensables mais ne fournissent pas d'information sur la manière dont a évolué la situation financière de l'entreprise au cours d'une période.

La comparaison de bilans successifs (réalisée comme le montre la figure 4.5.) met en évidence les variations de structure financière mais ne dévoile pas les causes de ces évolutions.

Cette connaissance est cependant indispensable pour bâtir un business-plan, puisqu'un des buts de celui-ci sera justement de montrer aux utilisateurs comment évoluera dans les années à venir la structure financière de l'entreprise.

Devant cette carence de l'information comptable classique, les financiers ont tenté de créer des outils qui mettent en évidence les causes des évolutions de la structure financière. Ces outils sont ceux de l'analyse par les flux, avec deux approches, l'une dite "classique", l'autre dite "moderne". Ce sont ces deux approches qui sont décrites dans les pages qui suivent.

423.1. Les tableaux emplois/ressources (approche classique)

Ce tableau a pour objectif de :

- comprendre comment la capacité d'autofinancement et les emprunts nouveaux ont financé l'investissement ;
- comprendre l'évolution de l'équilibre financier.

Les tableaux sont en principe établis sur plusieurs années, en général trois ou cinq, comme le montrent les figures 4.7. à 4.9.

Emplois	N	N+1	N+2
Distributions de dividendes			
Investissements nets			
Réduction des capitaux propres			
Remboursement des dettes financières			
Dettes LMT			
Leasings			
Total des emplois (1)			
Ressources			
MBA			
Emprunts nouveaux			
Ressources LMT			
Autres emprunts			
Autres ressources			
Total des ressources (2)			
(2) - (1) Variations du fonds de roulement net global			

Figure 4.7. - **Variation du fonds de roulement.**

Emplois	N	N+1	N+2
Accroissement des ACTIFS d'EXPLOITATION			
Stocks			
Clients			
Autres			
Diminution des PASSIFS d'EXPLOITATION			
Fournisseurs			
Autres			
Total des emplois (1)			
Ressources			
Diminution des ACTIFS d'EXPLOITATION			
Stocks			
Clients			
Autres			
Augmentation des PASSIFS d'EXPLOITATION			
Fournisseurs			
Autres			
Total des ressources (2)			
(2) - (1) Variations du besoin en fonds de roulement			

Figure 4.8. - **Variation du besoin en fonds de roulement.**

132

Emplois	N	N+1	N+2
Accroissement des ACTIFS à court terme			
Disponibilités			
VMP			
Autres			
Diminution des PASSIFS à court terme			
Découverts bancaires			
Escomptes			
Crédits de mobilisation			
Autres			
Total des emplois (1)			
Ressources			
Diminution des ACTIFS à court terme			
Disponibilités			
VMP			
Autres			
Augmentation des PASSIFS à court terme			
Découverts bancaires			
Escomptes			
Crédits de mobilisation			
Autres (comptes courants associés)			
Total des ressources (2)			
(1) - (2) Variations de trésorerie			

Figure 4.9. - **Variation de la trésorerie.**

Comme on le constate, chacun des trois tableaux permet de suivre la variation d'une des trois grandeurs importantes du bilan (fonds de roulement, besoin en fonds de roulement, trésorerie). La somme algébrique des trois variations constatées est évidemment égale à zéro.

Notons que ces tableaux n'intègrent pas d'informations nouvelles. Les chiffres qu'ils contiennent sont obtenus, soit par la simple lecture des documents de base (bilan, compte de résultats), soit en calculant la différence avec le montant de postes donnés, entre le début et la fin de l'année. Ainsi, pour le tableau de variation du besoin en fonds de roulement, suffira-t-il, pour connaître la variation du stock, de comparer le montant de ce stock figurant sur les bilans des années N et (N-1).

133

423.2. Tableaux des flux (méthode moderne)

Cette nouvelle approche cherche comme la précédente à identifier les causes de variation de la situation financière de l'entreprise en affinant toutefois l'analyse.

Ses buts sont :

– Suivre sur plusieurs années la rentabilité de l'investissement.

– Coller à la logique interne de l'entreprise :
  • flux d'exploitation,
  • flux financiers,
  • flux exceptionnels.

Les tableaux se présentent en général comme le montre la figure 4.10.

	N	N+1	N+2	N+3
I - Flux réels				
RBE (résultat brut d'exploitation) - Δ **BFR** (besoin en fonds de roulement)				
= **ETE** (excédent de trésorerie d'exploitation)				
= **IS** "théorique" (pour un endettement nul) + **P. et CC. except.**				
= **ETE** corrigé				
- **Investissements d'immobilisations** (corporelles et incorporelles)				
+ **Cessions d'immobilisations** (corporelles et incorporelles)				
A = Flux industriels				
Investissements immob. financ. - **Cession immob. financ.** + **Revenus financiers**				
B = Flux sur opérérations financières				
C = Δ Disponible et divers (BFR hors exploitation)				
A + B + C = Flux sur opérations réelles				
II - Flux financiers				
Δ **Capital** - **Dividendes**				
D = Flux sur fonds propres				
E = Économie d'IS sur frais financiers				
Δ **D.M.L.T.** - **F.F. sur D.M.L.T.**				
F = Flux sur endettement à terme				
Δ **Dettes bancaires à CT** - **F. F.F. sur dettes à CT**				
G = Flux sur endettement bancaire à CT				
D + E + F + G = Flux sur opér. financière				
Remarque : Flux réels = Flux sur opérations financières				

Figure 4.10. - **Tableau des flux.**

135

La complexité de cette nouvelle méthode la rend moins aisément utilisable. C'est pour cette raison qu'en matière de business-plan, c'est fréquemment la technique plus simple des tableaux emploi/ressources qui est retenue dans l'étude du passé mais surtout dans le délicat travail d'établissement des prévisions.

43. Réaliser le diagnostic financier

Disposant de documents retraités et analysés, il s'agit désormais de procéder à leur étude afin de tenter de définir si :

- l'entreprise est ou non financièrement saine,
- l'entreprise dispose ou non des moyens financiers nécessaires à la mise en œuvre de sa stratégie.

Ces deux points doivent être examinés successivement.

43.1. Le diagnostic de la situation financière

Celui-ci sera réalisé de deux manières : par comparaison pluri-annuelle et par utilisation des ratios.

◇ *Comparaison pluri-annuelle*

Le premier travail à réaliser consiste à reprendre les présentations analytiques des bilans et des comptes de résultats ainsi que les tableaux de financement. Le but est dans un premier temps d'examiner si la situation financière de la société s'améliore ou se détériore. Cette étude doit être menée non seulement en réalisant des comparaisons de poste à poste, mais également en tentant d'expliquer les évolutions constatées les unes par rapport aux autres. Ces comparaisons peuvent être, comme le montre l'exemple ci-dessous, particulièrement intéressantes :

Années	CA	BFR	FR
n	100	30	25
n+1	130	40	30
n+2	168	50	35
n+3	210	64	41

136

On constate ici que :

– Le chiffre d'affaires de la société progresse régulièrement et de façon importante (environ 30 % l'an au cours de la période concernée).

– Le BFR (besoin en fonds de roulement) s'accroît proportionnellement au chiffre d'affaires, ce qui est tout à fait classique.

– Le FR (fonds de roulement) progresse également. Toutefois, cette progression est inférieure à celle du chiffre d'affaires et du BFR.

Il se produit dans ce cas une détérioration de la situation puisque l'écart entre les évolutions du FR et du BFR amène un accroissement de la trésorerie négative. Celle-ci passe de - 5 à l'année n à - 23 à l'année (n+3). Si la société poursuit son développement dans les mêmes conditions, on risque de se trouver confronté à une grave crise de trésorerie.

Cette première analyse comparative n'est pas suffisante puisqu'il faut tenter d'expliquer pourquoi le BFR croît plus rapidement que le FR.

A priori, le problème ne se situe pas au niveau du BFR puisque celui-ci augmente proportionnellement au développement du chiffre d'affaires, ce qui est logique.

Il faut donc analyser les variations du FR sur la période concernée. On pourra trouver plusieurs explications :

• les immobilisations nettes augmentent plus rapidement que le chiffre d'affaires,

• la société recourt peu à l'emprunt et son endettement s'accroît moins que son chiffre d'affaires,

• les fonds propres ne s'accroissent pas assez rapidement, soit parce que les résultats sont insuffisants, soit parce qu'une part trop importante de ceux-ci sort de l'entreprise sous forme de dividendes.

L'examen de l'évolution des différentes rubriques concernées devrait permettre de choisir, entre les explications ci-dessus, celle qui correspond à la réalité. Rien n'interdit d'imaginer que plusieurs de ces explications soient en cause simultanément.

Cet exemple n'avait pour but que de montrer comment utiliser la technique de comparaison et de recoupement. Il existe un grand nombre de cas d'école dont nous ne dresserons pas ici la liste.

◇ L'utilisation des ratios

Un ratio se définit comme le calcul du rapport entre deux grandeurs significatives. Nous avons fait figurer en annexe II une liste des ratios les plus usités. Voici à titre d'exemple un ratio que connaissent tous les dirigeants :

$$\frac{Bn \times 100}{CA} = \%$$

Bn : bénéfice net
CA : chiffre d'affaires

Ce ratio indique la rentabilité de l'entreprise, exprimée en pourcentage du chiffre d'affaires. Il diffère évidemment selon l'activité exercée par la société. Les ratios peuvent être classés en quelques grandes catégories :

● Les ratios de productivité

Ces ratios comparent des éléments représentatifs de l'activité (chiffre d'affaires, production, valeur ajoutée) à des données représentatives des moyens mis en œuvre (effectifs, immobilisation). L'évolution de ces ratios est importante à suivre car elle indique l'amélioration ou la détérioration de la productivité d'une société. Si l'entreprise parcourt normalement la courbe d'expérience (cf. § 332.7) les effets doivent s'en ressentir au niveau de ces différents ratios.

● Les ratios de rentabilité, d'exploitation

Ils comparent un des éléments significatifs de la rentabilité (bénéfice net, résultat d'exploitation, etc.) au chiffre d'affaires ou à la production.

Ces ratios sont les plus classiques. Ils peuvent être utilisés quelle que soit l'entreprise concernée.

● Les ratios de rentabilité financière

Ces ratios comparent là encore des éléments représentatifs du résultat, mais cette fois-ci aux capitaux mis en œuvre (capitaux propres, immobilisations, etc.).

Ces ratios d'usage beaucoup moins courant sont pourtant parmi les plus utiles et les plus significatifs.

● Les ratios d'analyse du besoin en fonds de roulement (BFR)

Ils permettent de constater ce que représentent les postes constitutifs du BFR par rapport à l'élément correspondant du compte de résultat (chiffre d'affaires ou achats par exemple).

Pour que ces comparaisons soient significatives, il est nécessaire de comparer des données homogènes. C'est pourquoi on reconstituera la valeur taxes comprises des éléments d'exploitation, afin de les comparer aux comptes clients ou fournisseurs qui sont, eux, naturellement taxes comprises.

● Les ratios de structure financière

Certains de ces ratios comparent entre eux les différents postes ou rubriques constituant le bilan. D'autres mettent en évidence le poids de la dette, au niveau des frais financiers ou du principal à rembourser.

Les ratios sont évidemment intéressants à étudier en tant que tels, mais l'intérêt principal se situe au niveau des comparaisons possibles.

● Comparaisons entre années

Ce sont ces comparaisons, déjà citées plus haut, qui vont permettre de voir si la situation de l'entreprise :

- est stable,
- se détériore,
- s'améliore.

● Comparaisons entre ratios

C'est fréquemment en mettant en corrélation deux, voire plusieurs ratios, que l'on pourra le mieux comprendre les évolutions constatées.

Une entreprise en fort développement voit souvent son résultat relatif baisser car elle doit recourir à plus de financement externe et donc supporter des frais financiers plus importants.

139

Une telle situation peut se révéler par l'examen des ratios suivants :

$$\frac{\text{Bénéfice net}}{\text{Chiffre d'affaires}} = \text{en baisse}$$

$$\frac{\text{Résultat d'exploitation}}{\text{Chiffre d'affaires}} = \text{stable}$$

$$\frac{\text{Endettement à terme}}{\text{Capitaux propres}} = \text{en hausse}$$

On constate que la baisse relative de rentabilité trouve son origine dans le poids grandissant des frais financiers et non dans une détérioration de sa rentabilité économique.

● Comparaisons inter-sociétés

Pour réaliser ce dernier travail, il faut disposer non seulement des documents financiers de la société (ce qui ne pose en général pas de problème) mais également de ceux d'autres sociétés du même secteur. Il est également possible de se référer à des moyennes sectorielles. Les plus connues de ces études sectorielles sont celles établies par la Centrale des Bilans de la Banque de France.

En France, toutes les sociétés classiques (sociétés anonymes et SARL) sont tenues de publier leurs comptes et une large majorité d'entre elles s'acquittent effectivement de cette obligation. En dehors des greffes des tribunaux de commerce, les informations peuvent être recueillies auprès des organismes suivants :

– BALO, BODACC	(3617 BIL)
	(36 29 12 12 QUESTEL)
– INPI	(3617 EURIDILE)
	(36 29 00 59)
– SCRL	(3614 SCRL)
– DUN & BRADSTREEST	(3617 DUN)
– Centrale des bilans - Dossiers sectoriels	(3617 BDFCDB)

Deux types de comparaisons sont intéressantes à réaliser :

Comparaison à la moyenne

Que ce soit celle de la profession ou d'un échantillonnage restreint de société, cette comparaison est intéressante car elle permet de position-ner l'entreprise par rapport à la profession.

Comparaison aux meilleures

Cette comparaison est probablement la plus intéressante car elle permet de fixer à l'entreprise des objectifs de progrès.

La comparer aux meilleures ne veut pas obligatoirement dire de se comparer au leader de la profession mais plutôt de rechercher, pour chaque ratio ou donnée significative, la société la plus performante. Il faudra ensuite comprendre comment cette société atteint cette performance afin de tenter de l'égaler, voire de la dépasser.

Cette approche s'assimile à celle du benchmarking telle que décrite par Robert C. Camp. [4]

43.2. Deux analyses essentielles

Parmi toutes les études et analyses qui peuvent être menées, il en est deux qui sont essentielles et dont l'étude est indispensable à la construction d'un business-plan. Nous les étudierons ci-après :

▶ L'analyse du résultat

Très fréquemment, pour juger de la rentabilité d'une entreprise, la tendance est de se baser sur le ratio :

$$\frac{\text{Bénéfice net} \times 100}{\text{Chiffre d'affaires}} = \%$$

Si ce ratio est professionnellement intéressant, il n'exprime pas la réelle rentabilité d'une entreprise. En effet, la rentabilité doit se mesurer par le rapport au capital mis en œuvre. C'est cette comparaison qu'opère le ratio ci-dessous :

$$\frac{\text{Bénéfice net} \times 100}{\text{Capitaux propres}} = \%$$

En matière financière, ce qui compte c'est le rapport entre les sommes placées (les capitaux propres) et les revenus récoltés (le bénéfice de l'entreprise). Ce ratio est intéressant en tant que tel car il permet de comparer la société :

- *avec toute autre entreprise*, quelle que soit sa taille, son secteur d'activité, voire le pays où elle opère. Cette dernière comparaison

---

4. *Le benchmarking*, Les Éditions d'Organisation, Paris, 1992.

est toutefois plus aléatoire dans la mesure où, si l'on prenait comme référence des pays à inflation très différente, on pourrait en tirer des conclusions erronées,

- *avec un autre placement.* La comparaison sera fréquemment réalisée avec des placements financiers sans risques (obligations garanties par l'État). On peut en effet se demander quel est l'intérêt pour l'actionnaire d'avoir investi dans une entreprise pour obtenir une rentabilité inférieure à celle d'un placement financier sans risque.

L'autre intérêt de ce ratio est de pouvoir être à son tour analysé de manière à apprécier comment l'entreprise opère pour dégager des résultats.

Deux niveaux d'analyses sont possibles.

1. Analyse élémentaire

Le ratio de rentabilité va se décomposer ainsi :

$$\frac{Bn}{CP} = \underset{\underset{\text{Marge}}{\uparrow}}{\frac{Bn}{CA}} \times \underset{\underset{\text{Rotation}}{\uparrow}}{\frac{CA}{CP}}$$

CP représentant les capitaux propres.

Cette analyse met en évidence que le résultat dépend :

- du taux de marge (Bn/CA),
- de la rotation des capitaux propres (CA/CP), c'est-à-dire de la capacité de l'entreprise à réaliser un maximum de chiffre d'affaires en mettant en œuvre le minimum de capitaux propres.

Imaginons à titre d'exemple deux entreprises (A et B) dont les ratios seraient les suivants :

$$A : \frac{10}{100} = \frac{10}{1\,000} \times \frac{1\,000}{10}$$

$$B : \frac{10}{100} = \frac{10}{100} \times \frac{100}{100}$$

Ces deux sociétés dégagent des taux de rentabilité de 10 %. Leur rentabilité est donc identique mais les moyens d'y parvenir sont totalement différents.

– La société A dégage une marge faible, ce pourrait être une société de distribution moderne. Par contre, la rotation est très rapide, puisque son chiffre d'affaires représente dix fois ses fonds propres.

– La société B réalise, elle, une forte marge mais son chiffre d'affaires est seulement égal à ses capitaux propres. Il s'agit probablement d'une société exerçant son activité dans l'industrie lourde.

Le rêve serait évidemment l'entreprise qui aurait la marge de B et la rotation de A. Ce rêve est probablement impossible. Par contre, cette analyse met en évidence qu'il existe non pas un seul levier d'action (la marge) mais un second (la rotation). Notons enfin que les deux facteurs sont en général interdépendants. Pour augmenter les ventes et donc la rotation, il faut le plus souvent baisser les prix de vente et donc la marge. Il existe un équilibre à trouver. Ce futur équilibre sera un des choix à opérer lors de l'élaboration des hypothèses de base du business-plan.

2. Analyse complète

Le ratio s'analyse alors de la manière suivante :

$$\frac{Bn}{CP} = \underbrace{\frac{Bn}{CA}}_{Marge} \times \underbrace{\frac{CA}{Total\ actif}}_{Rotation} \times \underbrace{\frac{Total\ passif}{FP}}_{Levier}$$

C'est le second terme de l'analyse précédente qui est détaillé pour faire apparaître des nouvelles notions :

- la rotation qui s'exprime cette fois-ci en comparant le chiffre d'affaires à l'ensemble des moyens mis en œuvre par la société (ses actifs),

- le levier qui exprime le rapport entre les ressources totales de l'affaire (le passif) et la part de ses ressources fournies par les actionnaires (capitaux propres).

C'est en fait cette analyse plus fine qui sera en général retenue pour construire le business-plan.

▶ La croissance équilibrée

Cette analyse va permettre de mettre en évidence le rapport entre le développement d'une société et l'évolution de ses besoins financiers.

Ce point est essentiel puisque, comme nous tenterons de le démontrer, une affaire qui se développe trop rapidement risque de déstabiliser sa structure financière et de se trouver dans l'impossibilité de faire face à ses échéances.

Le principe de cette analyse est illustré par l'exemple simplifié qui suit.

Imaginons une société dont le bilan simplifié se présente de la manière suivante :

Année n

Actif		Passif	
Immobilisations	1 000	Capitaux propres	700
Actifs circulants	2 000	Dettes à terme	700
		Passifs circulants	1 600
	3 000		**3 000**

L'examen de ce bilan fait apparaître un FR de 400 (1 400 - 1 000) égal au BFR de 400 (2 000 - 1 600).

Examinons maintenant de quelle manière la situation va évoluer si l'affaire se développe à un rythme soutenu de 40 % l'an.

	n	n+1	n+2	n+3		n	n+1	n+2	n+3
Immobilisations	1 000	1 400	1 960	2 744	Capitaux propres	700	1 960	2 744	3 842
Actifs circulants	2 000	2 800	3 920	5 488	Dettes à terme	700			
					Passifs circulants	1600	2 240	3 136	4 390
	3 000	4 200	5 880	8 232		3 000	4 200	5 880	8 232

On constate que le BFR passe en trois ans de 400 (2 000 - 1 600) à 1 098 (5 488 - 4 390). Cette augmentation du BFR doit être financée par une croissance du FR, sauf à admettre une détérioration de la trésorerie, ce qui n'est ni souhaitable ni obligatoirement possible.

Comme les immobilisations augmentent dans la même proportion que le chiffre d'affaires, il faut donc que les capitaux permanents s'accroissent d'un montant égal à :

– l'accroissement des immobilisations   1 744

– l'accroissement du BFR   698

     2 442

Cet accroissement peut provenir :

– d'une augmentation des dettes à terme. Celle-ci sera cependant limitée puisque, la société étant à l'origine déjà endettée, les banquiers n'accepteront pas que leur contribution au financement dépasse significativement celle des actionnaires ;

– d'un accroissement des capitaux propres. Sauf apport extérieur, cet accroissement ne pourra provenir que des bénéfices réalisés et non distribués.

Si l'on veut conserver l'équilibre financier et en admettant qu'il ne sera procédé à aucune distribution de dividendes, il faut donc que l'entreprise réalise en trois ans 1 221 de bénéfices.

Les capitaux propres passeront de 700 à   1 921

Les banquiers suivront et porteront leur prêt à   1 921

soit des capitaux permanents de :   3 842

L'examen de cet exemple met en évidence ce qu'il est convenu de nommer le principe de "croissance équilibrée".

Cette règle s'exprime ainsi :

$$TC \leq Tr - Td$$

TC = taux de croissance (augmentation du chiffre d'affaires)

Tr = taux de rentabilité $\dfrac{Bn}{CP}$

Td = taux de distribution de dividende $\dfrac{dividende}{CP}$

Dans l'exemple ci-dessus, le respect de cette règle suppose une rentabilité des capitaux propres de 40 % l'an.

Ce principe est exact sur une période suffisamment longue. Il peut exister des exceptions sur une période courte (une année par exemple). Tel sera le cas si l'entreprise accepte provisoirement une détérioration de sa trésorerie. Encore faut-il que les banquiers acceptent également d'aider la société au cours de cette période.

Notons enfin que, si la société dispose de capacité non utilisée, la règle ne commencera à s'appliquer lorsque la société aura consommé ses réserves. Celles-ci peuvent être constituées par :

- une trésorerie positive,
- des investissements sous-employés,

145

- un recours limité au crédit fournisseur,
- un endettement à terme inférieur à ce qui est admissible,
- etc.

Ce sont ces réserves financières qui vont être étudiées au paragraphe suivant.

43.3. Apprécier le déséquilibre financier

Avant d'aborder ce point, il convient de préciser que l'analyse réalisée sur des comptes à une date donnée risque de ne pas être significative si l'activité de l'entreprise est cyclique. Ainsi, une société du secteur du jouet, qui réalise une part importante de son chiffre d'affaires sur les quelques derniers mois de l'année, peut présenter selon la date d'arrêté de ces comptes des situations très différentes. Une bonne approche de ce problème peut être réalisée en examinant :

- la ventilation mensuelle du chiffre d'affaires annuel,
- l'évolution mois par mois de la trésorerie.

Dans de tels cas, il conviendra de raisonner sur des situations établies à des périodes représentatives d'une activité moyenne de l'entreprise.

Ce point étant précisé, voyons comment tenter de découvrir de quel déséquilibre financier dispose ou souffre la société, à la date de construction du business-plan.

De manière simplifiée, on peut assembler le déséquilibre financier à la somme de :

- la trésorerie positive ou négative excédentaire,
- la possibilité d'endettement non utilisée.

Pour déterminer cette dernière, on partira de deux ratios :

$$\frac{\text{Dettes à terme}}{\text{Capitaux propres}}$$ qui doit ou pourrait être égal ou inférieur à 1 ;

$$\frac{\text{Dettes à terme}}{\text{MBA}}$$ qui ne doit pas être supérieur à 3 ou 4.

Le montant ainsi déterminé sera comparé à l'endettement réel.

Cette première analyse n'est pas suffisante car elle considère comme normaux les besoins de financement de l'entreprise (immobilisations et BFR) ; or tel n'est pas forcément le cas, comme nous allons le voir ci-après.

146

44. Situation financière normative

Il s'agit ici de définir quelle devrait être la situation de l'entreprise en fonction de ses spécificités, puis de comparer cette situation normative à la situation réelle.

Afin de déterminer cette position normative, il sera nécessaire de procéder ainsi pour les différentes rubriques du bilan.

◇ Immobilisations

Celles-ci seront tout d'abord classées en trois catégories :

1) Les immobilisations hors exploitation

Ce sont celles qui pourraient être cédées sans modifier en quoi que ce soit le mode de fonctionnement de l'entreprise. C'est le plus fréquemment parmi les catégories suivantes d'actifs que l'on risque de découvrir de tels éléments :

- terrains,
- constructions,
- participations dans des activités non synergiques.

Ce sont en général les sociétés anciennes qui disposent de ce type d'investissement, fruits de leur histoire.

2) Les immobilisations non indispensables

On classera sous cette rubrique les actifs qui pourraient être cédés facilement, quitte à les relouer ou à les prendre en crédit-bail.

On trouvera dans cette catégorie les sièges sociaux, dissociés des sites de production.

3) Les autres immobilisations

Ce sont tous les autres actifs qui ne peuvent être cédés sans modifier profondément le mode de fonctionnement de l'entreprise.

Ce tri étant opéré :

– pour les deux premières catégories, on procédera à une estimation en valeur vénale, c'est-à-dire au prix auquel ces biens pourraient être vendus sur le marché,

– pour les biens d'exploitation, il faudra s'interroger sur leur utilité réelle. Si l'entreprise dispose de trop d'immobilisations, il faudra alors se demander :

- si une partie peut être cédée,
- si ce sur-investissement peut permettre un développement en évitant de nouveaux investissements,
- si ces actifs existent mais ne présentent ni intérêt, ni possibilité de cession et constituent donc des non-valeurs.

L'ensemble de cette analyse va permettre de construire un tableau du type de celui-ci :

Valeur comptable	Ventilation			Valeur vénale
	(1) HE	210 000		700 000
Immobilisations 1 520 000	(2) C	400 000		600 000
	(3) Expl.	910 000	utiles	800 000
			excédentaires	110 000
(1) Immobilisations hors exploitation				
(2) Immobilisations cessibles				
(3) Immobilisations nécessaires à l'exploitation				

Dans ce cas, la valeur comptable des immobilisations normatives nécessaires à l'exploitation est de 1 200 000 €, celles des immobilisations indispensables s'élèvent à 800 000 €.

◇ Besoin en fonds de roulement

Pour déterminer celui-ci, nous utiliserons la méthode dite des experts comptables.

La méthode des experts comptables consiste à mesurer la valeur moyenne des différents éléments du besoin en fonds de roulement, de manière normative, et à les exprimer dans une unité commune qui est la journée de chiffre d'affaires hors taxes.

Ce calcul est effectué à partir des délais d'écoulement physique des postes circulants du bilan, obtenus par enquêtes statistiques, mesures physiques, sondages, interviews, etc.

Stock : délai moyen entre l'entrée en stock des marchandises et leur sortie

Clients : durée moyenne des crédits consentis aux clients

Fournisseurs : durée moyenne des crédits consentis par les fournisseurs

etc.

148

Ces délais, qui expriment la durée d'écoulement de quantités mesurées dans des unités différentes, sont rendus homogènes par l'application de coefficients de structure.

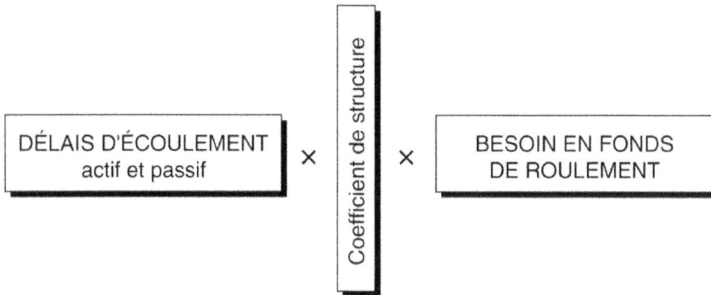

Pour faciliter la compréhension de cette méthode, nous avons fait figurer en annexe III un exemple de calcul.

Les besoins financiers étant définis, il reste à étudier comment le financer. Pour cela, on calculera l'endettement normal selon la méthode déjà décrite, ainsi que la trésorerie négative normalement acceptable [5]. Le bilan normatif peut alors être établi. En comparant la situation nette ressortant de ce bilan et celui apparaissant au bilan réel, on obtient un premier écart. Si l'on ajoute à cet écart la valeur vénale nette des éventuels actifs hors exploitation, on dispose alors du besoin ou de l'excès de fonds propres de l'entreprise.

L'exemple ci-dessous illustre ce calcul.

Bilan comptable			
Immobilisations	1 520 000	Capitaux propres	1 000 000
Actifs circulants	4 830 000	Dettes à terme	450 000
(dont client		Passifs circulants	4 700 000
1 600 000)		Trésorerie	1 200 000
	6 350 000		**6 350 000**

---

5. 50 % de l'encours client.

Les différentes études menées amènent le bilan normatif suivant :

Bilan normatif			
Immobilisations	1 200 000	Capitaux propres	550 000
Besoin en fonds	700 000	Dettes à terme	550 000
de roulement		Trésorerie	800 000
		négative (1)	
	1 900 000		**1 900 000**
(1) 50 % de l'encours client			

La société dispose d'un excédent de capitaux propres égal à :

– l'écart de fonds propres (1 000 000 - 550 000)   450 000

– le prix de vente net des immobilisations
hors exploitation (700 000 - 130 000)   570 000 [6]

                       Total   1 020 000

L'utilisation de ce montant pour financer les projets de l'entreprise suppose toutefois que :

- les actifs hors exploitation soient cédés,

- le besoin en fonds de roulement soit ramené à son niveau normatif,

- un nouvel emprunt soit souscrit pour porter l'endettement à son niveau normatif.

Il conviendra donc de s'interroger sur les délais de réalisation de ces différentes opérations et d'en tenir compte dans le cadencement du business-plan.

---

6. Compte tenu de l'impôt sur la plus-value.

Choisir et présenter la stratégie

N ous avons examiné dans les deux chapitres précédents comment analyser la position de l'entreprise tant au niveau stratégique qu'au niveau financier.

Ces analyses ayant été menées, il convient maintenant de passer réellement à la construction du business-plan, en définissant la ou les stratégies que la société entend mettre en œuvre. Il conviendra ensuite d'en tirer les conséquences au niveau des moyens à mettre en œuvre. Le chiffrage financier constituera l'ultime étape.

Nous examinerons donc dans ce chapitre comment choisir une stratégie, après avoir tenté de définir ce qu'est la stratégie.

51. Définition de la stratégie

Le mot stratégie trouvant son origine dans le vocabulaire militaire, rappelons cette première définition de Clausewitz « choix du terrain, du moment et des moyens ». Si l'on passe maintenant au niveau de l'entreprise, on peut retenir parmi les nombreuses définitions existantes deux d'entre elles.

« Pour une entreprise, un groupe, la stratégie est un choix dans l'attribution des ressources rares (hommes, finances, temps) à ses diverses activités. Les ressources rares ont tendance à s'affecter spontanément aux activités en fonction des problèmes qu'elles soulèvent et non des opportunités qu'elles présentent ».

« La stratégie est l'art de construire des avantages durablement rentables, d'utiliser le temps pour se constituer des atouts, des supériorités :

- par des innovations,
- par des verrouillages (savoir-faire, brevets...),
- par la dimension, l'expérience,
- par les synergies internes entre les activités,
- par la flexibilité (savoir modifier une orientation, arrêter une activité avant l'accident),
- par la réduction de l'incertitude (études, capacité d'anticipation, qualité de la prévision). »

Si l'on tente de faire la synthèse de ces définitions, on obtient alors le résumé suivant :

Affecter les ressources rares de l'entreprise (temps, hommes et argent) afin de permettre à celle-ci de se construire des avantages durablement rentables.

Cette nouvelle définition fait apparaître clairement que la stratégie a avant tout pour but de permettre à l'entreprise d'être rentable. Cette rentabilité doit être durable et non éphémère.

On peut tirer de cette définition un certain nombre d'enseignements.

- Le fait pour une entreprise de rester sur un marché, voire d'y rechercher une position de leader, n'est pas une finalité stratégique, ce n'est qu'un moyen. On sait en effet que le leader peut, grâce à sa position, produire moins cher que la concurrence et réguler partiellement les prix afin de dégager des profits récurrents. Une telle stratégie permet donc bien de répondre à la finalité stratégique d'être durablement rentable.

- Le fait pour une société de dégager à court terme des profits importants n'est pas suffisant si elle obère, par certaines décisions, sa rentabilité à terme. On répond en effet dans cette hypothèse à la notion de rentabilité mais pas à celle de durabilité. Il est donc pour une entreprise tout à fait possible d'accepter de réaliser des pertes pendant une période limitée, à condition toutefois que ces pertes préparent l'avenir et soient le moyen de dégager par la suite des profits qui eux dureront. Certains penseront probablement que définir l'entreprise comme une "machine à profit" est pour le moins réducteur et que celle-ci a dans nos sociétés modernes bien d'autres rôles :

- fournir du travail à ses salariés,
- fournir des produits et des services à ses clients,
- être un lien de vie pour les hommes qui la composent,
- etc.

Il n'est nullement question ici de nier ces rôles divers et importants. Il n'est pas moins vrai que, si l'entreprise n'est pas durablement rentable, elle ne pourra pas continuer à exercer les autres fonctions qui lui sont dévolues. Travailler dans une société non rentable (durablement), c'est pour ses salariés la certitude de perdre leur emploi à plus ou moins brève échéance et donc de rejoindre les rangs, malheureusement nombreux, des chômeurs. Le véritable problème n'est donc pas de nier l'intérêt de la recherche du profit mais bien plutôt celui de sa répartition entre les acteurs que sont :

- l'entreprise elle-même, qui doit en conserver une partie pour l'affecter aux investissements indispensables aux activités "durablement rentables",
- les actionnaires, qui ont permis, grâce à leur mise de fonds, de créer puis de faire se développer l'entreprise,
- l'État, qui prélèvera sa dîme sous diverses formes d'impôts, directs ou indirects,
- les salariés, dont l'activité a permis de dégager les profits.

Il semble nécessaire à ce niveau de revenir en quelques lignes sur ce que sont les ressources rares que l'entreprise va devoir affecter aux activités qu'elle aura choisies.

◇ *Les hommes*

Tous les dirigeants savent combien cette ressource est rare et difficilement remplaçable. Un des rôles du dirigeant sera donc de s'interroger sur les compétences de ceux-ci. Cette interrogation est à réaliser non pas dans l'absolu mais par rapport au besoin de l'entreprise. Combien de fois entend-on des dirigeants dire : "Cette activité ne se développe pas comme elle le devrait car je n'ai pas trouvé l'homme de la situation" ou : "J'ai dû arrêter cette activité, je n'avais pas l'homme pour s'en occuper".

Cette préoccupation des hommes sera au cœur du business-plan. Il ne servirait à rien de présenter un plan idéal sur le papier si les compétences nécessaires à sa mise en œuvre n'existaient pas.

◇ Le temps

Cette seconde ressource rare est probablement la plus difficile à saisir et à matérialiser. En effet, l'entreprise vit dans un monde en mouvement où les autres acteurs agissent et luttent. Il ne suffit donc pas d'avoir la "bonne idée", mais il faut, si possible, l'avoir avant les autres et la mettre en œuvre plus rapidement qu'eux. À quoi servirait de prévoir le développement d'un nouveau produit en cinq ans si les confrères, qui sont au même niveau de réflexion, avaient la capacité de développer leur projet sur trois ans ? Lorsque la société serait prête, le marché serait déjà occupé par la concurrence. Chacun sait qu'aujourd'hui, dans le domaine de l'automobile, il existe deux grands challenges : la qualité et la durée de conception des nouveaux produits.

◇ L'argent

C'est probablement la ressource la moins rare de l'entreprise, du moins lorsque tout va bien. Une entreprise prospère trouve toujours l'argent dont elle a besoin. Par contre, en période de crise ou face à un projet risqué (du point de vue des financiers), l'argent se fait rare. Il est donc indispensable pour une entreprise de disposer de suffisamment d'argent pour financer les projets ambitieux et traverser les crises.

Après avoir tenté de définir ce qu'est la stratégie, examinons maintenant les types de stratégie qu'une entreprise est en mesure de choisir.

52. Les trois grandes stratégies

Notons tout d'abord que si une entreprise exerce son activité sur un seul segment stratégique elle ne peut et ne doit avoir qu'une stratégie. Si la société agit sur plusieurs segments stratégiques, elle peut alors du moins en théorie, avoir des stratégies multiples, adaptées à chacun des segments. Dans la réalité, l'on constate qu'il est difficile de faire cohabiter des stratégies différentes dans une même société. Si cela se révèle indispensable, il est souvent préférable d'isoler les différentes activités dans des sociétés distinctes, en procédant par exemple à une filialisation.

Pour tenter de définir les grands types de stratégie envisageables, nous avons repris la classification qu'en a fait Porter [1]. Selon cet auteur, on peut distinguer trois grandes options stratégiques : la domination par les coûts, la différenciation et la concentration de l'activité. Pour examiner ces trois stratégies, nous étudierons successivement les points suivants :

– Dans quel cas cette stratégie est-elle envisageable ?

– De quelles compétences doit -on disposer ?

– Quel type d'organisation est nécessaire ?

– Quels sont les risques de chaque stratégie ?

52.1. La domination par les coûts

Cette stratégie a pour but de permettre à l'entreprise d'occuper une position de leader, voire de co-leader, sur le marché. L'entreprise bénéficiera alors de prix de revient faibles (courbe d'expérience) et conservera des marges positives, tout en mettant en œuvre une politique de prix agressive.

◆ Cas envisageables

A. La taille de l'entreprise doit être significative par rapport au marché. Ainsi, une entreprise de taille modeste qui ouvre par ses créations un marché nouveau et de grande taille (produit de grande consommation) a peu de chance de pouvoir appliquer une telle stratégie car :

– Elle ne disposera pas de moyens financiers nécessaires, sauf rentabilité exceptionnelle. La société ne respectera pas la règle de « croissance équilibrée » et va se trouver confrontée à des problèmes de trésorerie.

– Ce nouveau marché va attiser la convoitise de grandes entreprises capables d'investir massivement pour conquérir le marché.

B. Dans le cadre d'un marché existant, la conquête d'une position de leader n'est en général envisageable que si l'entreprise dispose au départ d'une position significative, du moins si l'on raisonne dans une optique de croissance interne.

C. La réalisation d'une telle stratégie est facilitée par une position comportant des avantages particuliers tels que :

• un accès privilégié à des matières premières, du fait de l'apparte-

---

1. *Competitive Strategy*, The Free Press, 1980.

nance à un groupe produisant ou extrayant les matières en question ;

- un marché protégé ou privilégié par l'appartenance à un groupe ou des privilèges nationaux, rendant difficile l'accès du marché à la concurrence extérieure ;
- une image, une marque, une réputation auprès des consommateurs, acquises autant que possible sur des marchés de proximité.

D. L'entreprise doit avoir la maîtrise de ses prix de revient. Il faut être capable de produire au meilleur prix tout en livrant la qualité nécessaire.

Cette recherche doit porter sur l'ensemble des éléments de coûts.

- achats des matières ou de la sous-traitance,
- prix de revient internes,
- frais indirects (administratifs, informatique, etc.),
- coûts commerciaux,
- etc.

E. Les investissements nécessaires sont souvent massifs, il faut donc avoir la capacité de :

- financer le projet,
- maîtriser un projet important.

F. Il est nécessaire d'avoir une politique de prix agressive. Une telle politique est difficile à mettre en œuvre si l'entreprise exploite par ailleurs des activités à forte marge.

Une telle politique suppose parfois d'accepter, pendant une période, des marges faibles, voire négatives, afin de développer le marché et de dissuader la concurrence. Il faut en avoir les moyens financiers et que cette attitude corresponde à la culture de l'entreprise

G. Les hommes de l'entreprise doivent être capable de mener une telle politique. On sait par exemple qu'il est difficile, voire impossible, de faire réaliser par les mêmes équipes dans la même usine :

- des productions en petites séries et parfois à l'unité,
- des productions en grandes séries.

Ce qui est vrai pour les équipes de production l'est également pour l'ensemble des fonctions de l'entreprise. Il est très difficile de faire cohabiter dans une même entreprise des produits ou des services pour lesquels on aurait des stratégies différentes. Il faudra donc renoncer à certaines stratégies, et, pourquoi pas, accepter de se retirer de certains marchés ou de scinder l'entreprise en plusieurs affaires ayant des logiques stratégiques différentes.

◆ Compétences nécessaires

La mise en œuvre d'une stratégie de domination par les coûts nécessite :

A. Des possibilités d'investissement

L'entreprise doit avoir les moyens financiers de sa politique et donc disposer de capitaux permanents importants. Les capitaux permanents peuvent être soit des capitaux propres soit des fonds d'emprunt. Nous avons vu que les deux éléments sont liés sauf si, évidemment, l'affaire appartient à un groupe puissant. Il lui est alors possible d'emprunter excessivement en utilisant la "caution" du groupe.

B. Des compétences techniques

La maîtrise du prix de revient est indispensable. Ceci est vrai tant pour les entreprises industrielles que dans le domaine des services. Tout client d'une grande chaîne hôtelière a pu constater le souci de rationalisation et de standardisation des tâches dans un métier auparavant traditionnel.

C. Une surveillance intense de la main-d'œuvre

Si les machines ont des rythmes techniques qui imposent des cadences de production, il n'en est pas de même des hommes qui les font fonctionner. Dans une imprimerie de presse, la production dépend peu de la vitesse d'impression qui est limitée par des données techniques (type de matériel, de papier, etc.). Par contre, les temps d'arrêt sont liés à la manière dont vont travailler les hommes :

– Arrête-t-on la machine lors d'un changement d'équipe ou pratique-t-on ce qu'en termes de métier on appelle « la reprise en roulant » ?

– Quels sont les temps de calage, c'est-à-dire de mise en place et de réglage des plaques ou des cylindres ?

– Etc.

D. La capacité de concevoir des produits répondant au besoin du marché et au moindre coût

La plupart des entreprises sont capables de concevoir un produit répondant au besoin du marché. Cela n'est pas suffisant, il faut également que le produit ait été conçu pour être fabriqué dans les conditions les plus économiques possibles.

La maîtrise des techniques d'analyse de la valeur constitue donc un atout pour ce type de stratégie. Cette technique aujourd'hui classique dans l'industrie est de plus en plus utilisée dans les services, voire dans les fonctions administratives (analyse de la valeur informatique par exemple).

E. Un système de distribution performant

Il ne servirait à rien d'être performant en termes de prix de revient si cette performance était mangée par des coûts de distribution trop élevés. Le même effort de productivité doit donc être porté sur la fonction commerciale et sur la fonction industrielle.

◆ Mode d'organisation de l'entreprise

Celle-ci doit évidemment être avant tout de type productiviste. Elle se caractérise par :

A. Un contrôle serré des coûts

Ce contrôle doit tourner à l'obsession. On traque le « gaspi » à tous les niveaux. L'unité de mesure est fréquemment le centime.

Cela suppose que l'entreprise dispose d'un contrôle de gestion très serré, qui permette de réagir très rapidement.

Ce contrôle de gestion s'appliquera à toutes les fonctions de l'entreprise, y compris celles qui sont peu habituées à de telles mesures :
- fonctions administratives,
- Recherche et Développement,
- commercial,
- etc.

B. Des comptes rendus fréquents

Ces comptes rendus n'ont évidemment d'intérêt que s'ils débouchent sur des réactions rapides.

C. Une organisation des responsabilités

Les entreprises qui réussissent dans ce type de stratégie sont le plus souvent, pour ne pas dire toujours, très structurées :

- les tâches sont définies,
- les responsabilités hiérarchiques sont claires,
- les services des méthodes sont omniprésents et très puissants.

Même si le taylorisme n'est plus au goût du jour, on continue à s'en inspirer fortement. Il n'est pas acceptable que l'absence d'un individu ralentisse ou bloque le système.

D. Un système d'incitation strict

Il est très mécaniste et orienté sur la réalisation d'objectifs strictement quantitatifs. Cela ne va pas sans poser de problèmes face à une population de salariés de plus en plus formée et demandeuse de reconnaissance.

◆ Les risques de la stratégie de domination

Nous n'évoquerons pas ici les risques de non réalisation de la stratégie retenue mais plutôt les risques encourus par l'entreprise qui a réussi sa stratégie de domination par les coûts. Ceux-ci sont les suivants :

A. L'évolution technique

L'entreprise est parfaitement organisée et structurée autour d'un produit ou de plusieurs. Elle dispose en contrepartie d'une faible adaptabilité au changement et pourra difficilement réagir face à une innovation majeure au niveau :

- du produit,
- du procédé de fabrication,
- de la formule de service,
- etc.

B. Les nouveaux entrants

Le produit, le procédé sont parfaitement définis, ils peuvent donc être imités par des concurrents qui n'auront pas à payer le coût d'étude et de mise au point du système.

Si cette concurrence nouvelle naît dans des pays à moindres coûts salariaux, la situation peut devenir dramatique.

C. La rigidité

L'entreprise n'est pas adaptable, elle aura donc beaucoup de mal à prendre en compte les évolutions :

- du marché,
- de la conception des produits,
- des modes de distribution,
- etc.

L'entreprise est orientée sur elle-même et sur ses coûts de production, elle risque de ne pas voir venir les évolutions.

D. Baisse de la sensibilité aux prix

La demande peut évoluer et rechercher non plus uniquement le « bas prix » mais une meilleure adaptation des produits ou des prestations à ses besoins.

La diversification de la demande suppose une adaptabilité de l'entreprise, souvent incompatible avec une politique orientée sur la maîtrise des coûts. Même si l'ensemble du marché n'évolue pas de manière identique, le problème demeure car l'entreprise est organisée pour une certaine taille de marché et, si une partie de celui-ci lui échappe, ses possibilités d'adaptation sont très faibles.

En conclusion, on peut dire que la politique de domination par les coûts est bien adaptée :

- à des entreprises de taille importante,
- à des marchés où l'innovation est faible,
- à des technologies supposant des investissements massifs.

52.2. La différenciation

Cette stratégie est souvent recherchée par des entreprises moyennes, à qui la stratégie précédente est interdite. Elle consiste à commercialiser un produit ou un service qui soit ressenti par le client comme "unique" et, le plus largement possible, différent de celui fourni par les leaders.

◆ Cas où la différenciation est envisageable

Il faut que l'entreprise dispose au moins d'un des atouts suivants :

A. Une conception originale de produits particulièrement recherchée par certains utilisateurs.

On peut citer à titre d'exemple :

- faible encombrement,
- poids limité,

- facilité de réparation,
- etc.

Encore faut-il que ces spécificités correspondent à un besoin ressenti par une clientèle suffisamment large.

B. Une image de marque technologique

La machine-outil allemande a longtemps bénéficié d'une telle image auprès des industriels de nombreux pays. Si on veut conserver durablement l'avantage, il faut que l'image corresponde à la réalité.

C. Une apparence extérieure originale, on dit aujourd'hui un "look".

Ce point est évident pour les produits destinés à la consommation. Il n'est pas indifférent pour les fournisseurs de l'industrie.

D. la qualité du service

Chacun sait que l'on vend de moins en moins un produit isolé mais un mix de produit et de service. La qualité de la logistique, la rapidité de réaction, l'existence d'un SAV de qualité sont de puissants moyens de se différencier.

E. Un réseau de distribution

Le fait de contrôler son propre réseau de distribution, ou de proposer un mode de distribution original, peut être un des leviers de la réussite. Les vendeurs par correspondance de bijouterie proposent des produits que l'on peut trouver dans des magasins classiques et, aujourd'hui, dans la grande distribution. Ils offrent en plus la possibilité au client de décider et d'acheter sans devoir se déplacer.

L'utilisation de la VPC (vente par correspondance) leur permet de vendre avec profit ces mêmes produits à une clientèle accessible à ce type de mode de vente et pour qui leur formule présente des avantages singuliers.

Idéalement, l'entreprise cherchera plusieurs axes de différenciation. "Je vends un produit techniquement meilleur et je suis capable de livrer rapidement dans le monde entier".

La différenciation n'a d'intérêt que si elle permet de pratiquer des prix supérieurs à ceux des leaders. En effet, ceux-ci doivent normalement avoir des prix de revient moins élevés du fait de la "courbe d'expérience".

◆ Compétences nécessaires

Celles-ci sont diverses selon la nature de différenciation recherchée. On peut citer :

A. Une capacité commerciale importante

On donne ici au service commercial une acceptation large. C'est souvent un des moyens privilégiés de la différenciation.

B. Une bonne technologie du produit qui permettra de le décliner en diverses versions pouvant satisfaire des clientèles ayant des besoins spécifiques.

C. Une bonne capacité de recherche, de mise au point et d'adaptation.

D. Une réputation. Celle-ci peut porter, selon les cas, sur la qualité du produit, sur la technologie, sur l'efficacité du service.

E. Une histoire dans le secteur

Il est rarement possible d'entrer dans un secteur en choisissant la diversification. En effet, cette stratégie demande du temps pour se faire connaître. Le nouvel entrant doit, lui, le plus fréquemment, entrer sur le marché grâce à une politique de prix agressive qui est incompatible avec la recherche d'une différenciation.

F. Une coopération étroite avec la distribution

Pour bien connaître les attentes d'un marché, il faut en être très proche. Si l'entreprise ne maîtrise pas directement la distribution de son produit, elle devra organiser une collaboration étroite avec les distributeurs. Il lui est indispensable de disposer d'informations sur les besoins et les attentes de la clientèle.

Rien ne serait en effet plus désastreux que de tenter de se différencier en donnant à un produit des qualités qu'aucun utilisateur n'attend ou ne considère comme déterminantes, ou du moins n'est prêt à payer. Il en est de même pour les services. Il faut savoir ce qu'attend le client, mais également être capable d'imaginer ce qu'il n'attend pas mais deviendrait un besoin si on le lui proposait. Il faut se méfier des fausses bonnes idées et se souvenir qu'en final, c'est le client qui décide.

◆ Mode d'organisation de l'entreprise

Celui-ci est très différent de celui des entreprises recherchant la domination par les coûts. Il est de manière générale moins "organisateur" et plus souple. Ces principales caractéristiques sont les suivantes :

A. Une coordination importante entre :

- le commercial,
- la recherche,
- la production.

Celle-ci est indispensable pour créer et faire évoluer la "formule" qui va permettre à l'entreprise de se différencier. La préoccupation du client doit irriguer l'ensemble de l'entreprise.

B. La recherche du qualitatif

Tout ne pourra pas reposer sur la recherche d'une productivité maximale.

C. Le recrutement de personnes compétentes

L'entreprise doit être capable d'attirer les compétences indispensables pour faire fonctionner un système où les tâches sont moins définies. L'entreprise doit rester souple afin de pouvoir s'adapter en permanence aux besoins de la clientèle. Ce sont les hommes de qualité qui pourront faire s'adapter l'entreprise.

◆ Les risques de la stratégie de différenciation

A. Le désintérêt du client pour la différence

La différenciation n'existe qu'à condition que le client soit conscient de celle-ci et prêt à la payer. L'augmentation de l'exigence de qualité risque de faire perdre leur avantage aux entreprises qui s'en étaient faites une spécialité si les grands concurrents savent se hisser à un niveau proche.

Certaines entreprises qui se trouvent dans ce cas ont tendance à pratiquer d'une certaine manière la "fuite en avant" en faisant de la "sur-qualité". Si celle-ci n'a pas d'intérêt pour le client ou s'il ne ressent pas cet intérêt, la "sur-qualité" va alors coûter au niveau des prix de

163

revient, sans que l'entreprise puisse en trouver la juste compensation au niveau de ses prix de vente.

B. L'écart de prix insupportable

Dans ce cas, le client reste conscient de la différence mais n'accepte plus de la payer. Cela risque de se produire si :

- le client doit préserver ses propres marges,
- le client se trouve lui-même en présence de clients à qui il ne peut refacturer la différence,
- etc.

La différenciation permet dans ce cas à l'entreprise de conserver sa part de marché mais à condition d'aligner ses prix sur ceux du marché. Elle fait alors "cadeau" de sa différence. Si, comme cela est probable, ses coûts sont plus élevés que ceux de la concurrence, elle va voir ses marges diminuer et peut-être même disparaître.

C Les concurrents qui imitent la différence

Celle-ci n'en est alors plus une puisque les concurrents ont une offre identique et des prix inférieurs. L'entreprise se retrouve en position difficile. Pour éviter cette situation, pour le moins désagréable, l'entreprise doit :

- améliorer en permanence ses axes de différenciation,
- tenter de multiplier le nombre de différenciations. Le risque est de rechercher des différences qui ne seraient plus comprises et appréciées par le marché ou qui ne correspondraient pas à son attente.

52.3. La concentration de l'activité

Pour caractériser cette stratégie, on utilise souvent le mot de "niche".

Il s'agit pour l'entreprise de présenter une offre spécifique à une cible de clientèle bien identifiée. Il ne peut, par définition, s'agir que de marchés étroits car :

- la segmentation est très fine ;
- pour être préservée, la "niche" doit être suffisamment étroite pour ne pas attiser la convoitise de la concurrence. Un éventuel nouvel entrant craindra que l'investissement à faire ne soit trop important pour le volume d'activité à récupérer.

◆ Cas envisageables

Le groupe de clients visé doit pouvoir être segmenté. Cette segmentation peut correspondre à :

- une zone géographique,
- un certain niveau de pouvoir d'achat,
- une recherche de la différence,
- des habitudes de consommation particulière,
- etc.

La société va aborder cette clientèle en utilisant l'une des deux stratégies présentées précédemment :

- la domination par les coûts,
- la différenciation.

C'est le croisement d'une clientèle bien définie et d'un mode d'approche qui est, dans ce cas, la clé de la rentabilité durable.

Ce type de stratégie peut être illustré dans le cas de la distribution alimentaire où il existe :

- des grands distributeurs ayant clairement une politique de domination par les coûts. Cette domination tient largement au volume d'activité qui permet d'acheter à des conditions particulièrement favorables,
- des distributeurs positionnés sur des niches bien identifiables, comme les épiceries de luxe ou les hard-discounters en centre ville.

Les épiceries de luxe sont un bon exemple d'une telle stratégie. Celles-ci s'adressent à une clientèle bien définie et se différencient fortement des grands généralistes par :

- une politique de qualité et une originalité des produits proposés,
- un accueil de la clientèle très soigné (voituriers pour éviter au client des problèmes de parking),
- du personnel très qualifié, capable de renseigner le client sur les produits, leur usage, leur date optimum de consommation, etc.
- une image très forte et très valorisante pour le client qui veut par exemple faire un cadeau.

La cible de clientèle des hard-discounters de centre ville est également très précise ; ce sont :

- les personnes à très faibles revenus,
- les clients fanatiques du "meilleur prix".

La cible est ici approchée dans le cadre d'une domination par les coûts qui permet de fournir au client ce qu'il recherche au prix le plus bas possible. Cette stratégie passe par un certain nombre de choix :

- des emplacements peu coûteux (proportionnellement du moins pour les grandes villes),
- une gamme de produits limités afin d'acheter dans de bonnes conditions des quantités importantes,
- un personnel limité au maximum et qui va donc tourner rapidement,
- une religion de l'économie, pour ne pas dire de la pingrerie.

Ces deux stratégies donnent de bons résultats, comme on le constate, si l'on observe les bénéfices des entreprises qui les pratiquent.

◆ Compétences nécessaires

A. La connaissance du client

Si le client est toujours important, il est ici déterminant. Il faut être capable d'identifier clairement la clientèle ciblée.

Il s'agit, dans bon nombre de cas, d'une clientèle qui se veut différente et qui risque de fuir si l'entreprise s'ouvre trop largement à d'autres types de clients.

Il faut donc définir sa cible et savoir éventuellement décourager les clientèles différentes qui casseraient l'image de la société. Et rien n'est plus difficile pour un service commercial que de refuser de vendre.

Une marque de haute couture dont le sigle apparaît sur des produits vendus en hypermarché ne restera pas longtemps une marque de luxe.

Les plus prestigieuses des marques de luxe françaises dépensent beaucoup de temps et d'argent pour éviter que leur griffe ne se retrouve sur des produits "bas de gamme" ou d'un goût douteux. Elle dépensent donc de l'argent pour encaisser moins de royalties que si elles laissaient faire. Ce comportement démontre qu'elles ont totalement adopté la notion de "rentabilité durable". En effet, une extension non maîtrisée de la griffe apporterait à court terme une augmentation des profits mais ceux-ci ne seraient pas durables car les meilleurs licenciés se retireraient. Le volume et le taux des royalties baisseraient à terme. Les résultats s'en ressentiraient obligatoirement assez rapidement.

B. La capacité à croiser avec une des deux stratégies déjà examinées

Nous avons vu que la réussite sur une niche suppose un croisement avec l'une des deux premières stratégies évoquées. L'entreprise doit donc disposer des compétences déjà énumérées pour mettre celle-ci en œuvre.

◆ Mode d'organisation de l'entreprise

Celui-ci dépend du croisement entre le segment retenu et le type de stratégie que l'on entend appliquer.

– Si l'on croise avec la domination par les coûts, il faut une organisation productiviste (voir paragraphe 52.1)

– Si l'on croise avec la différenciation, on recherchera une organisation du type de celle décrite au paragraphe 52.2.

◆ Les risques de la concentration de l'activité

Ceux-ci sont de plusieurs natures.

A. La clientèle se réduit

Le secteur de la mégisserie de haut de gamme connaît bien ce problème. Les clients fabriquant des produits de haut de gamme doivent, pour répondre à la demande de leurs propres clients, présenter des articles plus résistants. Ces industriels sont donc amenés à s'orienter vers des matières premières moins fragiles et peuvent faire appel à de nouveaux fournisseurs.

Le seul remède connu consiste dans un tel cas à faire évoluer son produit. Ce n'est pas toujours possible.

B. La différence de coût s'amplifie

La différence a comme toute chose un prix. Il existe un seuil où la clientèle n'accepte plus ou n'a plus les moyens de supporter la différence. Dans certains cas, on risque de rencontrer le même problème si le niveau des revenus de la clientèle diminue.

C. Il peut y avoir concurrence sur la niche

Ce genre de situation est dramatique car la clientèle est par définition limitée. Si la taille du marché n'est pas suffisante pour que deux entreprises cohabitent, l'une des deux devra obligatoirement disparaître.

D. La niche s'élargit

Le risque est ici de tenter d'attirer à l'entreprise une frange de clientèle se situant à la marge de celle ciblée à l'origine. Il peut en résulter :

- une entrée en concurrence avec les généralistes de la profession, alors que l'entreprise est mal armée pour faire face à cette situation,
- une disparition de la clientèle d'origine qui n'accepte pas de cohabiter avec les nouveaux clients,
- une désorganisation de l'entreprise qui n'identifie plus clairement sa clientèle et son métier.

E. De grands concurrents arrivent

Dans des marchés en faible croissance, les grandes entreprises ont la tentation de "ratisser large". Elles peuvent donc être tentées d'attaquer des niches même de petite taille. Si ces entreprises n'ont pas forcément la compétence, elles disposent en général de moyens financiers importants et peuvent, de ce fait, sinon conquérir la niche du moins y créer une concurrence dramatique pour tous les intervenants.

53. Les autres stratégies

Quelle que soit la richesse de l'analyse présentée dans les pages qui précèdent, elle ne couvre cependant pas l'ensemble des choix stratégiques possibles.

Il est donc apparu utile de citer quelques autres stratégies fréquemment rencontrées et de voir en quoi elles se rattachent cependant aux grandes stratégies génériques.

Cette énumération ne prétend nullement à l'exhaustivité et le lecteur connaît ou découvrira probablement d'autres choix stratégiques.

53.1. Les suiveurs stratégiques

Comme nous venons de le voir, les grandes stratégies pourraient se définir comme la recherche :

- soit d'une position de leader,
- soit d'un moyen d'éviter la concurrence en se positionnant hors du marché global et donc d'échapper à la concurrence directe et frontale.

Il est donc des cas où il va falloir accepter de rester dans le marché, sans espoir d'y avoir une place dominante ni parfois même significative.

Certaines entreprises réussissent ce challenge. Plusieurs situations peuvent rendre cette situation acceptable et évidemment rentable.

● Le nombre de compétiteurs est faible

On sait qu'à la fois les règles du marché et un certain nombre de réglementations nationales et internationales interdisent les positions de monopole.

Il peut donc être intéressant pour une entreprise d'être l'éternel second, voire troisième, sur un marché où il existe un acteur nettement dominant. En général, le leader aura intérêt à ce que le suiveur continue à exister car, s'il disparaît, le marché fera surgir un nouveau concurrent national ou se tournera vers des fournisseurs étrangers. Les nouveaux compétiteurs éventuels risquent d'être plus dangereux que le concurrent actuel. Pour maintenir cet équilibre, le suiveur doit se garder d'une politique trop agressive qui amènerait le leader à réagir parfois violemment, en particulier au niveau des prix.

● La concurrence est limitée (écrémage)

Sur un marché où la clientèle exige une large gamme de produits, les ventes par catégories se répartissent en général comme l'indique la figure 5.1.

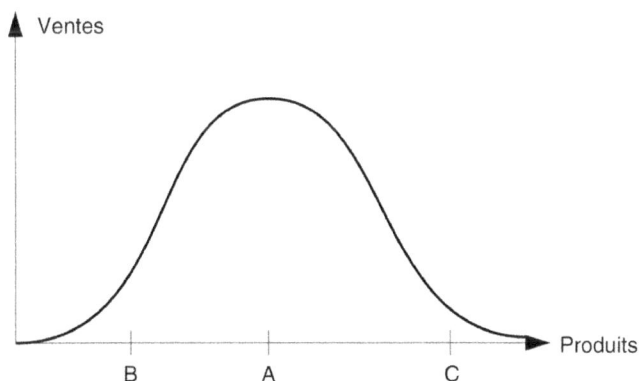

Figure 5.1. - **Répartition des ventes par catégories de produits.**

Certaines sociétés de taille modeste vont ne produire et ne fournir qu'une faible part de la gamme. Par exemple, le produit A. Ces entre-

169

prises peuvent alors, même si leur prix de revient est supérieur à celui du leader, être en bonne position. En effet, le leader est, lui, condamné à présenter toute la gamme et donc des produits à faible marge, voire déficitaires (produits B et C sur le graphe).

Pour équilibrer ses résultats, ce leader est donc condamné à réaliser des marges importantes sur les produits les plus vendus.

Le concurrent modeste qui vend à un prix identique conservera donc une marge, alors même que son prix de revient est plus élevé que celui du leader.

● Le quasi-artisanat

Dans ce cas, l'entreprise va vivre grâce à une économie sur ses coûts de structure, là où le grand concurrent dépense beaucoup au niveau :
- des frais administratifs,
- de la recherche,
- de la promotion du produit,
- etc.

L'entreprise ne va, elle, pratiquement rien dépenser. La société vivra chichement, copiera le ou les leaders, vendra ses produits sans publicité, etc.

Toutes ces stratégies ont en commun deux caractéristiques essentielles :
- *La fragilité.* Si le leader le souhaite, il a en général les moyens de faire disparaître son concurrent car :
  - il dispose d'une marge lui permettant de se battre et de gagner sur le terrain des prix,
  - il est financièrement plus puissant et peut donc utiliser cette puissance pour décourager, et quelquefois détruire, la concurrence.
- *L'absence de croissance.* Ce type de concurrent n'est toléré par les leaders qu'à condition qu'il ne représente qu'une part peu significative du marché. Si ce concurrent mène une politique trop agressive, il va alors déclencher une réaction probablement violente du leader et le vainqueur est connu d'avance.

◆ Compétences nécessaires

Il faut savoir travailler à l'économie.

Ces entreprises doivent être capables de réduire leurs coûts. Cette réduction ne peut être obtenue que faiblement, par l'effet de l'expérience. Il faut donc :

– Accepter de ne pas disposer de certaines fonctions. Le ou les dirigeants exercent personnellement plusieurs fonctions :
  - stratégie,
  - commercial,
  - responsable technique,
  - etc.
– Faire des économies sur le fonctionnement de l'entreprise :
  - achat de matériel d'occasion,
  - limitation des salaires,
  - absence ou quasi-absence de coûts administratifs,
  - sous-traitance à bas prix de toutes les fonctions non essentielles,
  - etc.
– Se garder d'innover. Il faut que l'entreprise accepte d'être un éternel suiveur et laisse à la concurrence les développements les plus motivants :
  - création de nouveaux produits,
  - ouverture de nouveaux marchés,
  - etc.

Cette modestie nécessite un recrutement bien spécifique au niveau des cadres et des équipes. Travailler dans une entreprise de ce type apparaît à certains comme peu valorisant. Il faudra donc trouver d'autres éléments de motivation si l'entreprise a besoin d'embaucher.

– Accepter de rester petit.

Nous l'avons déjà indiqué, l'entreprise doit avoir la sagesse de rester à sa place. Cette sagesse est là encore peu compatible avec l'embauche de cadres ayant le souci de leur carrière, au sens où on l'entend habituellement.

◆ Les risques de ces stratégies

Ceux-ci sont essentiellement les suivants :

A. La réaction du leader

Même si cela lui coûte de l'argent et si une nouvelle concurrence risque de se substituer à celle existante, le leader a en général les moyens d'éliminer un concurrent ayant une des stratégies décrites.

Il faut savoir que les entreprises sont dirigées par des hommes et que ceux-ci ne réagissent pas toujours uniquement de manière rationnelle.

Il est donc possible que le leader prenne la décision de faire disparaître un concurrent, alors même qu'il n'y gagnera probablement rien et y perdra même, s'il a dégradé son propre marché et ses marges en baissant ses prix.

B. Le retard d'innovation

La copie n'est pas toujours possible. Si donc le leader innove fortement et peut protéger ses innovations, le suiveur peut alors se faire balayer du marché s'il n'est plus capable de proposer un produit ou un service équivalent.

C. L'écart de prix de revient

L'effet d'expérience tend normalement à ce que l'écart entre leader et suiveur s'accroisse. Il peut arriver un moment où les économies réalisées par le suiveur ne permettent plus de combler l'écart et où ses marges s'effritent puis disparaissent. Son sort est alors connu.

53.2. Les stratégies multiniches

Comme nous l'avons vu, l'un des inconvénients de la stratégie de focalisation est l'impossibilité d'un développement fort, puisque l'on choisit par définition de s'adresser à une clientèle définie et limitée. Une niche qui s'accroît fortement cesse rapidement d'en être une et attire, de ce fait, la concurrence des entreprises ayant des stratégies d'abord de différenciation puis de domination par les coûts.

Ne pas se développer est toutefois difficile, ne serait-ce que pour motiver les hommes dans l'entreprise.

Une des stratégies envisageables consiste alors en la multiplication des niches. Cette multiplication peut être réalisée selon trois critères de choix.

1) La reproduction

Lorsqu'une "niche" correspond par exemple à un secteur géographique ou à un pays, il est possible de reproduire la formule à l'identique sur un ou des secteurs géographiques distincts. Encore faut-il que chaque zone géographique dispose d'une clientèle ayant les mêmes caractéristiques et soit de taille suffisante. Dans le cas évoqué de l'épicerie de luxe, le nombre de villes en France où la formule parisienne est reproductible est limité du fait de la clientèle potentielle.

2) La différenciation

Il s'agit cette fois-ci de rechercher des activités pour une part différente mais où l'entreprise pourra cependant utiliser une partie de ses compétences.

On représente le "métier" de l'entreprise par la figure 5.2.

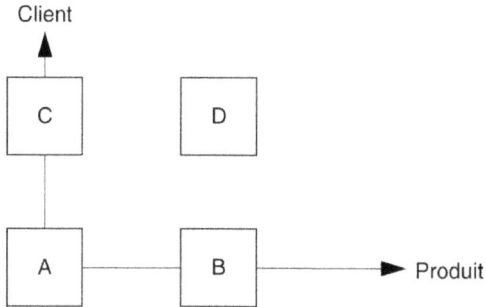

Figure 5.2. - **Le "métier" de l'entreprise dans la stratégie de différenciation.**

A   est le métier de l'entreprise qui sait répondre au besoin d'une clientèle pour un type de produits définis.

B et C   correspondent à des différenciations ayant respectivement les caractéristiques suivantes :

B   s'adresse à la même clientèle connue de l'entreprise mais lui propose un produit ou un service différent,

C   propose le même produit à une clientèle différente.

3) La diversification

Cette voie est la plus difficile et la plus risquée, puisqu'elle suppose que l'entreprise accepte de fournir un produit ou un service qu'elle ne connaît pas à une nouvelle clientèle.

Sur notre graphique, D correspond à une diversification pour la société.

◆ Compétences nécessaires

Au-delà des compétences nécessaires à toute stratégie de focalisation, l'entreprise doit être capable de fournir un produit ou un service qu'elle ne connaît pas ou de s'adresser à une nouvelle clientèle.

Chaque niche, surtout en cas de diversification ou de différenciation, correspond en fait à une entreprise, même s'il ne s'agit pas obligatoirement, pour autant, de structures juridiques distinctes.

Il faut donc que chaque "entreprise" soit dotée d'un patron et chacun sait qu'il s'agit là d'un profil rare, pas évident à recruter et à gérer dans la durée.

◆ Les risques de ces stratégies

On retrouve évidemment les risques déjà évoqués de la stratégie de niches.

Au-delà, il existe le risque de non réussite dans la multiplication. Ce risque, qui reste limité en cas de reproduction, croît au fur et à mesure que l'on s'écarte de la formule d'origine pour aller vers la différenciation puis la diversification.

L'autre risque tient aux hommes, c'est le départ du "patron" d'une des niches. Ce départ peut être dramatique si celui-ci emmène une partie du fonds de commerce, pour devenir concurrent de la société. Plus les activités sont personnalisées, moins elles nécessitent de fonds propres et plus ce risque est important.

54. Les stratégies de groupe

Celles-ci ne diffèrent en fait pas des stratégies décrites précédemment. Il est cependant intéressant de s'y arrêter un instant, car, selon les types de groupe, le niveau d'établissements des business-plans sera éventuellement différent.

Il y a groupe à partir du moment où une société en contrôle une seconde. Le groupe le plus simple se représente ainsi :

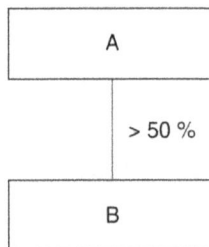

Il s'agit bien d'un groupe, à la fois au plan juridique et économique, puisque la société A détient plus de 50 % du capital de la société B. C'est donc A qui nomme les organes de direction de B et elle peut, de ce fait, lui imposer une stratégie.

174

Il existe évidemment des groupes infiniment plus complexes, puisque certains comportent plusieurs centaines de sociétés.

Les stratégies de groupe sont différentes selon qu'il s'agit d'un groupe intégré ou d'un groupe décentralisé.

Celles-ci sont au nombre de deux.

1) Les stratégies de groupes intégrés

On classe dans cette catégorie les groupes qui, bien qu'ils disposent de plusieurs sociétés, n'exercent en fait qu'un métier.

Le découpage juridique trouve alors son origine dans des motivations diverses mais non liées à des choix stratégiques.

Prenons l'exemple d'un groupe de petite dimension fabriquant des produits agro-alimentaires vendus au commerce traditionnel et à la grande distribution. L'on aura éventuellement alors de la figure 5.3.

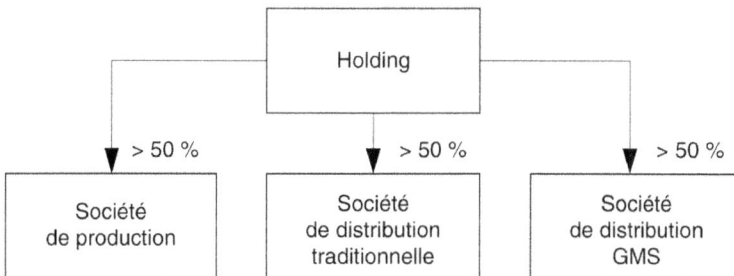

Figure 5.3. - **Structure d'un groupe intégré.**

Dans ce cas, on est économiquement en présence d'une "entreprise" unique, puisque les sociétés de distribution ne vendent que les produits de la société industrielle et que celle-ci ne travaille que pour les sociétés du groupe.

La stratégie ne peut alors être qu'unique, même si elle est différenciée par segment stratégique (traditionnel et GMS).

C'est globalement, et pour l'ensemble du groupe, que l'on devra choisir entre les différentes stratégies possibles. Il serait absurde que l'affaire industrielle développe une stratégie de domination par les coûts alors que les entreprises commerciales sont, elles, sur des stratégies de différenciation. Cette hétérogénéité stratégique ne serait envisageable que si la société de production avait une multiplicité de clients, parmi lesquels deux sociétés du groupe. Nous ne serions dans ce cas plus dans le même type de groupe.

2) Les stratégies de groupes décentralisés

Ce cas est complètement différent de celui évoqué précédemment, puisque l'on a affaire à des entreprises disposant d'une véritable autonomie économique et pouvant mettre en œuvre des stratégies différentes.

Un exemple de groupe de ce type correspond à la stratégie multi-niche évoquée précédemment (au paragraphe 43.1). Là encore, il est possible de représenter les choses de manière schématique (figure 5.4.).

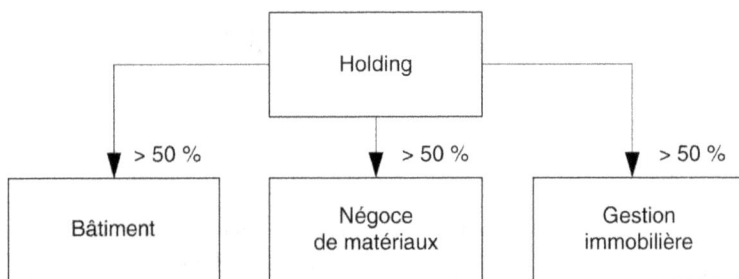

Figure 5.4. - **Structure d'un groupe diversifié.**

Bien qu'il existe dans ce cas une proximité évidente entre les activités, celles-ci ne sont pas, comme dans le cas précédent, totalement liées. Il est donc possible, et peut-être même souhaitable, de mettre en œuvre des stratégies différentes.

Dans de tels groupes, il existera en fait deux niveaux de stratégie.

● La stratégie de groupe

Celle-ci se définira au niveau de la holding et aura essentiellement pour but de sélectionner les activités qui doivent être :

- acquises,
- cédées,
- financées,
- développées.

L'approche est, à ce niveau, essentiellement financière et capitalistique.

● Les stratégies de sociétés

On retrouvera là les stratégies déjà examinées. Évidemment, les stratégies ne pourront être choisies par les dirigeants de filiales qu'avec l'accord du groupe qui contrôle leur capital.

176

La réalité étant toujours plus complexe, on rencontrera fréquemment des groupes ayant des branches d'activité composées elles-mêmes de plusieurs sociétés. Le schéma, encore simplifié, est du type représenté par la figure 5.5.

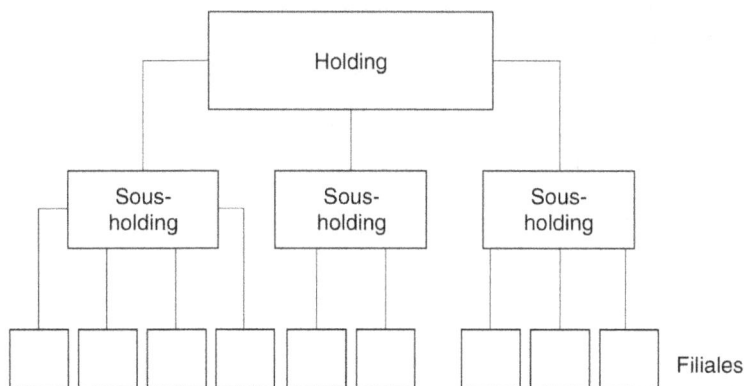

Figure 5.5. - **Les deux niveaux stratégiques dans le cas d'une holding avec filiales.**

Dans ce cas, on retrouve deux niveaux stratégiques :

- au niveau holding, la stratégie de choix des branches ou secteurs d'activité,
- au niveau des sous-holdings, les stratégies professionnelles applicables à l'ensemble des sociétés constituant le sous-groupe.

55. Opérer un choix stratégique

Les pages précédentes ont montré qu'il existait un certain nombre de stratégies envisageables. Ces stratégies étant connues, décrites et identifiées, il reste, et ce n'est pas le plus simple à choisir, l'une d'entre elles. Nous allons donc tenter d'indiquer comment opérer ce choix. Ces éléments de choix porteront sur l'aspect rationnel et quantifiable des choses. Au-delà de ces aspects, il est évident que les grands patrons disposent d'une part d'instinct, voire de chance, qui ne s'apprend pas dans les livres.

Voyons donc comment opérer ce choix. Reprenons pour ce faire les définitions du paragraphe 51 où l'on retrouve deux grands thèmes :

– Rechercher la rentabilité durable.

– Affecter les ressources rares : hommes, temps, argent.

Essayons de voir comment utiliser ces deux notions pour sélectionner une stratégie pour l'entreprise. La démarche est simple dans son principe puisqu'il s'agit :

- de partir de la situation actuelle,
- d'imaginer les scénarios correspondant aux différentes stratégies possibles,
- de définir les moyens nécessaires pour chaque scénario.

Le plus souvent, le choix s'imposera alors de lui-même car l'entreprise ne disposera des moyens que de mettre en œuvre une des stratégies envisagées.

Il est enfin nécessaire de s'interroger sur l'environnement de l'entreprise afin de valider la faisabilité de la stratégie *a priori* la plus réaliste.

Examinons plus en détail cette démarche.

55.1. La situation actuelle

Celle-ci se définit par les études présentées aux chapitres 4 et 5 et peut se résumer par :

- la position de l'entreprise sur ses différents produits ou marchés,
- la situation financière de l'affaire.

55.2. Les scénarios possibles

Il s'agit des stratégies étudiées au cours de ce chapitre. Il n'est pas toujours nécessaire d'étudier toutes les stratégies envisageables ou, du moins, de consacrer beaucoup de temps à l'étude de stratégies *a priori* inaccessibles.

Ainsi, une entreprise de taille modeste qui intervient sur un grand marché mondial et ne possède qu'une part faible de son marché national n'a probablement pas intérêt à passer beaucoup de temps sur l'examen de ce que pourrait être une stratégie de domination par les coûts.

Il existe en effet toutes les chances que cette stratégie lui soit à tout jamais inaccessible puisque :

- sa part de marché actuelle est faible,
- elle ne dispose pas, compte tenu de sa taille, des moyens :
  - de mener une politique agressive de conquête de parts de marché au niveau mondial,
  - de racheter des entreprises afin d'accéder à une position de leader par croissance externe.

Le choix ne serait pas forcément identique s'il s'agissait d'une grande entreprise ou d'une filiale d'un groupe important se trouvant, pour l'un de ses segments, dans la même position stratégique de départ. En effet, dans ce cas, l'entreprise ou le groupe dispose *a priori*, et s'il décide de les affecter à cette activité, des moyens d'augmenter rapidement sa part de marché par l'une des deux techniques envisagées ci-dessus.

Parmi les scénarios envisageables, il en est un qui ne correspond pas aux stratégies déjà évoquées, c'est celui du désengagement.

Il peut s'appliquer soit à l'ensemble d'une entreprise, soit à un ou des secteurs d'activité ; le désengagement se justifie en particulier :

– lorsqu'une entreprise intervient sur un trop grand nombre d'activités et n'a, de ce fait, les moyens d'être puissante sur aucun d'eux. La stratégie consiste alors à abandonner, si cela est possible, en les vendant, certaines activités afin de se concentrer sur les autres. Si ce recentrage peut se faire par cession, il est évidemment encore plus favorable puisqu'il dégage alors du cash qui servira à développer les activités conservées,

– lorsqu'une entreprise ne peut envisager de manière crédible aucune des stratégies car :

  • sa taille est telle qu'être le leader ou même s'en approcher lui semble totalement impossible ;

  • son produit ou sa formule ne lui permet pas de se différencier. Ou bien le marché n'est pas intéressé par une différenciation ou celui-ci n'est pas prêt à la payer. La lutte ne se fait dans ce cas que sur le prix ;

  • il n'existe pas de niches ou celles-ci sont de taille si faible qu'elles supposeraient une réduction dramatique de la taille et donc des effectifs de l'entreprise ;

– lorsqu'enfin les actionnaires n'ont soit pas le goût, soit pas la possibilité de donner à l'affaire les moyens, en particulier financiers, de mettre en œuvre la stratégie envisageable.

55.3. Définir les moyens nécessaires et décider

Les scénarios *a priori* envisageables étant définis, il faut examiner si l'entreprise dispose ou peut disposer des ressources rares nécessaires à leur mise en œuvre. On se posera donc trois questions portant sur les trois ressources rares déjà énumérées.

◇ *Les hommes*

L'entreprise dispose-t-elle ou peut-elle embaucher et former les hommes nécessaires à la mise en œuvre de la stratégie ? L'examen doit être ici non seulement quantitatif mais aussi, et prioritairement, qualitatif.

Le responsable de service très compétent d'une entreprise fortement structurée et hiérarchisée ne se transforme pas forcément en patron opérationnel d'une petite cellule autonome destinée à occuper une niche.

◇ *Le temps*

Le monde bouge, les produits évoluent, les marchés se modifient rapidement. Une stratégie qui ne pourrait réussir que sur une très longue période et dans un environnement inchangé est donc pour le moins risquée. Les financiers ont bien compris ce phénomène, c'est ce qui les amène à rechercher des retours sur des investissements de plus en plus rapides.

◇ *L'argent*

C'est probablement la moins rare des ressources rares. Toutefois, comme chacun le sait, "l'argent va à l'argent" ou, selon un autre dicton, "on ne prête qu'aux riches". Si ces proverbes ne se vérifient pas totalement, ils ont cependant un fond de vérité. Il est très difficile d'envisager la mise en œuvre d'une stratégie nécessitant des investissements massifs pour une entreprise ayant des moyens financiers limités.

Cette dernière étape permet normalement d'opérer un choix en fonction des moyens disponibles. Trois possibilités peuvent se présenter :

– Une seule stratégie est envisageable car compatible avec les ressources de l'entreprise. Il ne reste plus, si l'on peut dire, qu'à la mettre en œuvre.

– Deux ou plusieurs stratégies sont possibles. Il faudra alors s'en remettre à l'instinct du dirigeant ou de l'équipe de direction. L'essentiel est alors d'opérer un choix et de le mettre en œuvre. Tous les stratèges sont en effet d'accord pour affirmer que, s'il n'existe pas de stratégie qui soit toujours gagnante, le mélange des genres est lui une garantie d'échec.

– Il n'y a pas de stratégie réalisable. Il faut en tirer les conséquences et abandonner le marché dans les meilleures conditions possibles, c'est-à-dire en tentant de vendre, si possible cher, l'activité concernée à une société qui pourra ainsi réaliser sa propre stratégie.

56. Les autres contraintes stratégiques

La démarche d'étude de la position stratégique de l'entreprise sur ses marchés, puis de choix est logique. Elle présente toutefois l'inconvénient d'oublier certains facteurs liés à la taille ou à l'actionnariat des entreprises. Il semble donc important, avant d'orienter définitivement l'entreprise vers une stratégie, de se poser trois questions supplémentaires concernant les autres intervenants du marché, la puissance financière et la position de l'actionnariat.

56.1. Les autres intervenants du marché

Une entreprise qui est ou pénètre sur un marché doit toujours s'interroger sur la concurrence. Cette interrogation doit porter évidemment sur la concurrence à l'intérieur du marché lui-même mais également intégrer une vision plus large.

Tel est le cas d'un marché industriel tenu par quelques compétiteurs s'entendant bien. Une nouvelle entreprise, même si elle dispose d'atouts stratégiques importants, peut-elle entrer sur ce marché et y développer une stratégie de domination ? La réponse n'est pas évidente mais ne pas se poser la question serait une erreur.

56.2. La puissance financière

Imaginons, pour illustrer ce point, un marché tenu par trois entreprises de taille quasi identique et se répartissant presque équitablement le marché (A, B et C).

	Chiffre d'affaires	Fonds propres
A	500 M€	125 M€
B	440 M€	140 M€
C	390 M€	95 M€

On est *a priori* en position d'oligopole et la société A, si l'on s'intéresse à celle-ci, n'a pas de motif d'inquiétude particulier.

Si l'on sait maintenant que B et C sont filiales de grands groupes alors que A est une affaire indépendante, il est intéressant de comparer les poids relatifs globaux des groupes et l'on obtient :

	Chiffre d'affaires	Fonds propres
A	500 M€	125 M€
B	50 000 M€	4 000 M€
C	70 000 M€	3 500 M€

Là apparaît une véritable interrogation. Bien que l'entreprise soit saine, bien positionnée sur son marché, peut-elle survivre face à ses concurrents ? Les deux groupes concurrents disposent, eux, de moyens financiers disproportionnés et peuvent donc, s'ils le décident, entretenir une guerre des prix longue et coûteuse, ce que ne peut évidemment pas envisager la société A. Là encore, nous ne donnerons pas de réponse type ; à chacun de choisir en fonction des risques qu'il considère comme raisonnablement admissibles.

56.3. La position de l'actionnariat

Une entreprise est, dans notre système, la propriété des actionnaires qui en détiennent le capital. Il serait donc illusoire de bâtir la stratégie sans prendre en compte la position des propriétaires du capital. Les motivations des actionnaires peuvent se résumer, si l'on raisonne en termes financiers à :

- obtenir un revenu (dividendes),
- réaliser une plus-value (augmentation de la valeur de l'action).

Ces deux objectifs sont normalement cohérents avec une stratégie qui a pour but la recherche d'une position "durablement rentable". Il peut cependant exister chez les actionnaires d'autres motivations parmi lesquelles le désir de conserver le pouvoir dans l'entreprise.

Il faut donc, avant d'adopter définitivement une stratégie, s'assurer qu'elle demeure compatible avec les souhaits des actionnaires ou, pour le moins, de la majorité d'entre eux.

À quoi servirait par exemple d'opter pour une stratégie de croissance forte nécessitant une large ouverture du capital, si les actionnaires étaient opposés à toute dilution de leur participation ?

Prévoir une croissance auto-financée n'a de sens qu'autant que les actionnaires accepteront de limiter, voire d'abandonner, pour une période donnée, les distributions de dividendes.

Ce conflit existe même dans le cas où le dirigeant est également proprié-taire de l'entreprise. Il a en effet, dans ce cas, l'obligation d'arbitrer entre :

- la gestion de son patrimoine qui l'inciterait à rendre liquide une partie du capital que représente la société,
- la volonté en général très marquée de conserver la majorité qui garantit son pouvoir,
- le souhait de voir l'entreprise qu'il dirige prospérer et se dévelop-per.

Il lui faudra donc, à un moment donné, arbitrer entre ces différentes pré-occupations. Cet arbitrage aura selon toute vraisemblance un effet sur la stratégie retenue.

Quantifier les moyens à mettre en œuvre

L e chapitre précédent a tenté de définir les méthodes à retenir pour définir une stratégie claire. L'étape suivante va consister à procéder au chiffrage du business-plan. Pour ce faire, il est indispensable de commencer par quantifier les moyens à mettre en œuvre. En effet, le chiffrage va consister à élaborer des informations financières qui correspondent à la multiplication de quantités physiques par des prix unitaires. Ainsi, par exemple, les coûts d'achat prévus pour une matière première donnée et pour une période définie seront égaux à :

$$\text{Dépense} = Tp \times Pp$$

– Tp   :   Tonnage d'achat prévu

– Pp   :   Prix d'achat prévu

C'est la phase de quantification que nous examinerons dans ce chapitre, nous réservant d'examiner la valorisation au cours du chapitre suivant. Pour ce faire, nous tenterons dans un premier temps de définir une démarche générale applicable à l'ensemble des moyens que la société devra mettre en œuvre, puis nous décrirons l'application de cette démarche à trois points particuliers que sont :

- les hommes,

- les investissements internes,

- la croissance externe.

61. La démarche

Chacun sait qu'il existe en matière de prévisions deux démarches que l'on caractérise le plus souvent par le secteur qui les privilégie.

◇ La démarche dite administrative

Celle-ci consiste à bâtir des prévisions en prenant comme base le passé. La prévision est obtenue en reconduisant à l'identique ce qui a été précédemment réalisé et en lui adjoignant les prévisions de nouveaux besoins.

Cette présentation de la démarche est évidemment caricaturale. On sait cependant qu'elle a depuis longtemps été à la base de la construction du budget de l'État en France.

◇ La démarche dite entrepreneuriale

Dans ce cas, on s'interroge sur le bien-fondé des dépenses précédemment réalisées afin d'examiner si des résultats identiques, voire meilleurs, ne pourraient pas être obtenus en limitant ou en modifiant les moyens mis en œuvre. Là encore, il serait faux de prétendre que toutes les entreprises privées utilisent véritablement cette technique.

Ainsi constate-t-on, dans de nombreuses entreprises privées, que la pertinence d'un certain nombre de dépenses ou de façons de faire n'est remise en cause que sous la contrainte des événements. Ce n'est souvent que parce qu'une entreprise traverse des difficultés qu'elle va réviser son train de vie et constater que des économies parfois substantielles sont réalisables.

La démarche préconisée pour bâtir un business-plan est évidemment la seconde.

Cette démarche est souvent plus facile d'ailleurs à appliquer en matière de business-plan qu'en matière budgétaire. En effet, si l'on raisonne sur une période relativement longue, ce qui est le cas pour un business-plan, il est alors possible d'envisager des modifications profondes des modes opératoires et des habitudes de l'entreprise. *A contrario*, au niveau du budget annuel, de nombreux paramètres sont en fait déjà figés et ne peuvent donc faire l'objet de révision fondamentale. Si donc l'on ne travaille que par budgets successifs, on risque fort de considérer certains paramètres comme bloqués alors qu'en longue période ils sont flexibles. Chacun sait que les frais fixes ne le sont en réalité que jusqu'au jour où l'on prend la décision de les faire varier.

Pour illustrer ce principe, prenons l'exemple d'une des dépenses souvent considérées comme fixes, voire même comme échappant totalement à toute possibilité d'action de l'entreprise : la taxe professionnelle.

Cette taxe dépend en effet, et en simplifiant :

- des investissements de l'entreprise,
- du niveau des effectifs,
- de la commune où la société est implantée.

Sur le court terme (1 an), l'entreprise ne peut que subir cette taxation car elle ne peut, au seul motif fiscal :

- réduire ses investissements,
- procéder à des licenciements,
- déménager.

Si au contraire on raisonne à cinq ans dans le cadre du business-plan, il est possible d'envisager un certain nombre de mesures telles que :

- réaliser le développement sur un site fiscalement moins coûteux,
- louer certains actifs plutôt que d'en être propriétaire,
- rééquilibrer les effectifs entre des sites multiples,
- voire dans des cas extrêmes, envisager le déménagement de l'entre-prise.

Il est probable qu'aucune des mesures ci-dessus ne sera prise en fonction du seul objectif fiscal. Toutefois, la considération fiscale peut peser sur certaines des orientations de l'entreprise.

La démarche proposée, on s'interrogera sur chacun des moyens mis en œuvre par l'entreprise en respectant la check-list suivante :

- Ce moyen existe-t-il ?
- Ce moyen est-il nécessaire ?
- Existe-t-il des moyens de remplacement ?
- Comment évolue le besoin en fonction de l'activité prévue ?

Si l'on tente de concrétiser cette liste de questions sous une forme schématique, on obtient la figure 6.1, pour ce qui est du cas d'un investissement à réaliser.

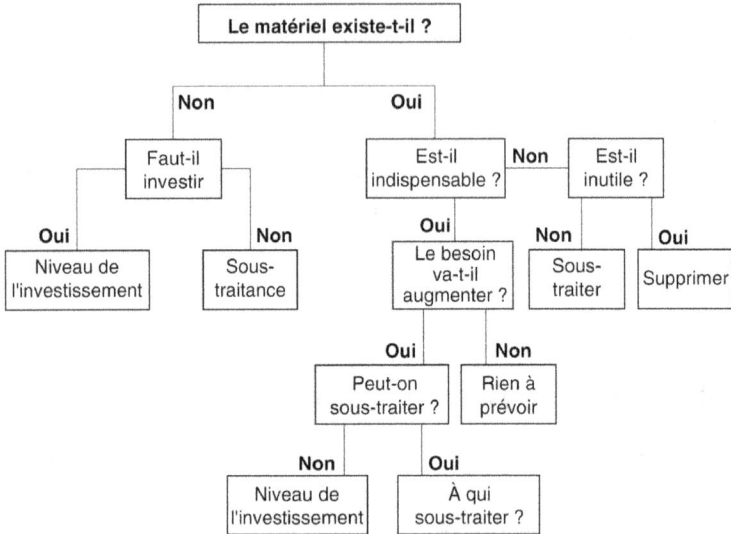

Figure 6.1. - **Schéma d'une technique de décision d'investissement.**

Le schéma peut évidemment être compliqué à loisir en fonction de l'importance et de la difficulté du problème à traiter.

L'intérêt de cette démarche peut se résumer par quelques principes simples :

- ce qui se fait actuellement n'est pas forcément idéal,
- aucune donnée actuelle ne doit être considérée *a priori* comme intangible,
- il existe presque toujours plusieurs façons de faire ou plusieurs modes opératoires,
- demain ne sera pas la reproduction d'hier.

Faute de respecter ces quelques règles, l'on risque fort de réaliser des prévisions d'où sera absente toute innovation. De telles prévisions peuvent se révéler dangereuses pour une entreprise évoluant dans un monde en bouleversement constant.

62. Les hommes

Si nous mettons ce point en exergue c'est que, comme chacun le sait, ce sont les hommes qui sont la clé de la réussite des entreprises. C'est également qu'il s'agit d'un des domaines où la prévision est à la fois la plus malaisée et la plus aléatoire. Il n'est évidemment pas question, au niveau d'une démarche aussi globale que celle du business-plan, de raisonner individu par individu. Il convient cependant de s'interroger sur l'évolution de toutes les catégories présentes dans la société.

On procédera à une approche relativement globale dont le but est de :
- définir les effectifs nécessaires à chacune des périodes examinées,
- quantifier les mouvements décidés ou subis par l'entreprise afin de lui permettre de disposer des effectifs définis,
- prévoir les actions à engager pour organiser ces mouvements :
  - embauches,
  - licenciements ou autres mesures sociales,
  - reconversions.

La démarche proposée est la suivante.

62.1. Définir la situation actuelle

On partira de l'organigramme de la société à la date d'établissement du business-plan. Cet organigramme se présente dans la plupart des cas tel que représenté par la figure 6.2.

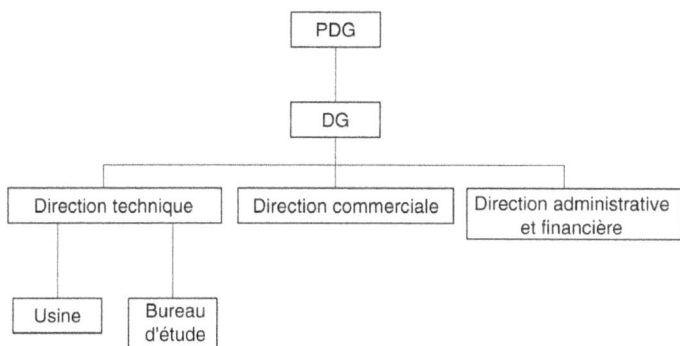

Figure 6.2. - **Modèle le plus courant d'un organigramme de société.**

Il ne s'agit évidemment ici que d'une représentation à la fois schématique et incomplète.

Si un tel organigramme n'existe pas, il faudra l'établir en partant de la réalité des fonctions exercées dans l'entreprise. Si un organigramme existe, il conviendra de s'assurer qu'il correspond à la réalité. Cette représentation schématique devra être complétée par un tableau des effectifs du type de celui représenté page suivante.

189

Fonction	Effectifs (année n)	Salaires annuels
Direction générale	2	1 400 000 €
Direction technique	1	500 000 €
Encadrement usine	4	600 000 €
Ouvriers	40	3 742 000 €
Entretien	3	347 000 €

Ce tableau sera facilement établi en partant des dernières rémunérations connues et en n'omettant pas d'y inclure les personnels temporaires si la société en emploie. Il faudra dans ce cas préciser pendant quelle durée au cours de l'année ceux-ci sont employés par la société.

62.2. Prévoir la situation à terme

Plutôt que de progresser année par année, il est souvent plus simple :

- d'établir la composition prospective des effectifs à l'issue de la période couverte par le business-plan,
- d'en déduire la situation à la fin de chacune des années examinées.

Le travail à réaliser consistera donc à établir les deux documents présentés au paragraphe 62.1 ci-dessus, mais cette fois-ci de manière prévisionnelle. Dans notre exemple, nous aurons la figure 6.3.

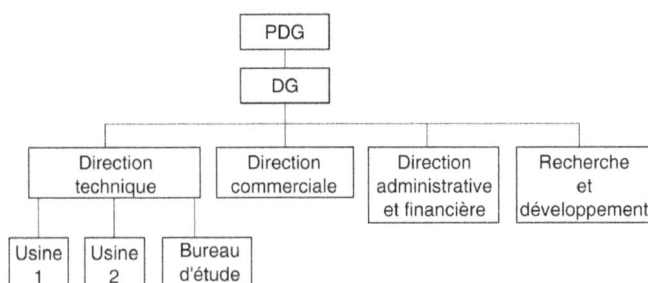

Figure 6.3. - **Organigramme prévisionnel d'une société.**

On constate ici l'apparition de nouvelles fonctions et, en particulier l'ouverture d'une seconde usine. Il en sera de même au niveau du tableau des effectifs que nous avons reproduit partiellement ci-après :

Fonction		Effectif (année n)
Direction générale		2
Direction technique		1
Encadrement	usine 1	4
Ouvriers	usine 1	40
Entretien	usine 1	3
Encadrement	usine 2	3
Ouvriers	usine 2	32
Entretien	usine 2	2

Ce travail étant réalisé, il ne reste plus qu'à cadencer dans le temps l'évolution constatée.

62.3. Le cadencement des évolutions

La comparaison des tableaux des effectifs de début et de fin de période permet de constater l'évolution globale. Il suffit ensuite de répartir cette évolution par année en respectant quelques règles d'évidence.

- Toutes les embauches ou les réductions d'effectif ne se réalisent pas au premier jour des exercices. Il faudra donc tenir compte des dates d'embauche ou de départs prévisibles. En cas de flux régulier, on considérera souvent, et par mesure de simplification, que les mouvements se font en moyenne à mi-année. Ce choix facilitera grandement les calculs.

- Le personnel embauché n'est pas immédiatement opérationnel. Il faut donc tenir compte des délais de formation indispensable. Dans l'exemple présenté, on crée une nouvelle unité devant être opérationnelle le 30 juin d'une année donnée. il faudra probablement programmer les embauches sur les trois mois qui précèdent cette date, du moins pour le personnel de production. Pour l'encadrement, les délais peuvent se révéler plus importants.

Si nous gardons le cas de cette nouvelle unité, le travail à réaliser sera concrétisé par un certain nombre de documents se présentant ainsi :

Fonction	Année n Effectif	n+1 Effectif	n+1 mois/ homme	n+2 Effectif	n+2 mois/ homme	n+3 Effectif	n+3 mois/ homme
Encadrement	0	1	6	3	18	3	36
Ouvriers	0	0	-	32	288	32	396
Entretien	0	1	6	2	21	2	24

Tableau 6.4. - **Tableau des effectifs.**

191

L'adjonction de la colonne mois/homme permet de tenir compte des dates d'embauche prévues. Ainsi, au cours de l'année n+1 qui correspond à la construction de l'unité, a-t-on déjà recruté à mi-année des membres de l'encadrement ainsi qu'un des ouvriers d'entretien. Au cours de l'année de démarrage, les personnels productifs sont présents neuf mois en moyenne, soit trois mois de plus que la période en fonctionnement de l'unité de production dont le démarrage est, rappelons-le, fixé dans le business-plan au 30 juin.

On aurait pu prévoir un démarrage plus progressif et en tirer les conséquences au niveau des effectifs.

Ce type de tableau, présenté ici dans une hypothèse favorable de croissance des effectifs, peut également être utilisé dans le cas d'un plan social.

Il découlera de ce premier tableau un second destiné à mettre en évidence les mouvements prévus puis, ultérieurement, à en chiffrer les coûts. Il se présentera dans notre exemple comme indiqué dans le tableau 6.5.

Fonction	n+1			n+2			n+3		
	Embauche	Départ	Licenciement	Embauche	Départ	Licenciement	Embauche	Départ	Licenciement
Encadrement	1	0	0	3	1	0	0	0	-
Ouvriers	0	0	0	40	4	4	4	2	2
Entretien	1	0	0	2	1	0	0	0	0

Tableau 6.5. - **Tableau prévisionnel des effectifs.**

Ce tableau intègre le turn-over de l'entreprise, que celui-ci provienne de départs volontaires ou non. Il est important d'aller jusqu'à ce niveau de prévision puisque :
- chaque recrutement comportera un coût pour l'entreprise ;
- les nouveaux embauchés ne seront pas immédiatement opérationnels. De ce fait, à certaine période, l'effectif réel peut dépasser l'effectif théorique nécessaire à l'activité ;
- les licenciements ont également un coût qu'il convient de ne pas négliger. Ce point est particulièrement important si le business-plan intègre un plan social.

Notons enfin qu'une prévision d'effectif serait irréaliste si elle n'intégrait pas un certain taux d'absentéisme. Celui-ci doit donc être programmé. Il dépend évidemment :
- des fonctions concernées,
- des métiers,
- de la localisation géographique,
- du climat social de l'entreprise,
- etc.

62.4. L'évolution des compétences

L'approche précédente présente l'inconvénient de ne prendre en considération que l'aspect quantitatif du problème des effectifs.

Au-delà de cette première approche, il est indispensable de s'interroger sur l'évolution nécessaire des effectifs en fonction des nouveaux besoins de la société.

Cette évolution nécessaire devra être prise en considération. Il faudra tenir compte :

- des nécessités de départ et d'embauche liées à l'incapacité ou de l'absence de désir de certains salariés à évoluer dans leurs fonctions ou dans la manière de les exercer ;
- du coût des mutations de compétences qui devront avoir lieu. Ce coût devra inclure :
  - les dépenses à envisager au niveau de la participation à des formations extérieures ou de l'organisation de formation dans l'entreprise,
  - le temps consacré par les salariés à ces formations dans ou hors de l'entreprise. Celle-ci continuera évidemment durant cette période à les rémunérer,
- du sur-effectif nécessaire pour assurer les fonctions durant l'absence des personnes en formation et d'éventuels doublons pendant la période de prise de connaissance pratique de leurs nouvelles fonctions par les personnes concernées.

Toute entreprise évolue en permanence et les évolutions des salariés sont donc elles aussi permanentes. Leur coût est le plus souvent masqué. Si tel est le cas, il n'est souvent pas nécessaire d'entrer dans un grand détail au niveau de ces éléments, qui seront alors inclus dans les coûts de fonctionnement classiques de la société.

Si par contre le business-plan correspond à une mutation de l'entreprise, le problème doit alors être étudié et chiffré en détail.

63. Les investissements

Il faudrait en fait parler d'investissements et de désinvestissements, puisque les deux cas peuvent se présenter. Nous étudierons donc tout d'abord le problème de l'investissement corporel et incorporel puis celui des cessions. Comme chacun le sait, il existe deux types d'investissement que peuvent envisager ou que doivent réaliser les entreprises :

- les investissements corporels,
- les investissements incorporels.

La comptabilité recense un troisième type d'immobilisation qu'elle qualifie de "financière". Nous ignorerons volontairement cette troisième catégorie qui sera évoquée par la suite, lorsque sera abordé en détail le problème de la croissance externe.

Avant d'étudier les problèmes spécifiques de prévision que pose chacune des deux catégories, une double constatation s'impose :

- Les immobilisations corporelles sont dans la plupart des cas :
  - choisies,
  - prévues,
  - organisées,
  - financées,
  - suivies.

  Elles font l'objet de procédures précises et définies.
- Les immobilisations incorporelles, sauf si elles constituent le cœur du métier comme dans le cas des sociétés d'informatique, ne bénéficient en général pas d'un suivi aussi rigoureux.

Cette constatation est d'autant plus importante que la tendance est de nos jours à investir de plus en plus dans l'immatériel. Même les sociétés industrielles dépensent de plus en plus d'argent pour ce type d'investissement qu'il s'agisse :

- de l'étude, de la conception de nouveaux produits ;
- de la mise au point d'outils d'assistance à la conception ou à la production. Par exemple, les systèmes de CAO (conception assistée par ordinateur) ;
- du lancement commercial des nouveaux produits.

Nous examinerons donc tout particulièrement comment intégrer dans le business-plan la prévision des besoins de l'entreprise au niveau de ses immobilisations immatérielles. Il est cependant, auparavant, indispensable de rappeler quelques principes au niveau des actifs corporels.

63.1. Les investissements corporels

Ceux-ci sont essentiellement composés :

- des terrains,
- des constructions,
- du matériel ou des installations de production,
- d'autres investissements de moindre valeur tels que :
  - le matériel de transport,
  - le matériel de bureau,
  - divers autres investissements.

Notons que dans certains métiers ces investissements peuvent être essentiels. Tel sera par exemple le cas du matériel roulant dans une affaire de transport, qu'il s'agisse du transport de marchandises ou de personnes.

L'investissement à envisager peut correspondre :

- à l'achat ou à la création d'un nouvel investissement. Celui-ci permettra alors à l'entreprise de disposer de moyens nouveaux ;

- à la remise en état d'immobilisations déjà existantes. Cet investissement n'aura alors pour effet que de maintenir en état l'outil de l'entreprise.

Cet investissement peut être réalisé :

- en achetant à l'extérieur soit un matériel existant sur le marché, soit un bien élaboré spécifiquement pour les besoins de la société. Construction ou extension d'un immeuble, installation complexe et spécifique, etc ;

- en fabriquant elle-même l'investissement nécessaire.

Cette réflexion sur les investissements se concrétisera par un tableau annuel qui pourrait se présenter de la manière suivante :

Nature	Investissements externes	Investissements internes	Durée d'amortissement	Mode d'amortissement
Terrain	100 000			
Bâtiment neuf	3 200 000	300 000	20 ans	Linéaire
Remise en état		200 000	10 ans	Linéaire
Total				

L'établissement de ce tableau pose un certain nombre de problèmes, au niveau de sa conception mais également à celui de son contenu. Énumérons ces problèmes afin de voir comment leur apporter une solution.

◇ Utilisation du tableau

Dans la pratique, on travaillera généralement non pas par rubrique comptable, approche trop globale, mais par investissement ou ensemble d'investissement.

Les colonnes durées et mode d'amortissement n'ont pas d'utilité directe à ce niveau. Elles seront cependant indispensables ultérieurement pour calculer les amortissements à prévoir pour chacune des années.

Ce choix des durées et mode d'amortissement pose un problème car deux approches sont envisageables.

– Une approche économique qui amènerait à s'interroger sur la durée réelle d'utilisation probable de l'immobilisation concernée. La dépréciation annuelle serait calculée en pratiquant un amortissement linéaire, qui correspond en général le mieux à la perte de valeur économique du bien. Cette démarche correspond à la recherche d'une valeur d'utilisation et non d'une valeur vénale.

– Une approche fiscale qui amène, de manière générale, à rechercher l'amortissement le plus rapide possible et à bénéficier, chaque fois que possible, d'un mode d'amortissement accéléré. En France, c'est souvent l'amortissement dégressif qui sera alors utilisé.

Si l'approche économique est intéressante, elle présente l'inconvénient d'aboutir à des valeurs qui ne sont comparables ni avec les pratiques passées ni, ce qui est plus grave, avec les résultats "réels" qui apparaîtront en comptabilité dans les années à venir.

La comparaison entre les résultats prévus par le business-plan et les réalisations constitue une des clés du système. C'est pour cette raison que l'on retiendra en général des systèmes et modes d'amortissement correspondant à ce qui devrait probablement être enregistré par la comptabilité de la société.

Cette démarche privilégie la comparabilité entre résultats prévus et résultats réalisés, ce qui évitera par la suite de nombreuses explications, en particulier vis-à-vis des interlocuteurs externes de l'entreprise (banquiers, financiers, etc.).

◇ Contenu du tableau

La définition de ce contenu suppose d'examiner plusieurs points :

● Définition de l'investissement

De nombreux problèmes se posent à ce niveau, citons les principaux.

– *Le seuil d'investissement* : à partir de quel montant considérera-t-on qu'il y a investissement et, à l'inverse, quel montant sera assimilé à des dépenses d'exploitation ?

– *La nature de l'investissement* : ce problème se pose en particulier pour le gros entretien. Celui-ci peut concerner, selon les cas, et les métiers des bâtiments ou du matériel. On peut s'interroger longuement pour définir si le remplacement du moteur d'un camion constitue ou non un investissement.

– *Les pratiques comptables* : lorsqu'une société produit elle-même une partie de ses immobilisations, on sait bien qu'il peut exister à ce niveau des politiques fort différentes. Le choix à réaliser porte à la fois sur le fait d'immobiliser ou non et sur l'estimation du montant à immobiliser, en fonction du niveau des frais indirects, que l'on intégrera au prix de revient.

– *Les frais liés à l'investissement* : pour qu'une machine achetée un certain prix, connu et définissable, fonctionne effectivement, il est de plus indispensable de dépenser certaines sommes pour :

- installer le matériel en question,
- relier le matériel aux différents réseaux de fluides de l'entreprise (électricité, gaz, air comprimé, etc.),
- faire tourner le nouveau matériel dans des conditions optimum. Il sera fréquemment nécessaire de prévoir une période de "rodage" pendant laquelle le matériel produira peu ou mal. Pendant cette période, ce nouveau matériel consommera cependant le temps du personnel, de l'énergie et des matières premières,
- etc.

Il faudra définir clairement ce que l'entreprise doit considérer comme un investissement ou comme une dépense de fonctionnement courante de la société.

Là encore, la règle la plus efficace consiste à retenir comme définition de l'investissement celle qui sera utilisée par la société dans l'avenir. Ce choix permet d'assurer la comparabilité entre les résultats prévus et ceux qui seront annoncés dans l'avenir par la comptabilité.

Quelle que soit la définition retenue, il est essentiel de s'assurer qu'il n'y aura ni double emploi ni omission. L'entreprise qui a pour politique de n'immobiliser que le strict nécessaire pour éviter tout problème fiscal et qui décide d'aligner la prévision sur cette politique devra en tenir compte au niveau des charges d'entretien. Si tel n'était pas le cas, les prévisions seraient alors anormalement optimistes, puisque certaines dépenses prévisibles ne figureraient ni en immobilisations ni en charges d'exploitation.

Il faut enfin noter que si l'on retient pour l'élaboration du business-plan des règles différentes de celles antérieurement pratiquées, cela aura pour effet de fausser les résultats futurs. Ainsi, si la société prévoit de passer en charge des dépenses qu'elle immobilisait préalablement, les résultats prévus devront intégrer à la fois :

- les amortissements restant à courir sur les dépenses immobilisées au cours des années passées,
- les dépenses désormais assimilées à des charges d'exploitation qui seront engagées dans les années couvertes par la prévision.

Il y a donc double emploi et de ce fait diminution injustifiée des résultats présentés.

● Cadencement de l'investissement

Si des investissements sont réalisés sur plusieurs exercices, il faudra évidemment prévoir leur date de mise en service. C'est le montant total investi qui figurera dans le tableau de l'année de mise en service. Il faudra en annexe de ce tableau prévoir le cadencement annuel des dépenses. Cette information sera indispensable pour estimer les besoins de financement de l'affaire.

● Mode d'acquisition des investissements

La définition des besoins d'investissement de l'entreprise amène à s'interroger sur deux notions distinctes :

- la nécessité pour l'entreprise de disposer de moyens de production au sens large du terme,
- les moyens de disposer de ces moyens de production.

Nous n'étudierons pas ici le troisième problème qui consiste à savoir comment financer l'investissement.

Pour une entreprise, il est possible de disposer de moyens de production en recourant à trois techniques :

– *Acheter l'immobilisation.* Nous assimilerons à l'acquisition la conclusion d'un contrat de crédit-bail qui ne constitue qu'une modalité de financement particulière. Dans le cas d'un tel contrat, l'entreprise acquiert la propriété de biens mais, à terme, lorsqu'elle a payé l'ensemble des annuités et versé le prix de rachat contractuellement prévu.

– *Louer l'immobilisation.* Dans ce cas, la société dispose également du bien mais elle n'en devient pas propriétaire. Elle versera des loyers, du moins tant qu'elle aura l'usage du bien considéré. Si le bien concerné prend de la valeur, ce qui peut être par exemple le cas pour un immeuble bien situé, la plus-value échappe au locataire. Cette prise de valeur aura pour effet de générer une augmentation des loyers. On constate que cette solution présente selon les cas des avantages mais également des inconvénients. Notons enfin que tous les biens ne peuvent pas forcément être loués. Il est difficile, voire impossible, de louer des actifs spécifiques que, du fait de leur particularisme, le propriétaire ne pourrait relouer si son locataire dénonçait son contrat ou devenait insolvable.

– *Sous-traiter.* Cette technique permet de rejeter vers le sous-traitant la charge de l'investissement. Comme "toute peine mérite salaire", le prix de sous-traitance inclura normalement, en dehors des coûts de production, l'amortissement des biens utilisés ainsi qu'un profit raisonnable. Cette formule est souvent très attrayante, s'il existe des capacités de production disponible sur le marché. On peut dans ce cas espérer bénéficier de tarifs de sous-traitance particulièrement attractifs.

Les deux dernières techniques énumérées sont particulièrement intéressantes puisqu'elles permettent d'échapper aux contraintes de financement classique. La contrepartie naturelle réside dans une diminution de la rentabilité puisque le loueur ou le sous-traitant doit évidemment inclure dans le coût de leur prestation une marge qui échappe de ce fait à l'entreprise.

Il faut enfin savoir que les actifs d'une entreprise sont le "gage" des créanciers. L'absence d'immobilisation risque donc de fragiliser l'entreprise, tout particulièrement dans sa relation avec son banquier mais également vis-à-vis de ses fournisseurs.

63.2. Les investissements incorporels

Une distinction importante consistera tout d'abord à isoler deux types d'investissements, non pas en fonction de leur nature mais de la manière dont l'entreprise entend ou peut se les procurer :

- les immobilisations acquises en l'état,
- les immobilisations créées ou développées par la société.

À titre d'exemple, une société exploitant des fonds de commerce de détail peut les acquérir si l'emplacement de la clientèle existe déjà. Elle peut également procéder à la création de nouveaux points de vente dans des centres commerciaux lors de leur ouverture. Le résultat sera à terme identique, du moins si l'ouverture des nouveaux emplacements est un succès. Par contre, les dépenses à envisager sont différentes. Dans le premier cas, il faudra racheter le fonds existant à son actuel propriétaire. En échange, le démarrage devrait être immédiat puisque l'exploitation existe et qu'il suffit de la poursuivre, voire de l'améliorer. Dans le second cas, il faudra procéder à une ouverture qui entraînera des frais :

- publicité de lancement,
- aménagement des locaux,
- loyers à payer entre la prise du bail et l'ouverture effective du point de vente,
- perte de démarrage à subir tant que le point de vente n'aura pas trouvé son équilibre d'exploitation,
- etc.

Nous ne traiterons ici que le second cas, c'est-à-dire celui des immobilisations incorporelles créées. En effet, le premier cas sera traité à l'identique des immobilisations corporelles, en retenant les principes exposés au paragraphe 63.1 ci-avant.

Pour examiner ce problème, nous nous interrogerons tout d'abord sur la manière dont la comptabilité traite classiquement ces investissements. Ce n'est qu'ensuite que nous définirons le traitement à envisager au niveau du business-plan.

632.1. Le traitement comptable

Les principes comptables généralement admis en France laissent le choix pour les dépenses correspondant à la création d'actifs incorporels entre :

- passer directement les sommes considérées en charge. On réduit alors d'autant le résultat de l'entreprise. Cette méthode est la plus généralement retenue par les sociétés ;

- étaler les charges correspondantes sur plusieurs exercices en immobilisant les dépenses supportées puis en les amortissant sur une période de 2 à 5 ans.

Quelle que soit la formule retenue, elle a pour effet de créer une différence de traitement entre les éléments incorporels. Ceux acquis resteront inscrits à l'actif du bilan de la société pour leur valeur d'acquisition [1], ceux créés par l'entreprise seront immédiatement ou à terme imputés sur les résultats de la société et disparaîtront de ce fait de l'actif de la société.

Le propos de cet ouvrage n'est pas de réformer la doctrine comptable, aussi nous contenterons-nous de noter ce fait afin d'en tirer les conclusions nécessaires au niveau de l'élaboration du business-plan.

632.2. Quels sont les investissements incorporels ?

On définit ceux-ci comme les éléments dont dispose une entreprise et qui concourent à son activité sans être matérialisés par des actifs tangibles.

On peut citer :
- le nom / la marque,
- le savoir-faire,
- les fonds de commerce à sens classique,
- les études de produits ou de procédés,
- les brevets,
- les progiciels informatiques,
- les hommes,
- etc.

Ce sont souvent ces éléments qui constituent la véritable richesse des entreprises puisque ce sont eux qui permettent de se différencier de la concurrence. On sait aussi, et c'est probablement ce qui justifie la prudence du comptable, que ces éléments sont souvent fort volatiles. Le nom d'un grand couturier peut être rapidement dégradé par quelques collections moins réussies ou une politique de licence mal maîtrisée qui nuit à son image.

Notons enfin, dernières particularités de ces éléments, que la valeur réelle de ces biens n'a pas de lien mathématique avec des sommes effectivement investies. Des dépenses importantes, peuvent avoir été engagées pour une recherche qui n'aboutira jamais ou qui, si elle aboutit, n'aura pas de retombées commerciales, le résultat se révélant sans intérêt pratique. Il

---

1. Sauf obligation de provisionner dans certains cas.

sera donc sans valeur pour les entreprises marchandes qui sont notre sujet. À l'inverse, une idée, un concept nouveau peuvent résulter des insomnies d'une personne et n'avoir rien coûté puis permettre à l'entreprise de réaliser des profits appréciables. Cette rentabilité confère à ces éléments une valeur importante.

632.3. Traitements au niveau du business-plan

Deux traitements sont possibles à ce niveau.

- Rester strictement conforme aux règles comptables.

  L'avantage de cette solution est, comme nous l'avons déjà noté au niveau des actifs corporels, d'assurer une comparabilité des prévisions établies avec les résultats réels qui apparaîtront dans l'avenir.

- Envisager une règle différente.

  C'est fréquemment cette solution qui sera retenue car elle permet de mettre en évidence les efforts réalisés par l'entreprise pour créer ou accroître son fonds de commerce.

  La règle proposée consiste à ventiler les dépenses concernées en deux catégories.

1) Les dépenses permettant de maintenir le fonds de commerce

Il s'agit du coût des efforts que réalise toute entreprise afin de rester à son niveau de compétence et de conserver son positionnement sur le marché.

Une entreprise qui réalise chaque année des dépenses publicitaires peut, sans inconvénient, les considérer comme des dépenses courantes et non comme des investissements. Il n'en est pas moins exact que chaque campagne assure les ventes du moment et participe à préparer celles des années à venir, ainsi qu'à l'amélioration durable de la notoriété de la marque concernée.

Ce choix ne présente normalement aucun inconvénient au plan des résultats. Si l'on prenait la décision de considérer une partie de ces dépenses comme des immobilisations, il faudrait alors les amortir. Les amortissements cumulés amèneraient normalement une charge équivalente à la dépense annuelle, comme le démontre l'exemple ci-dessous :

- Dépense annuelle immobilisable   3 000 000 €
- Durée d'amortissement :   3 ans

Années	Immobilisation	Amortissements de l'année n
n-3	3 000 000 €	1 000 000 €
n-2	3 000 000 €	1 000 000 €
n-1	3 000 000 €	1 000 000 €
Total		**3 000 000 €**

Les deux montants sont, on le constate, identiques.

La méthode retenue n'est toutefois pas totalement neutre. En effet, si on décide d'immobiliser cette décision, il en résultera deux conséquences :

– Un montant annuel de 3 millions de euros dans notre exemple va être transféré des postes de charges aux postes d'amortissements. La marge brute d'autofinancement se trouvera de ce fait majorée d'autant. Notons que le même effet serait obtenu en immobilisant chaque année les dépenses considérées et en les amortissant au cours de l'exercice considéré.

– L'actif net de la société sera majoré de la partie non encore amortie des dépenses immobilisées. Dans notre exemple cela reviendrait à majorer les capitaux propres de la société de :

Année	Partie de l'investissement non encore amortie
n-3	-
n-2	1 000 000 €
n-1	2 000 000 €
n	3 000 000 €
Total	**6 000 000 €**

Dans ce cas, nous avons retenu la méthode consistant à n'amortir qu'à partir de l'année suivant celle de l'investissement. Il ne s'agit pas ici d'une règle ni d'une obligation mais d'un simple souci de simplification de l'exemple présenté.

2) Les dépenses destinées à accroître le fonds de commerce

On peut classer dans cette catégorie toutes les sommes que l'entreprise dépense afin de faire évoluer son positionnement. Parmi celles-ci, on peut citer, à titre d'exemple et de manière évidemment non exhaustive :

• l'étude, la conception et la mise au point de produits nouveaux. Dans ce cas, ces produits doivent correspondre à la satisfaction de nouveaux besoins ou s'adresser à une nouvelle clientèle ;

- les dépenses d'implantation sur de nouvelles zones géographiques, que ce soit à l'intérieur du pays d'origine ou à l'étranger ;
- la création d'un nouvelle formule de distribution ne se substituant pas à celle actuellement exploitée par la société ;
- la création d'une marque nouvelle ou l'implantation d'une marque existante sur un marché nouveau ;
- etc.

Ce type de dépenses, qui correspondent réellement pour l'entreprise à un développement, méritent-elles d'être traitées comme des investissements, ce qu'elles sont de manière indéniable ?

Le choix du mode de traitement est important dans la mesure où il permet de mettre en évidence les efforts de développement qu'envisage l'entreprise. Un tel traitement n'interdit nullement de demeurer prudent et de prévoir l'amortissement de ces dépenses au cours de leur année de constatation. Si par la suite et pour des motifs fiscaux ou comptables, la société est amenée à considérer les dépenses réellement réalisées comme des charges d'exploitation, le résultat final qu'elle dégagera restera comparable à celui initialement prévu. Il suffira de tenir compte de la différence de traitement entre prévisions et réalisations pour pouvoir procéder de manière pratique à la comparaison des cash-flows.

63.3. Les cessions d'actifs

Le problème diffère selon l'utilité pour l'entreprise des actifs concernés.

633.1. Cession d'actifs hors exploitation

On définit les actifs hors exploitation comme ceux dont l'entreprise dispose mais qui ne concourent pas à son activité professionnelle.

On peut citer à titre d'exemple :

- *Certains terrains non utilisés.* Dans certains cas, il peut s'agir de parties de terrain, à condition toutefois qu'elles puissent faire l'objet d'une division en vue d'une cession.

- *Les maisons ou appartements loués au personnel* à condition toutefois que le fait de mettre à disposition de ces derniers un logement ne constitue pas pour l'entreprise une contrainte incontournable. Si, par exemple, fournir un logement est le seul moyen d'attirer et de conserver des salariés, les logements correspondants ne peuvent être considérés comme hors exploitation. Ils sont dans ce cas stratégiques puisqu'ils constituent un des moyens pour l'entreprise de se procurer une des ressources rares de l'entreprise : les hommes. Notons que, du moins en France, cette situation est devenue très rare.

— *Le matériel dont la réutilisation à court terme paraît improbable.*

— *Les participations non stratégiques.* Si une société a durant une période développé une stratégie de "diversification", les participations correspondantes, qu'elles soient majoritaires ou minoritaires, peuvent être réalisées sans inconvénients.

Pour qu'une participation puisse être réellement considérée comme hors exploitation, il faut qu'elle ne concourt, ni de manière directe, ni de manière indirecte, à l'activité, de l'affaire. Ainsi ne peut-on considérer véritablement comme hors exploitation :

• une participation qui permettrait de sécuriser des approvisionnements ou des débouchés pour l'entreprise ;

• une participation dans une affaire de distribution qui permettrait à un industriel de mieux connaître les attentes du marché et de faire évoluer ses produits ;

• une participation dans une société étrangère située dans un pays technologiquement avancé et qui permettrait d'accéder rapidement aux innovations développées dans ce pays ;

• une participation chez un confrère avec qui l'on entretient de bonnes relations qui permettraient d'organiser, du moins partiellement, le marché.

Tous les actifs énumérés présentent l'avantage de pouvoir être cédés sans nuire à l'activité de l'entreprise. Ils constituent de ce fait la plus évidente et la plus efficace des opérations de désinvestissement possibles.

Pour planifier ces désinvestissements, il conviendra de prévoir :

— le prix de vente probable ;

— les délais de négociation à envisager. Ceux-ci peuvent être très différents selon l'état du marché et le type de bien concerné. Le délai dépend également du prix recherché. Si l'entreprise est prête à céder ses actifs à un prix modéré, elle peut alors espérer réaliser rapidement l'opération. Si au contraire elle veut obtenir le "meilleur prix", les délais peuvent fortement s'allonger. En cas d'entreprises en difficulté, pour qui la récupération de "cash" est souvent une condition de survie, la rapidité est en général privilégiée, même si cela nécessite d'accepter un effort important sur les prix.

Certains des actifs hors exploitation peuvent générer des revenus ou des coûts :

- loyers, impôts, charges d'entretien pour les immeubles et les actifs de production non utilisés,
- dividendes provenant des filiales ou des participations.

Il sera indispensable de tenir compte dans la partie exploitation du business-plan de la disparition de ces charges et de ces produits.

633.2. Cession d'actifs d'exploitation

Il s'agit cette fois de céder des biens que la société utilise mais dont elle pourrait se passer en modifiant ses conditions d'exploitation ou qu'elle pourrait utiliser sans en être propriétaire. Ces deux cas doivent être traités distinctement :

1) Cession d'actif modifiant l'exploitation

Les exemples sont assez nombreux et l'on peut citer parmi ceux-ci :

● La vente et le déménagement d'un siège social

Cette opération est particulièrement intéressante au plan financier si le siège social se trouve dans une ville importante où les prix de l'immobilier sont élevés. À l'inverse, elle est parfois illusoire si aucune autre entreprise n'est intéressée par le rachat de l'immeuble en vue de s'y installer.

● La cession d'activités non stratégiques

Ces activités peuvent être exercées sous forme de filiale ou d'exploitation directe. Dans ce dernier cas, une filialisation préalable sera le plus souvent nécessaire.

● La sous-traitance de certaines activités

Si l'entreprise décide de sous-traiter certaines activités, elle peut envisager de céder au futur sous-traitant, ou à un tiers, les actifs correspondants. Tel est le cas d'une entreprise qui assure ses transports en interne. Elle peut, si elle décide de sous-traiter, vendre son parc de véhicules, son stock de pièces détachées à son futur sous-traitant.

Dans tous les cas, il conviendra de chiffrer :

- les prix de vente des actifs avec les problèmes déjà évoqués au paragraphe 633.1 ;

– les coûts de l'opération. Par exemple, les licenciements à prévoir si une partie du personnel ne suit pas en cas de déménagement ou si une partie de celui-ci n'est pas reprise dans le cas de sous-traitance de fonctions préalablement intégrées ;

– les nouveaux coûts de fonctionnement, après réalisation de l'opération (loyers, coûts de sous-traitance, etc.).

2) Cession d'actifs sans modification du mode d'exploitation

Il s'agit dans ce cas de simples opérations financières destinées à dégager de la trésorerie immédiate, sans pour autant modifier le mode de fonctionnement de l'entreprise. Deux techniques sont envisageables.

a) Le lease-back

Le procédé est bien connu. Il consiste à céder un bien à un organisme financier spécialisé, tout en en conservant l'usage, puis à en récupérer la propriété dans le cadre d'un contrat de location, assorti d'une promesse de vente de la part du nouveau propriétaire.

Si cette opération dégage de la trésorerie, elle augmente sensiblement les charges futures. Il faudra en effet chaque année verser des annuités, correspondant à la fois au remboursement du prix de vente et aux frais financiers afférents au montant restant dû après chaque remboursement.

Ces opérations peuvent porter sur :

- des immeubles,
- des matériels,
- le fonds de commerce. Cette dernière possibilité, bien qu'autorisée par la loi, reste assez théorique, dans la mesure où les financiers considèrent que la propriété d'un fonds de commerce ne constitue pas pour eux une garantie réellement satisfaisante.

b) La location

Comme dans le cas précédent, la société va céder un ou des actifs, puis les louer au nouveau propriétaire. Le bail n'est pas dans ce cas assorti d'une promesse de vente permettant à l'entreprise de récupérer à terme le bien. Le loyer est donc, dans ce cas, moins élevé que dans le précédent.

L'économie réalisée risque toutefois de n'être que temporaire puisque l'on se situe alors dans le cadre d'un bail normal. Un tel contrat prévoit la révision périodique du loyer et celui-ci va donc augmenter régulièrement.

Cette solution est essentiellement applicable à des actifs immobiliers peu spécifiques et bien situés. Le loueur doit en effet pouvoir espérer relouer le bien, si l'entreprise prenait à un moment donné la décision de ne pas renouveler son bail et de s'implanter dans de nouveaux locaux. Le loueur doit également s'interroger sur la solvabilité de son locataire, ce qui rend difficile ce type de montage dans le cas d'une entreprise en crise.

633.3. Conséquences des cessions d'actifs

Toutes les formules envisagées aux paragraphes 633.1 et 633.2 ont, en plus de celles déjà évoquées, deux conséquences qui devront être prises en compte dans l'élaboration du business-plan.

● Conséquences fiscales

Si, comme c'est en général le cas, les cessions réalisées dégagent des plus-values, celles-ci feront évidemment l'objet d'une taxation au taux en vigueur. Ces taux sont actuellement :

- 18 % pour les plus-values à long terme,
- 33,3 % pour les plus-values à court terme [2].

Il en sera de même en cas de moins-value. La trésorerie dégagée par l'opération devra donc être estimée en tenant compte de cette imposition. Si toutefois l'entreprise dégage des déficits ou dispose de déficits antérieurs, elle pourra alors opérer la compensation avec les plus-values dégagées et, de ce fait, réduire ou faire disparaître cette imposition. Dans le cas de moins-values, celles-ci s'imputeront sur les bénéfices actuels ou futurs, ce qui amènera un effet sur la trésorerie dont il devra évidemment être tenu compte.

● Conséquences comptables

La cession d'une immobilisation avec constatation d'une plus-value a un double effet de :

- réduction des immobilisations de la valeur nette comptable des biens cédés,
- augmentation des capitaux propres de la plus-value nette d'impôt.

---

2. Part de la plus-value correspondant aux amortissements pratiqués dans le passé pour les biens détenus depuis plus de deux ans ou plus-value totale pour les biens détenus depuis moins de deux ans.

L'effet sur la structure financière est donc très important comme le démontre l'exemple ci-dessous :

Société A			
Bilan			
Immobilisations	1 000	Capitaux propres	500
		Dettes à terme	1 000
Actifs circulants	3 000	Autres dettes	2 500
	4 000		**4 000**

Si la société vend 1 500 un bien qui figurait pour 100 en immobilisations et en ignorant, par souci de simplification, les incidences fiscales, on obtient alors :

Société A			
Bilan			
Immobilisations	900	Capitaux propres	1 900
		Dettes à terme	1 000
Actifs circulants	4 500	Autres dettes	2 500
	5 400		**5 400**

Le fonds de roulement de l'entreprise passe de :

$$(500 + 1\ 000 - 1\ 000) = 500$$

à

$$(1\ 900 + 1\ 000 - 900) = 2\ 000$$

soit une amélioration de $(2\ 000 - 500) = 1\ 500$

Cet accroissement, égal au prix de cession des actifs, s'explique par :
– une diminution des immobilisations de   :   100
– une augmentation des capitaux propres de :   1 400
                                                         ‾‾‾‾‾‾‾
                                                         1 500

Dans la pratique, si la société est imposable, l'amélioration du fonds de roulement sera réduite de l'impôt sur les sociétés à payer. En termes de trésorerie, cet impôt ne sera payable qu'avec un décalage qui peut atteindre 15 mois ; il faudra en tenir compte.

64. La croissance externe

De nos jours, le développement des entreprises nécessite fréquemment d'adjoindre à la croissance interne de la croissance externe, c'est-à-dire le rachat d'entreprise.

Cette nécessité de rachat peut se justifier par :

- un souci d'intégration aval ou amont,
- la volonté d'accroître sa part de marché,
- l'implantation sur des marchés étrangers,
- la différenciation, voire la diversification, pour les entreprises qui ne peuvent ou ne veulent plus se développer dans leur activité d'origine.

Quels que soient les motifs stratégiques qui justifient la croissance externe, celle-ci va nécessiter de trouver du financement. Ce besoin nouveau de financement doit donc être inclus dans le business-plan.

Ce problème est particulier puisque, si les investissements classiques se décident, se planifient, la reprise d'entreprise est infiniment plus aléatoire. Elle suppose en effet :

- de découvrir les entreprises achetables,
- de réussir à négocier le rachat dans des conditions acceptables,
- de réaliser un montage financier adéquat.

Ces spécificités méritent de s'attarder sur ce type bien particulier d'investissements pour lesquels il faut savoir que la prévision restera, quoi que l'on fasse, particulièrement imprécise.

La démarche proposée est décrite ci-après.

64.1. Définir les cibles

Il n'est pas question de prétendre que l'on définisse une stratégie de croissance externe pour bâtir un business-plan. C'est, à l'inverse, le business-plan qui doit intégrer la stratégie de croissance externe de l'entreprise.

Une stratégie de croissance externe se définit par :

- le secteur d'activité recherché en fonction d'une stratégie de :
  - reproduction,
  - différenciation,
  - diversification.

– les caractéristiques des cibles recherchées :
- • taille,
- • bonne santé ou entreprises en difficulté,
- • en France ou à l'étranger.

Une réflexion sur ces différents critères permet, sinon de définir un prix d'achat d'une ou des sociétés non encore identifiée(s), du moins d'en approcher la valeur théorique.

64.2. La valeur des entreprises à racheter

Pour approcher celles-ci, il convient de distinguer les reprises d'affaires en difficulté des reprises d'affaires saines.

Les reprises d'affaires en difficulté

La stratégie d'une entreprise ou d'un groupe peut être de s'intéresser à ce type d'affaire et de n'y rien investir, si ce n'est de l'énergie et du savoir-faire. La réponse est alors fort simple puisque la somme à dépenser est par définition nulle, ou quasi nulle.

Notons toutefois que la reprise peut nécessiter une mise de fonds, même si le prix apparent est nul lorsque :

– la reprise est réalisée sous forme d'achat d'actifs et non de rachat de titres. Dans ce cas, l'on ne reprend généralement pas le passif, mais il faut bien payer les actifs, même si leur prix peut être particulièrement attrayant.

– le redressement de l'entreprise nécessite des apports de fonds destinés à :
- • restructurer la situation financière,
- • réaliser certains investissements,
- • compenser les pertes à venir jusqu'au redressement,
- • financer les coûts de restructuration.

Chacun sait que le rachat pour un euro d'une affaire en difficulté peut finalement coûter fort cher. Encore ne prend-on en compte ici que l'aspect financier des choses.

La reprise d'affaire saine

Partant du chiffre d'affaires (critère de taille), du type d'activité (critère de stratégie) et du pays où l'on pourrait réaliser l'achat, il est possible de déterminer :

- une rentabilité normative escomptable,
- un actif net théorique basé sur une structure financière type, prenant en compte le besoin d'investissement et le besoin en fonds de roulement nécessaire dans la profession.

Disposant de ces deux éléments, il est alors possible de déterminer une valeur puisque toute évaluation d'entreprise repose, comme cela a déjà été dit, sur une combinaison de la valeur patrimoniale (ANc) et de la valeur de rendement (VR). Les formules d'évaluation peuvent en effet toutes se résumer par celle-ci :

$$V = \frac{KANc + K'(CB \times y)}{K + K'}$$

V   : valeur de l'entreprise
ANc   : actif net corrigé
CB   : capacité bénéficiaire
y   : coefficient de capitalisation de la capacité bénéficiaire
K et K'   : coefficient de pondération de l'actif net et de la valeur de rendement.

À titre d'exemple, voyons comment une affaire pourrait approcher son besoin de financement en croissance externe.

Cette entreprise souhaite acquérir des confrères de petite taille afin d'augmenter son volume d'activité de 30 %. Il résulte de ce projet les chiffres suivants :

– Chiffre d'affaires recherché   40 millions d'euros

– Résultat normatif des entreprises
  à acquérir (4 % du chiffre d'affaires)   1,6 millions d'euros

– Actif net corrigé normatif   10 millions d'euros

Disposant de la capacité bénéficiaire (bénéfice net) et de l'actif net, on approche le montant de l'investissement à réaliser en utilisant ici la formule dite des praticiens :

$$V = \frac{ANc + CB \times \dfrac{100}{i}}{2}$$

V   :   valeur de l'entreprise
ANc :   actif net corrigé
CB   :   capacité bénéficiaire
i   :   taux du marché financier (9 % dans l'exemple)

212

L'application de cette formule amènera à estimer l'investissement à :

$$V = \frac{10 + \left(1{,}6 \times \dfrac{100}{9}\right)}{2} = 13{,}88 \text{ M€}$$

Par la suite, la valeur réelle d'une entreprise pourra éventuellement être différente si :

– la taille est différente,

– la rentabilité est supérieure ou inférieure à celle initialement escomptée,

– la structure financière ne correspond pas à la norme. Ce point est le moins grave puisque :

- si la société est sur-capitalisée, il sera alors possible de compenser un prix plus élevé que prévu par le prélèvement sur la cible,

- à l'inverse, si la société est sous-capitalisée, on peut raisonnablement penser qu'il sera nécessaire de la recapitaliser, ce qui augmentera d'autant le "prix payé".

64.3. Définir le mode de financement

Le montant de l'investissement à prévoir dépendra non seulement du prix à payer mais du mode de financement. Il faudra donc définir si l'entreprise finance sa croissance interne par :

- prélèvement sur ses ressources propres,

- emprunt,

- prélèvement sur l'entreprise achetée,

- appel à des partenaires financiers de type "capital risque".

Nous entrons là dans le domaine du chiffrage du business-plan qui fera l'objet du prochain chapitre de ce livre.

64.4. Conclusion sur la prévision en matière de croissance externe

Si la prévision n'est jamais aisée, on a pu constater qu'elle est encore plus difficile et aléatoire en matière de croissance externe.

C'est pour cette raison que de nombreuses entreprises ou groupes n'incluent pas celle-ci dans leur business-plan. Cette absence de prévision pose des problèmes différents selon la nature des développements envisagés.

— *La croissance externe participe au développement de l'entreprise.*

Tel sera le cas pour les projets envisagés dans le cadre d'une stratégie de reproduction. Il semble alors très difficile de ne pas inclure la croissance externe au nouveau business-plan puisque celle-ci ne constitue qu'une modalité particulière de la réalisation du projet de l'entreprise.

— *La croissance externe se fait "hors métier".*

Dans ce cas, le fait de ne pas l'intégrer au plan de l'entreprise apparaît possible et même souhaitable, puisqu'il s'agit d'un projet différent.

Chiffrer et présenter le business-plan

L a démarche va consister à transformer en chiffres les informations et décisions accumulées lors des étapes précédentes. Cette étape comme cela a déjà été indiqué est à la prévision ce que la comptabilité est à la constatation des réalisations.

71. La démarche

Celle-ci va nécessiter d'établir successivement, et pour chacune des périodes couvertes par la prévision :

- un compte de résultat,
- un tableau de financement,
- un bilan.

Les prévisions doivent évidemment s'enchaîner sur la situation de départ pour la première d'entre elles, puis sur la précédente pour chacune des suivantes.

Ce processus peut être représenté par la figure 7.1.

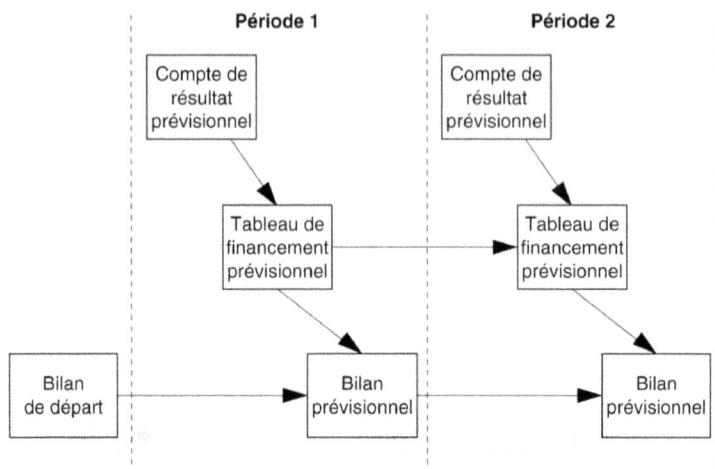

Figure 7.1. - **Processus de construction d'un business-plan.**

Un exemple de document figure en annexe IV.

Chaque société retiendra évidemment un format et une présentation correspondant à ses propres besoins. L'essentiel est de retenir une présentation qui soit :

- compatible avec l'information habituellement utilisée dans l'entreprise ;
- identique à celle retenue pour l'établissement des comptes annuels et des budgets. Cette identité est indispensable pour réaliser postérieurement les comparaisons entre le business-plan et les réalisations effectives de la société.

Si la société utilise une présentation différente de celle habituellement retenue en France, par exemple une présentation de type anglo-saxon, il sera probablement nécessaire de prévoir également une présentation du business-plan sous une forme plus classique. Cette seconde présentation sera indispensable si les documents doivent être utilisés et communiqués à des interlocuteurs externes comme des banquiers ou des financiers peu habitués au maniement des documents de type anglo-saxon. Les documents pourront faire l'objet d'une synthèse destinée à une communication succincte avec certains interlocuteurs (actionnaires, salariés...).

72. Différencier business-plan et budget

Ces deux techniques comportent à la fois des points communs et des différences. Il est intéressant pour bien distinguer les deux techniques d'explorer de manière détaillée en quoi elles sont semblables et en quoi elles diffèrent plus ou moins profondément.

Les points communs

- Le but est, pour les deux techniques, de prévoir l'avenir de la société.

- Les prévisions sont résumées dans les deux cas par des informations financières qui résultent du chiffrage des décisions managériales prises ou des événements prévus.

- L'information constitue pour ceux qui l'élaborent un engagement sur lequel ils seront jugés, que ce soit dans ou hors de l'entreprise.

Les différences

- Le budget s'intéresse à l'avenir immédiat (1 an). Il est rarement possible d'envisager à cette échéance des évolutions stratégiques majeures.

- Le budget est établi de manière très détaillée. Chaque dépense, chaque produit est quantifié. Le business-plan est lui beaucoup plus global.

- Le budget fait l'objet d'une procédure annuelle et répétitive qui implique le plus souvent un nombre important de niveaux hiérarchiques. Le business-plan, n'implique en général qu'un ou deux niveaux hiérarchiques :
  - la direction générale,
  - les grands responsables de fonctions.

- Le budget ne présente en général qu'une hypothèse retenue après exploration d'un certain nombre de scénarios. Le business-plan peut présenter plusieurs hypothèses. Comme cela a déjà été indiqué, l'on aura fréquemment :
  - une hypothèse considérée comme la plus crédible en fonction des stratégies envisagées,
  - une hypothèse pessimiste permettant de mesurer la vulnérabilité de l'entreprise face à une moindre réussite de ses projets ou à une conjoncture moins favorable que celle envisagée au niveau du business-plan d'origine.

217

Le plus souvent, la seconde hypothèse ne fera cependant pas l'objet de communication, ni au niveau interne ni au niveau externe.

Pour résumer ces différents éléments, l'on peut dire que :

- le business-plan constitue une prévision globale à moyen terme, destinée à explorer puis à fixer des stratégies,
- le budget est une prévision à court terme, destinée à mettre sous contrôle la gestion de l'entreprise.

Cette distinction est toutefois inexacte pour la première période explorée par le business-plan. En effet, c'est le budget qui constitue normalement la première année du business-plan.

On peut représenter cette concomitance de la manière suivante :

Années	N+1	N+2	N+3	N+4	N+5	N+6
BP	A1	A2	A3	A4	A5	
Budget	B					

Dans ce système, A1 et B sont identiques puisque les deux prévisions couvrent une même période. On n'imagine pas une société utilisant pour une période identique des hypothèses différentes en fonction des documents établis. Si des différences existaient, elles auraient probablement pour effet de décrédibiliser l'un ou l'autre des systèmes, voire les deux, ainsi que la direction qui les présenterait à l'intérieur ou à l'extérieur de la société.

Des différences vont toutefois se produire si le business-plan n'est pas révisé annuellement. En effet, dans ce cas, le budget établi en son temps pour la seconde année (A2) intégrera obligatoirement les dérives observées au cours du premier exercice, que ces dérives trouvent leur origine à l'intérieur de l'entreprise ou soient liées aux évolutions des marchés sur lesquels opère la société.

Afin d'éviter cette dérive qui risque de s'accentuer d'année en année, il faut donc :

- soit procéder à une révision limitée du business-plan afin de faire coïncider l'année à venir avec le budget. Cela n'est possible que si les différences sont faibles. Dans le cas contraire, il faudra réviser l'ensemble du business-plan ;
- soit concevoir un système du business-plan glissant. Chaque année, l'on fera alors disparaître l'année réalisée et l'on ajoutera une nouvelle année de prévision. Ce travail fournit également l'occasion d'une révision du moins partielle du business-plan. La première année du plan est alors de nouveau conforme au budget puisque l'élaboration en est commune.

Le schéma présenté ci-avant devient alors le suivant à partir de la seconde année :

Années	N+1	N+2	N+3	N+4	N+5	N+6
BP		A2	A3	A4	A5	A6
Budget comptabilité	B	B'				

Dans la pratique, de nombreuses entreprises utilisent la technique du business-plan glissant. Le plus souvent, on ne procède toutefois pas chaque année à une réflexion complète comme celle présentée par cet ouvrage. Il s'agit donc plutôt d'une actualisation financière, du moins si les axes stratégiques originellement définis ne sont pas profondément remis en cause.

Le business-plan peut donc correspondre selon les périodes à une procédure :

– de réflexion sur les stratégies puis le chiffrage.
  Cette procédure lourde sera lancée périodiquement tous les trois ou cinq ans et chaque fois que l'entreprise envisagera ou sera contrainte de modifier profondément ses stratégies.

– d'actualisation financière de prévisions établies voici quelques années, afin de mettre celles-ci en conformité avec les événements survenus depuis la date d'élaboration initiale.

73. Deux bases du chiffrage du business-plan

Avant d'examiner en détail comment bâtir le business-plan, il est indispensable de mettre en évidence deux problèmes qui vont se poser en permanence tout au long de l'élaboration de celui-ci : la séparation entre frais fixes et frais variables et les prévisions de financement.

73.1. La séparation entre frais fixes et frais variables

Nous avons déjà signalé qu'au niveau du business-plan, il était souhaitable de ne considérer aucune dépense comme incontournable. Il n'en est pas moins vrai qu'à partir du moment où une dépense a été acceptée comme nécessaire, il convient de s'interroger sur son mode de variation. C'est à ce niveau qu'intervient la distinction que nous allons maintenant étudier entre les frais fixes et les frais variables.

Nous envisagerons tout d'abord la définition de ces deux types de frais puis l'utilisation de cette distinction pour élaborer un business-plan.

◆ Définition frais fixes et frais variables

Aucun frais n'est en fait réellement ni totalement fixe ni totalement variable. Nous conserverons toutefois ces termes puisqu'ils sont habituellement utilisés et que leur signification est claire pour les professionnels.

Les frais fixes

On définit ceux-ci comme correspondant à des dépenses qui ne varient pas automatiquement en fonction du niveau d'activité de l'entreprise.

Ainsi, le coût pour l'entreprise du directeur financier qui, entre autres activités, établit le business-plan, ne va pas s'accroître si le volume d'activité de la société augmente de 10, voire de 20 % l'an.

Il s'agit donc là de frais fixes au sens habituel du terme. Cela ne veut pas dire pour autant que cette dépense ne va pas se modifier. Au contraire, il faudra prévoir dans une prévision pluri-annuelle :

– l'augmentation annuelle du salaire du directeur financier. Cette augmentation peut être liée :
  • à la compensation de l'évolution du coût de la vie (inflation),
  • à l'évolution de rémunération liée à sa propre évolution de carrière,
  • à l'augmentation éventuelle des responsabilités qui lui sont confiées par la direction générale de la société ;
– les variations de rémunérations liées à d'éventuelles formules d'intéressement, s'il en existe dans l'entreprise ou si l'on a prévu d'en créer lors de la réflexion sur les aspects sociaux du business-plan ;
– si, enfin, on élargit la réflexion au coût de la fonction financière, il est probable que ce service verra ses effectifs croître si l'entreprise poursuit son développement.

On constate donc sur cet exemple que ces frais dits fixes ne sont pas pour autant totalement invariables. Il serait plus exact de dire qu'ils ne varient pas automatiquement en fonction du niveau d'activité de l'entreprise mais plutôt de manière décisionnaire.

Leur seconde caractéristique propre est de varier par paliers. Ainsi, si nous conservons l'exemple de la fonction financière, celle-ci peut absorber, sans modifier ses moyens, une certaine croissance de l'activité de l'entreprise. La saturation atteinte, il faudra procéder à une embauche, ce qui augmentera les frais et ce, de manière non progressive.

Cette évolution peut être représentée par la figure 7.2.

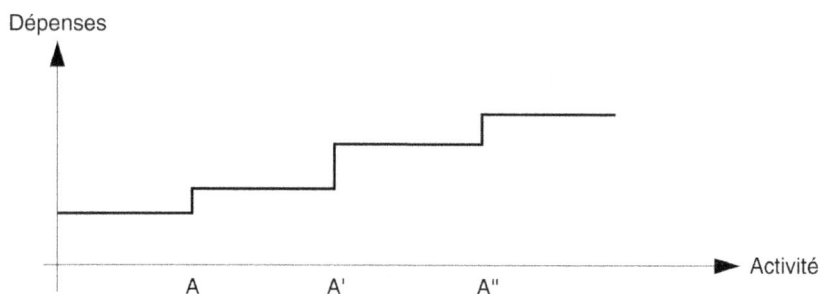

Figure 7.2. - **Évolution des frais fixes.**

Les niveaux A, A' et A" correspondent à des seuils de saturation. De nouveaux moyens doivent alors être mis en place pour que l'entreprise continue à gérer convenablement son activité et à poursuivre son développement.

Les frais variables

Il s'agit cette fois de dépenses directement liées au niveau d'activité et qui se développent automatiquement en fonction de l'accroissement de celle-ci.

Ces dépenses sont à classer en deux catégories : les frais proportionnels et les frais évolutifs.

● Les frais proportionnels

Ce sont ceux qui évoluent directement en fonction du niveau d'activité. L'exemple le plus évident est celui des achats de matières nécessaires à la production. Ceux-ci sont proportionnels à la production mais pas forcément aux ventes.

Notons toutefois que la proportionnalité n'est pas obligatoirement absolue puisque :

- le cours des produits concernés peut varier, si en particulier il s'agit de matières plus ou moins spéculatives ;
- la société peut voir ses conditions d'achat s'améliorer, si elle achète en plus grande quantité du fait de l'accroissement de son activité ;
- les quantités consommées peuvent se réduire du fait de l'évolution des produits ou des technologies utilisées par la société (*cf.* courbe d'expérience).

221

Tous ces phénomènes devront être évidemment modélisés au niveau de l'établissement du business-plan.

● Les frais évolutifs

Ce sont tous les frais qui, comme leur nom l'indique, évoluent avec l'activité de l'entreprise sans être pour autant directement proportionnels à cette activité.

Il en est ainsi des frais financiers qui vont évoluer en corrélation avec plusieurs critères :

- le chiffre d'affaires qui génère de manière quasi automatique un encours client qu'il faut évidemment financer en mobilisant une partie plus ou moins importante de ces créances ;
- le niveau des investissements non auto-financés qui nécessitent donc un recours plus ou moins important à des financements bancaires ;
- le résultat de l'entreprise qui augmente son fonds de roulement et dont dépend indirectement le niveau de la trésorerie.
- etc.

L'évolution des coûts financiers devra donc être prévue en tenant compte des différentes données qui en sont à la base et aboutissent à un certain niveau de trésorerie positive ou négative.

◆ Utilisation de la distinction frais fixes/frais variables

Cette distinction sert à construire la prévision et à calculer le point mort.

● Construction de la prévision

On classera les dépenses de l'entreprise selon trois catégories :

– *Les frais fixes* pour lesquels il conviendra de définir des seuils de variation.

– *Les frais proportionnels* que l'on fera varier en fonction du niveau d'activité prévu. Notons ici que prévoir le niveau d'activité suppose de se prononcer sur l'évolution prévisible des stocks. Ainsi, l'évolution des frais variables est-elle, dans l'exemple ci-dessous, à prévoir sur le montant de la production prévue, 153 M€, et non sur celui des ventes, 146 M€.

- ventes prévues   146 000 K€
- production stockée   7 000 K€
- production prévue 153 000 K€

La production stockée est ici valorisée au prix de vente afin que le total de la production prévue (vente + production stockée) soit homogène. Ce n'est évidemment pas ce montant qui devra être ajouté au stock. Il ne s'agit ici que de déterminer un indicateur permettant de calculer l'évolution de certaines dépenses.

– *Les frais évolutifs.* Pour ceux-ci, on devra rechercher l'élément par rapport auquel il convient de les mettre en corrélation afin de prévoir leur évolution.

Dans certains cas, il ne faudra pas hésiter à prévoir des corrélations multiples. Il faudra enfin tenir compte des évolutions liées à la dérive des prix.

◆ Calcul du point mort

Le calcul bien connu des financiers est particulièrement utile dans une démarche de type business-plan. Il peut en effet être utilisé pour définir un niveau d'activité optimum. L'utilisation de cette technique permet de tenter de prévoir à partir de quel moment un projet, comme par exemple la création d'une entreprise, pourra atteindre son seuil de rentabilité et donc commencer à dégager des profits.

Le ou plutôt les points morts peuvent être graphiquement représentés par la figure 7.3.

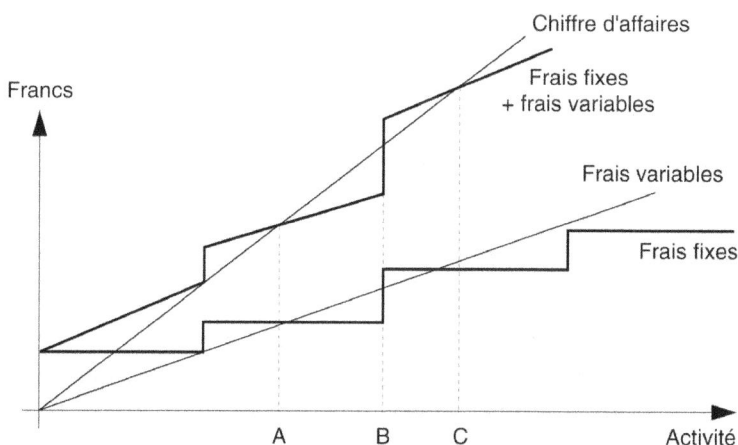

Figure 7.3. - **Représentation graphique des points morts.**

Il existe ici deux points morts A et C. L'entreprise doit donc tenter de situer son activité entre A et B ou au-delà de C. Il existe probablement, au-delà des hypothèses explorées, un nouveau palier de frais fixes non représenté sur le graphe.

Dans certains cas et pour des explorations plus limitées, on ignore le problème de variation des frais fixes et l'on raisonne sur la marge sur coût variable. On obtient alors la figure 7.4.

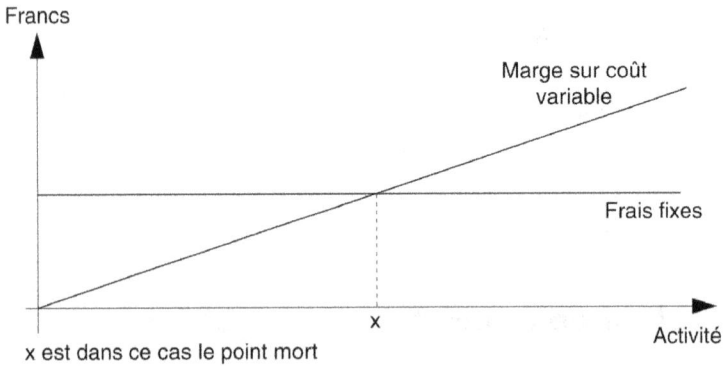

Figure 7.4. - **Calcul du point mort sans tenir compte des paliers de frais fixes.**

Cette représentation est particulièrement utile pour les activités simples où l'entreprise n'exploite qu'un produit ou ne commercialise qu'un type de prestation.

Deux remarques sur l'évolution des charges

L'observation de l'évolution des frais dans les entreprises permet de mettre en évidence deux phénomènes particulièrement utiles pour celui qui doit établir un business-plan.

1. Les frais croissent rapidement en période de développement.

Lorsqu'une entreprise se développe rapidement, on constate que ses frais sont généralement mal maîtrisés. Les dépenses ont alors une tendance à se développer plus qu'elles ne devraient en toute logique. Elles deviennent plus que proportionnelles.

Cette tendance constatée provient probablement de la difficulté pour le management à concentrer ses efforts sur deux priorités à la fois :
• gérer la croissance,
• maîtriser les frais.

Quelles qu'en soient les causes profondes, cette tendance doit être connue et il faudra en tenir compte au niveau des prévisions de dépenses que l'on sera amené à faire.

2. Les frais variables baissent difficilement.

Si les frais dits variables s'accroissent automatiquement en cas de développement, ils ne diminuent pas forcément de la même manière en cas de réduction d'activité. Pour citer l'exemple le plus simple, chacun conçoit que dans une activité de prestation de services les salaires productifs sont quasiment proportionnels. Si donc l'entreprise réussit à obtenir de nouveaux contrats, elle doit augmenter ses effectifs et donc les charges correspondantes. En cas de récession, les dépenses ne vont pas diminuer automatiquement, sauf si le "turnover" est suffisamment important, ce qui est rarement le cas. Il faudra donc, si l'on veut constater une réduction effective de ces frais, prendre des décisions, c'est-à-dire dans notre cas réaliser une réduction des effectifs.

Même si l'on est en présence de frais se réduisant automatiquement, ce qui est le cas des achats, cette réduction risque de ne s'opérer qu'avec un certain décalage. L'entreprise qui voit ses ventes se réduire ne réagira parfois qu'avec retard dans la définition du niveau de ses achats. Il résultera de ce retard un sur-stockage qui peut évidemment être réduit par la suite mais qui n'en pèsera pas moins, pendant un certain temps, sur les besoins de financement de l'affaire.

Ces remarques sur l'évolution des charges doivent être prises en compte pour l'élaboration du business-plan. Il s'agit ici non pas de faire preuve d'un pessimisme systématique mais plus simplement de réalisme, c'est bien là une des qualités d'un "bon" business-plan.

73.2. Les prévisions de financement

Un des points clés du business-plan sera de définir comment financer l'entreprise dans l'avenir. Pour ce faire, un certain nombre d'options devront être définies et ce, à différents niveaux.

L'auto-financement

Celui-ci dépend :

– des profits prévus et qui apparaîtront lors de la construction de comptes de résultats prévisionnels,

– des dividendes à distribuer. Ceux-ci dépendent eux-mêmes des décisions que prendront les actionnaires en assemblée générale. Chacun sait toutefois que ces décisions sont largement influencées par les propositions de la direction générale. Ces décisions ne sont toutefois pas totalement libres dans la mesure où il faut prendre en compte :

- l'existence éventuelle de dividendes garantis à verser à certains actionnaires ;

- les besoins financiers de certains des actionnaires. Ainsi, dans les sociétés familiales, prévoit-on en général un dividende permettant au minimum aux actionnaires de faire face à leur impôt sur la fortune, afin d'éviter que les actions ne leur apportent un revenu négatif ;

- enfin, pour les sociétés cotées, il est indispensable de distribuer des dividendes si la société veut gérer convenablement la vie boursière de son titre. Cette politique lui permet notamment d'être en position de faire appel au marché financier, lorsqu'elle en aura besoin, à l'occasion par exemple d'une augmentation de capital.

L'endettement à terme

Celui-ci correspondra :

- aux emprunts déjà souscrits par la société et pour lesquels il faudra faire face au service de la dette. Ces remboursements ne sont remis en cause que dans le cas de business-plan de crise et si l'on peut, dans ce cas, envisager une renégociation de la dette ;

- aux emprunts qui seront souscrits au cours de la période couverte par le plan afin de faire face au financement des investissements.

La trésorerie négative

Que celle-ci corresponde à la mobilisation de l'encours clients ou à des facilités diverses (découvert, etc.), elle est, à un certain niveau, à l'origine du plan ; puis elle évoluera en fonction de l'ensemble des hypothèses intégrées dans le plan.

Il ressort de cette énumération que l'entreprise va disposer de deux types de financement.

1. *Des financements automatiques* qui sont constitués par :

- les bénéfices réalisés et diminués des dividendes,

- les emprunts déjà souscrits pour les montants restant dus aux différentes dates explorées.

2. *Des financements recherchés* qui supposent des décisions telles que :
- emprunter ou non pour financer les investissements,
- mobiliser ou non l'encours client,
- utiliser plus ou moins le découvert.

Pour prévoir ces financements, deux techniques sont envisageables.

– Raisonner par mode de financement

Dans ce cas, on construira des hypothèses sur les différents points comme par exemple :
- part des immobilisations financées par emprunt,
- partie des comptes clients mobilisés.

Les différents calculs feront par la suite apparaître automatiquement soit un excédent de trésorerie, soit un certain niveau de découvert.

Ce premier travail réalisé, il sera souvent nécessaire de faire une seconde hypothèse afin d'ajuster les éventuelles incohérences.

On ne laissera pas, par exemple, figurer dans le plan final une mobilisation importante de l'encours client qui générerait une trésorerie positive. Si le découvert généré par le système est trop important, il faudra bien s'interroger sur des financements plus stables, voire sur la remise en cause de la stratégie retenue.

– Raisonner de manière globale

Dans ce cas, on n'intègre dans un premier temps que les financements définis comme automatiques (résultats non distribués, emprunts existants). De ce fait, l'ensemble du besoin de financement excédentaire généré au cours de la période va apparaître sous forme d'une trésorerie négative.

Il sera ensuite nécessaire de mener une réflexion sur les manières les plus adéquates à combler cette trésorerie négative en arbitrant entre :
- les financements à long ou moyen terme, y compris un éventuel recours à des contrats de leasing ;
- les financements à court terme par :
  - des mobilisations de créances,
  - du découvert ;
- l'augmentation des capitaux propres faisant appel :
  - aux actionnaires actuels qui procéderaient à une augmentation de capital ou renonceraient à leur dividende,

- à de nouveaux actionnaires, qu'ils soient financiers ou professionnels,
- à des quasi-fonds propres : obligations convertibles par exemple.

On constate que, quelle que soit la technique retenue, on n'échappera pas à l'exploitation systématique d'hypothèses successives au niveau du financement.

74. Chiffrer le business-plan

74.1. Établir la prévision

Nous tenterons de présenter de manière à la fois pratique et synthétique le détail de l'élaboration du business-plan. Pour ce faire, nous présenterons ci-après un exemple de poste choisi dans chacun des trois principaux documents composant le business-plan et dont l'origine est identique puisqu'il s'agit du chiffre d'affaires. L'étude détaillée poste par poste est, elle, reportée en annexe V.

1. les ventes (compte de résultat)

Les ventilations à prévoir seront réalisées en tenant compte des éléments suivants.

– *Les marges prévues*

Une ventilation bien réalisée au niveau des marges permet de générer automatiquement le niveau des achats à prévoir par catégories de produits vendus.

De ce fait, il ne sert à rien de ventiler les ventes de plusieurs produits ou familles de produits qui dégageraient des marges identiques.

À l'inverse, les ventes d'un même produit doivent être ventilées si le recours à des canaux de distribution distincts amène des prix de vente et des taux de marge différents. Il en sera souvent ainsi pour les ventes en France et celles réalisées à l'exportation. Dans ce dernier cas, il sera probablement nécessaire de raisonner par pays si les marges dégagées sont là encore différentes.

Si des catégories de vente génèrent des coûts distincts, il sera là encore nécessaire de prévoir une ventilation. Tel sera par exemple le cas si une partie des ventes est réalisée en direct et une autre partie grâce à des

VRP ou des agents commerciaux qui devront évidemment être rémunérés.

– Les délais de paiement des clients

S'il existe des catégories de clients à qui l'entreprise accorde des conditions différenciées, il faudra là encore prévoir une ventilation spécifique qui sera éventuellement une sous-ventilation de la précédente.

Si l'entreprise vend à des catégories de clients générant des risques d'impayés différents, il sera indispensable de prévoir une nouvelle ventilation permettant de prévoir le niveau des provisions pour dépréciation et des pertes de créances à envisager.

– Le niveau des stocks

Certains produits peuvent nécessiter de tenir des stocks plus ou moins importants, ce point fait l'objet d'une nouvelle ventilation. Tel sera par exemple le cas d'une affaire de meubles vendant :

- des petits meubles à emporter dont elle doit détenir et conserver un stock en permanence,
- des meubles vendus à la "contremarque", c'est-à-dire sur commande, et pour lesquels son seul stock est constitué de produits exposés dans ses magasins.

– Les autres ventilations

Celles-ci peuvent être liées :

- à l'existence de taxes autres que la TVA, comme par exemple la taxe sur les produits pétroliers,
- à l'existence de taux de TVA multiples pour les entreprises vendant des catégories de produits taxables à des taux différents,
- à l'existence de produits nécessitant des assurances spécifiques et coûteuses, telles que celles liées à la couverture de la garantie décennale dans le bâtiment,
- etc.

Le nombre et la variété des *ventilations* à envisager mettent en évidence l'intérêt de reporter le détail des calculs à réaliser au niveau de documents annexes tels que ceux présentés au chapitre 2, et de ne faire apparaître au niveau des documents définitifs qu'une ventilation succincte liée à la position stratégique de l'entreprise au niveau de ses produits ou de ses marchés.

Les liaisons à prévoir vont en fait correspondre, pour la plus grande partie, à celles déjà énumérées au niveau des ventilations. Ces liaisons sont donc les suivantes :

Ventes ➠ Clients
Ventes ➠ Stocks
Ventes ➠ TVA à récupérer
Ventes ➠ TVA à payer
Ventes ➠ Commissions
Ventes ➠ Assurances
Etc.

2. Les fournisseurs (calcul du besoin en fonds de roulement)

Les ventilations vont correspondre :

- au taux de TVA frappant les diverses catégories d'achat que peut être amenée à réaliser l'entreprise. Il peut s'agir ici non seulement des achats de marchandises ou de matières premières mais également de prestations, qu'elles soient ou non incorporées à la production de l'entreprise ;
- aux délais de paiement accordés par les différentes catégories de fournisseurs ;
- aux éventuels coûts ou produits financiers liés à l'encours fournisseur. Aussi, si l'entreprise peut en cas de paiement comptant bénéficier d'un escompte, il faut évidemment être capable d'en tenir compte.

Les liaisons sont les suivantes :

Achats ➠ Fournisseurs
Prestations ➠ Fournisseurs
Frais généraux ➠ Fournisseurs
Fournisseurs ➠ Trésorerie
Fournisseurs ➠ Frais financiers ou produits financiers
TVA à récupérer ➠ Fournisseurs
Etc.

La détermination de ce poste, comme de tous ceux qui constituent le besoin en fonds de roulement, permettra :

- d'élaborer le ou plutôt les bilans prévisionnels à la fin de chacune des périodes explorées par la prévision,
- de comparer le niveau de ces postes, d'une période sur l'autre, afin de déterminer la variation du besoin en fonds de roulement et d'élaborer le tableau de financement prévisionnel pour la période correspondante.

3. Les immobilisations

Nous n'étudierons pas ici chaque catégorie d'immobilisations, ce qui serait long et fastidieux, mais, à titre d'exemple, une de ces catégories : le matériel de production.

Les ventilations à prévoir tiendront compte de cinq éléments.

1. *La durée d'amortissement*, qui permettra par la suite de calculer le montant des dotations annuelles à prévoir. Notons ici que cette ventilation d'un poste de bilan aura un effet sur le compte de résultat. Cela démontre que le processus d'élaboration n'est pas linéaire et descendant mais circulaire.

2. *Le mode d'amortissement*

   Selon que l'on peut envisager un amortissement linéaire ou dégressif, voire dans certains cas exceptionnel, on se trouve en présence de catégories distinctes et qui doivent donc être traitées comme telles, même s'il s'agit techniquement de matériels identiques. Tel sera le cas si l'on prévoit d'acquérir des matériels de même nature mais, selon les cas, neufs ou d'occasion. Notons que dans ce cas les durées d'amortissement devront également être différentes, ce qui nécessitera une double ventilation.

3. *Le prix de revente*

   S'il existe des catégories de matériel dont la revente peut être plus ou moins fructueuse, une ventilation spécifique devra être introduite. On rencontre ce cas dans les entreprises de location de véhicules. En effet, l'écart constaté entre le prix de vente et la valeur comptable n'est pas identique selon que l'on raisonne sur un parc de véhicules particuliers ou sur un parc de véhicules utilitaires.

4. *Les contraintes fiscales*

   Il s'agit des limitations qui peuvent être apportées par l'administration fiscale à la déductibilité de certains investissements. Ce phénomène se rencontre notamment pour les véhicules particuliers.

Une ventilation spécifique ne se justifie toutefois dans ce cas que si le résultat du calcul ainsi généré est réellement significatif. Si une entreprise qui investit 20 millions de euros par an achète également un véhicule particulier, on pourra sans remords oublier cette ventilation et les complications qui en résulteraient.

5. Les taux de TVA, si ceux-ci sont multiples.

Les liaisons sont les suivantes :

Immobilisations	⇒	Amortissements
"	⇒	TVA récupérable
"	⇒	Plus-values
"	⇒	Moins-values
"	⇒	Emprunts
"	⇒	Trésorerie

Ces trois exemples mettent en évidence la complexité d'une prévision de qualité. Cette complexité n'a rien de surprenant puisqu'il s'agit de modéliser le fonctionnement d'une entreprise dont chacun sait qu'il n'est jamais, quelle que soit sa taille, particulièrement simple.

En plus des ventilations classiques pour toute entreprise, si celle-ci appartient à un groupe, il faudra prévoir une ventilation systématique de chaque poste concerné entre groupe et hors groupe.

Cette ventilation permettra au groupe de réaliser la consolidation des business-plans des entreprises qui le composent.

74.2. Examiner les résultats

La prévision étant établie ou plutôt une première prévision étant réalisée, il s'agit de s'interroger sur :

- sa qualité technique,
- sa faisabilité financière.

Nous ne nous attarderons pas sur le premier point. C'est une évidence de dire qu'il faut vérifier les calculs réalisés, tous les financiers le savent et le pratiquent journellement. Notons simplement que l'utilisation d'outil micro-informatique ne met pas à l'abri des erreurs. Si effectivement un tableur ne se trompe pas dans les opérations, il ne réalise que les fonctions que l'on a programmées. Il convient donc de faire avec soin un pointage de celles-ci.

Le plus important est évidemment le second point, c'est-à-dire l'examen de la faisabilité financière du plan qui vient d'être établi. Cet examen sera réalisé en deux étapes distinctes.

742.1. Examiner la situation à terme

Il ne servirait à rien de constater que la première, voire la seconde année du plan se présente de manière favorable si l'on arrivait à l'issue du plan à une impasse. C'est pour cette raison que l'on commence par un examen de la situation obtenue à l'issue du plan pour reporter à plus tard l'examen détaillé des années intermédiaires.

Cet examen, qui reprendra évidemment les techniques d'analyse financière exposées au chapitre 4, portera sur deux points :

1) La rentabilité

Celle-ci peut s'apprécier de deux manières :

a) par le taux de rentabilité à terme

Celui-ci est exprimé par le ratio :

$$\frac{Bn}{CP}$$

Bn = bénéfice net
CP = capitaux propres

Cette mesure est importante puisqu'elle va mettre en évidence le rendement de l'entreprise, et donc sa capacité à poursuivre son développement au-delà de la période couverte par le plan.

Cette approche est toutefois insuffisante car elle n'exprime pas la rentabilité, pour l'actionnaire, de son placement au cours de la période. C'est pour pallier cette insuffisance que l'on utilisera également la seconde approche décrite ci-dessous.

b) par le taux de rentabilité de l'investissement (TRI)

L'utilisation de cette technique va permettre de mettre en évidence le revenu dégagé par l'entreprise pour ses actionnaires.

Pour déterminer ce taux de rentabilité, on devra prendre en compte :

- le capital investi à l'origine Co,

- les augmentations de capital réalisées par les actionnaires d'origine [1] ACo,

- les dividendes encaissés au cours de la même période par les mêmes actionnaires Do,

- la valeur du capital à l'issue du plan CFo.

Compte tenu de ces éléments, la formule à appliquer sera la suivante :

$$CIo + \Sigma\, E_n^1\, \frac{ACo}{(1 + i)^n} = \frac{CFo}{(1 + i)^n} + \Sigma\, E_4^1\, \frac{Do}{(1 + i)^n}$$

i : est le TRI recherché

Cette formule pouvant apparaître quelque peu rébarbative, illustrons-la par un exemple.

- CIo = 1 5244 490 €
- ACo = 762 245 € au cours de l'année (n+2)
- Do = 152 449 € par an
- CFo = 4 573 470 € après cinq années

Ce calcul se réalise ainsi :

$$10 + \frac{5}{(1 + i)^2} = \frac{30}{(1 + i)^5} + \frac{1}{(1 + i)} + \frac{1}{(1 + i)^2} + \frac{1}{(1 + i)^3} + \frac{1}{(1 + i)^4} + \frac{1}{(1 + i)^5}$$

Tout calcul réalisé, le taux i ressort à 17,8 %. Si la réalisation du calcul ne pose guère de difficulté, celui-ci résiste dans la recherche des valeurs à introduire dans la formule :

ACo et Do : aucun problème à ce niveau puisque les valeurs correspondantes sont inscrites dans le business-plan. Si aucun de ces deux éléments n'est prévu, les calculs en seront d'autant plus simples puisque la formule deviendra alors :

$$CIo = \frac{CFo}{(1 + i)^n}$$

La valeur d'origine (CIo)

Deux cas peuvent se présenter.

– *On étudie un projet de création.* Cette hypothèse est de loin la plus simple puisque le capital initial correspondra à la somme versée par les actionnaires pour créer la société.

---

1. On considère comme actionnaires d'origine ceux qui détiennent le capital à la date d'étude du business-plan

– *On étudie le plan d'une société existante.* Dans ce cas, deux solutions sont envisageables. Retenir les fonds propres comptables présente l'avantage de la simplicité mais pas obligatoirement celui de l'exactitude. Il est également possible de procéder à une évaluation de l'entreprise par une méthode bien adaptée au type d'entreprise concernée.

La valeur finale (CFo)

Là encore, on pourra retenir soit l'actif net comptable, tel qu'il figurera dans le dernier des bilans prévisionnels établis, soit une évaluation réalisée comme indiqué précédemment.

Il est évident que les valeurs d'origine et les valeurs finales doivent être appréciées en utilisant la même méthode si l'on souhaite que le résultat obtenu soit cohérent.

Cette dernière règle n'est toutefois pas absolue dans le cas d'un business-plan de création. On pourra comparer la mise de fonds d'origine soit avec les capitaux propres comptables à terme, soit avec une évaluation de la société à cette même date.

2. La structure financière

Le plus souvent, on examinera à ce niveau :

– le fonds de roulement,

– le besoin en fonds de roulement,

– la trésorerie,

– quelques ratios de structure, et en particulier :

> Endettement à terme / fonds propres,
> Fonds propres / total passif,
> Endettement à terme / MBA.

– le ratio frais financiers / EBE qui met en évidence les risques de défaillance de l'entreprise, au-delà de la période couverte par le plan.

L'examen de ces indicateurs et ratios a pour but de mesurer les risques encourus par l'entreprise si elle réalise le plan prévu.

Pour porter ce jugement, on comparera les ratios obtenus avec :

- les mêmes ratios à l'origine du plan, afin de voir si ceux-ci s'améliorent, se détériorent ou restent stables,
- avec les normes généralement admises, soit pour l'ensemble des entreprises, soit dans le secteur professionnel considéré, soit les deux.

3. Tirer une conclusion

L'examen de la rentabilité et de la structure financière va permettre de définir si les hypothèses retenues peuvent être conservées ou doivent être peu ou prou modifiées.

Dans le premier cas, on passera à l'examen de la période intermédiaire entre l'origine et l'issue du plan ; dans le second, il conviendra de revenir sur tout ou partie des hypothèses retenues, ce que nous examinerons au paragraphe 74.3 ci-après.

742.2. Examen de la période intermédiaire

À ce niveau, le but est de rechercher si l'entreprise ne risque pas de se trouver confrontée, à un moment donné, à une crise de trésorerie qui pourrait mettre en cause son existence même.

Imaginons par exemple une entreprise dont la situation à l'origine serait la suivante :

– Fonds de roulement   4 573 470 €

– Besoin en fonds de roulement   6 860 205 € (dont encours clients 6 097 960 €)

– Trésorerie négative   2 286 735 € (mobilisation de l'encours clients)

La situation n'a rien de dramatique puisque le compte clients n'est mobilisé qu'à hauteur de 15/40 = 36 %. À l'issue du plan, on prévoit une trésorerie négative de 17 M€ pour un encours client de 50 M€. La situation s'est donc améliorée puisque le compte clients n'est plus mobilisé qu'à hauteur de 17/50 = 34 %.

Toutefois, au cours des cinq années couvertes par la prévision, les chiffres évoluent ainsi :

	Compte clients M€	Trésorerie négative M€	%
n	42	15	36 %
n+1	44	22	50 %
n+2	46	35	76 %
n+3	48	43	90 %
n+4	49	32	65 %
n+5	50	17	34 %

On constate, que même si la situation à terme redevient acceptable, l'entreprise traversera entre l'année (n+2) et (n+4) une période très difficile. Il convient donc de modifier le plan afin de limiter les risques encourus.

74.3. Choisir les hypothèses définitives

Il s'agit ici d'un processus itératif qui permettra de passer du premier plan établi au plan finalement retenu. Le nombre d'itérations dépendra évidemment des difficultés rencontrées. Si, par miracle, le premier plan établi se révèle le bon, cette étape n'a alors aucune raison d'être.

Le processus qui sera suivi peut être schématiquement représenté par la figure 7.5.

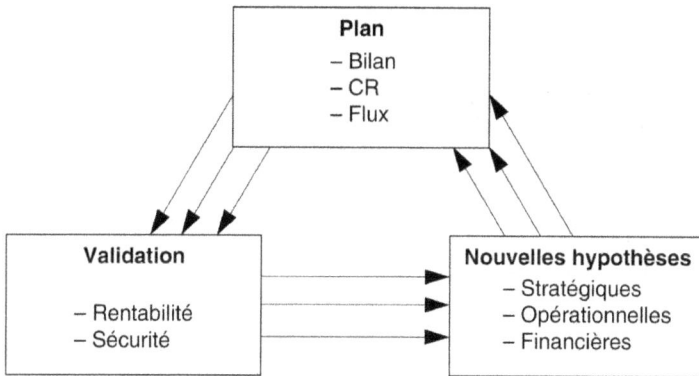

Figure 7.5. - **Processus de choix des hypothèses définitives.**

Dans ce cas, ce n'est qu'après trois séries de prévisions que l'on aboutit à celles finalement retenues et qui constitueront le business-plan de l'entreprise.

Il n'est évidemment pas possible de lister les modifications à apporter au plan d'origine pour obtenir le plan final, tant leur nombre est important, comme nous l'avons déjà dit, sur une période dont tout ou presque tout est envisageable. Par contre, l'ordre dans lequel on envisagera les modifications est, lui, possible à préciser puisque le principe est de tenter tout d'abord de modifier ce qui remet le moins en cause le projet fondamental de l'entreprise. La finance sera donc réexaminée prioritairement pour n'accepter de modifier qu'en dernier ressort, ce qui est l'essentiel, c'est-à-dire la stratégie.

L'ordre à respecter sera donc le suivant :

Le financement

On pourra à titre d'exemple examiner :

- une augmentation ou une diminution de l'effet de levier prévu,
- l'utilisation de financement mezzanine (quasi-fonds propres),
- un recours accru à la mobilisation du compte clients pouvant aller jusqu'au recours au factoring,
- la substitution du leasing ou de la location à l'acquisition directe des immobilisations,
- une éventuelle ouverture du capital à des partenaires financiers de type "capital-risque",
- etc.

Le mode d'exploitation

Là encore, on peut citer quelques exemples :

- sous-traiter certaines opérations ou certaines fonctions, plutôt que de produire en interne,
- procéder à des alliances, afin de développer certaines fonctions (commercial, export, etc.), sans investissement ou en partageant l'investissement,
- créer un partenariat durable avec des clients ou des fournisseurs, afin qu'ils prennent en charge certains investissements,
- etc.

La stratégie

Là encore, une foule de possibilités peuvent être envisagées, parmi lesquelles :

- opter pour une stratégie différente, différenciation plutôt que domination par les coûts, ou éventuellement focalisation,
- se recentrer sur certains des métiers, en cédant les autres, afin de générer du cash,
- abandonner certains segments de marché ou, si possible, céder les fonds de commerce correspondants,

238

- fusionner avec des confrères ou des partenaires,
- privilégier la croissance interne à la croissance externe ou vice et versa,
- etc.

On constate, en examinant cette énumération tout à fait incomplète, que les hypothèses à explorer peuvent être fort nombreuses. Dans la pratique, on commencera par définir l'ampleur du problème rencontré, ce qui permet en général d'orienter la réflexion :

- soit vers des mesures de détail jouant essentiellement sur les aspects financement et éventuellement, opérationnels,
- soit vers des remises en cause profondes de la stratégie.

75. Présenter le business-plan

Comme cela a été précisé tout au long du chapitre 1, le business-plan est un objet de communication qui doit emporter l'adhésion de ceux à qui il sera présenté, que ce soit dans ou hors de l'entreprise. Si, pour emporter cette adhésion, le fond est essentiel, la forme ne peut pour autant être négligée. Un bon business-plan doit donc être vendeur. La présentation d'un tel plan pose cependant certains problèmes.

Le lecteur trouvera en annexe VI un plan type de présentation d'un business-plan.

75.1. Définition d'un plan vendeur

On pourrait définir celui-ci par quelques mots :

- positif,
- réaliste,
- honnête.

Reprenons chacun de ces mots afin de voir quelle en est la signification profonde dans le cas qui nous occupe.

Positif

On ne peut évidemment mobiliser que sur un projet porteur d'avenir. On ne voit pas un banquier acceptant d'aider une société qui se déclarerait sans avenir, ses produits étant obsolètes ou ses marchés déclinants. Il est tout aussi difficile d'imaginer que cette affaire puisse espérer motiver durablement et profondément ses cadres et ses salariés.

Si être positif est simple lorsque l'entreprise se porte bien et espère se porter encore mieux, il n'en est pas forcément de même lorsque les temps sont durs. Il ne faudra pas dans ce cas cacher les difficultés ni l'ampleur des mesures de redressement à envisager. Cela ne doit pas empêcher de mettre en évidence qu'après une période difficile, l'entreprise consolidée repartira en avant.

Réaliste

Chacun sait que la vie d'une entreprise est faite de réussites et d'échecs. Le fait de regretter que les choses ne se passent pas toujours aussi bien que l'on aurait pu l'espérer ne change rien à ce constat.

Si l'on désire qu'un plan soit crédible, il faut intégrer cette constatation. C'est une des conditions de sa crédibilité auprès du lecteur. Tout lecteur aura en général, face à un plan, un œil critique. Il tentera en particulier de s'assurer qu'il a été tenu compte des éventuels aléas dans la réalisation des objectifs.

Rien n'est pire qu'un plan qui donnerait l'impression que l'on a empilé et multiplié les hypothèses favorables sans vouloir prendre en considération les risques éventuels. Si, de plus, un plan de ce genre n'amène qu'une performance finale moyenne, voire médiocre, la conclusion sera alors claire pour le lecteur. On peut simplifier cette conclusion par la formule souvent utilisée "ça ne marchera pas".

Honnête

Si l'honnêteté est une qualité morale incontestable, elle est également un moyen, pour ne pas dire le meilleur des moyens, de convaincre ses interlocuteurs. Comme chacun le sait, l'honnêteté est payante. Dans notre cas, le prix à encaisser est celui de la confiance. Le dirigeant qui présentera un plan auquel il ne croit pas a toute les chances de se discréditer et de perdre, peut-être à tout jamais, la confiance de ses interlocuteurs. Le capital confiance d'un dirigeant est un de ses biens les plus précieux, c'est lui qui permettra à l'entreprise de trouver l'aide nécessaire à passer les moments difficiles.

75.2. Le problème du secret

Le business-plan consiste en une description précise et détaillée de ce qu'est l'entreprise et de ce qu'elle veut devenir. Une des questions à se poser est alors de savoir si, en présentant son business-plan, l'entreprise ne risque pas de dévoiler sa stratégie à ses concurrents actuels ou futurs. Ce point de vue n'est pas faux, le risque est réel et il faut donc en tenir compte. Comment alors procéder ?

◆ Il convient tout d'abord de lister les informations réellement sensibles. La première chose à faire sera de s'interroger sur ce qui, dans le business-plan, pose problèmes.

   – L'entreprise qui désire augmenter sa part de marché prend-elle vraiment un risque si ses confrères l'apprennent ? On peut penser que si les confrères ne s'en doutent pas, c'est probablement qu'ils sont de mauvais observateurs de leur propre marché. Il est *a priori* plus facile à une entreprise qui intervient sur un marché d'observer le comportement de ses concurrents que de tenter de se procurer, par indélicatesse, le business-plan d'un confrère.

   – L'entreprise qui entend entrer sur un marché sur lequel elle n'opérait pas, grâce à une innovation technologique, est probablement tenue au secret. Elle pourra ainsi bénéficier de l'avantage que devrait lui apporter cette innovation et l'effet de surprise.

On voit bien à travers ces deux exemples qu'il existe des cas très différents et que, si le secret n'est pas toujours indispensable, il est nécessaire dans certains cas.

Hiérarchiser l'information

La nécessité du secret existe, il faut donc en tenir compte. Ce secret ne s'applique pas obligatoirement de la même manière à tous les partenaires de l'entreprise.

Une des solutions fréquemment retenues consiste à réaliser des présentations différentes du même business-plan. Cela veut dire que dans la pratique on construira un business-plan complet et détaillé, puis que celui-ci sera expurgé progressivement en fonction des destinataires et de la largeur de la diffusion.

On pourrait, à titre d'exemple, imaginer trois niveaux de diffusion.

– *Équipe de direction* (comité de direction)

Les membres de ce groupe peuvent et doivent bénéficier d'une information complète, ils recevront donc la version la plus complète du business-plan.

– *Partenaires extérieurs* (financiers, banquiers)

Il peut à ce niveau apparaître prudent de résumer les aspects stratégiques. Cette solution permet de ne pas dévoiler certains détails de la stratégie qui font la force de l'entreprise, ou des innovations encore à l'étude ou en étape de pré-commercialisation.

Notons que si une innovation stratégique nécessite des financements externes massifs, il faudra alors bien en faire part au financier que l'on approchera en vue d'obtenir les financements nécessaires.

Dans ce cas, il y aura tout intérêt à limiter le nombre des partenaires financiers et à les sélectionner soigneusement.

– *Ensemble du personnel et actionnaires des sociétés cotées*

On peut à ce niveau se limiter à un exposé général de la stratégie de la société qui, sans mentir, permet de laisser dans l'ombre ce que ne doivent pas connaître les concurrents.

On constate en effet que c'est moins les stratégies globales qui constituent un véritable secret que leur mode de mise en œuvre.

75.3. Le nombre de versions à présenter

Le chapitre 2 a mis en évidence qu'il s'avérait souvent nécessaire d'élaborer plusieurs versions du business-plan afin de vérifier ce qui pourrait advenir si les choses se passaient mieux ou plus mal que prévu.

On peut est toutefois d'explorer des hypothèses à usage interne sans pour autant les diffuser à des partenaires et en particulier à des partenaires externes.

La solution la plus répandue est la suivante :

– Le business-plan est unique.

Si le business-plan est bien la concrétisation du projet de l'entreprise, il ne peut être qu'unique. Le fait qu'il n'y ait qu'un business-plan ne veut pas dire qu'il soit intangible. Un dirigeant doit savoir revenir sur ses projets s'ils se révèlent finalement irréalisables.

Donc, si l'on retient cette formule, le document remis et commenté ne comportera qu'une hypothèse.

– Des calculs de sensibilité peuvent valider le business-plan.

L'entreprise présente "son plan" car elle le considère comme le plus crédible ; rien n'interdit cependant qu'elle utilise d'autres plans intégrant d'autres hypothèses, pour mettre en évidence que, même si les choses se passent moins bien que prévu, elle ne se trouvera pas pour autant en difficulté.

Cette distinction entre la présentation de plusieurs plans et celle d'un plan unique n'a pas qu'un aspect cosmétique. Elle présente certains avantages non négligeables.

– Elle démontre que l'entreprise et la direction s'engagent véritablement sur le projet présenté.

– Elle évite qu'un lecteur pessimiste (les financiers le sont par profession) ne retienne uniquement l'hypothèse la moins favorable.

– Elle répond cependant par avance aux questions d'un interlocuteur qui ne manquera pas de s'interroger sur les conséquences d'une non réalisation plus ou moins profonde du plan.

76. Communiquer sur et par le business-plan

En fait, le problème est double puisque le business-plan est à la fois "objet" et "outil" de communication.

"Objet" dans la mesure où il devra être remis et commenté. "Outil" puisqu'il servira de support à la présentation, en diverses circonstances, de ce qu'est et ce qu'a décidé de devenir l'entreprise.

Cette communication pose trois problèmes.

La forme du document

Le problème n'est pas tant celui de choisir entre :

• un papier glacé ou un support plus ordinaire,
• un document imprimé ou photocopié,
• la présence ou non d'illustrations.

Ces détails ont, cependant, leur importance quant à la capacité du document à convaincre. Il ne faut donc pas traiter ce point à la légère.

Le problème de fond est plutôt celui de la lisibilité du document et, donc, de sa facilité ou de sa difficulté de compréhension.

Pour être compréhensible et donc constituer un véritable objet et outil de communication, le business-plan, ou plutôt le document qui le présente, doit répondre à certaines règles.

● Être complet

Cela veut dire qu'il doit partir d'une présentation générale de l'entreprise pour aboutir aux éléments financiers prévisionnels. Cela reste vrai même si, comme nous l'avons vu, l'entreprise est contrainte pour des raisons de secret à être peu explicite sur certains aspects de la stratégie.

● Être synthétique

L'entreprise est complexe et sa modélisation l'est donc également. La plupart des lecteurs ne consacreront à l'étude ou à la lecture du business-plan qu'un temps limité. Il faut donc mettre en évidence l'essentiel. Cela amènera le plus souvent à reporter en annexe les informations de détail pour n'en présenter que la synthèse dans le corps du document.

Ainsi, un bilan prévisionnel qui comprend plus de 100 postes peut-il se résumer en six éléments représentés sous forme graphique de la manière suivante :

Bilan au 31.12.N	
Immobilisation 40 000	Capitaux propres 30 000
Actifs circulants 60 000	Dettes à termes 30 000
Trésorerie 10 000	Passifs circulants 50 000

● Être "tous publics" ?

Le risque essentiel à ce niveau est de fabriquer un document de "financiers" exprimé dans le "jargon" de ces derniers. Le document ne sera alors lisible que par d'autres financiers, et encore, si leur propre "jargon" est identique.

Les mots à utiliser doivent pouvoir être compris d'un public large. En cas de diffusion à des personnes n'ayant pas ou peu de culture financière (certains salariés), il faudra faire un effort pédagogique particulier si l'on souhaite que les concepts essentiels soient bien assimilés.

Pour obtenir ces diverses qualités, il est souvent souhaitable de tester le projet de document auprès d'un ou de quelques lecteurs choisis comme représentatifs de la population à laquelle on destine le document.

Le test permettra également :

– de révéler d'éventuelles incohérences entre les différents chapitres du business-plan,

– de préparer les réponses à apporter aux questions qu'appellera la lecture du document en fonction des différents types d'interlocuteurs.

La présentation du document

Le business-plan constate une volonté de la direction de l'entreprise et en détermine les conséquences financières.

Pour en assurer la crédibilité, la direction doit donc s'engager sur ce document. C'est elle qui doit en assurer la présentation auprès des différents destinataires que ce soit :

- des financiers du bas ou du haut de bilan,
- les actionnaires à qui l'on dira aussi ce que l'entreprise entend faire de leur argent,
- les cadres et les salariés que l'on veut mobiliser sur le projet de l'entreprise.

Le fait que la direction présente le document, ou plutôt son contenu, ne veut pas dire qu'elle le fasse seule.

La présentation à un financier sera efficacement réalisée par une équipe constituée pour l'occasion par :

– le dirigeant seul crédible pour présenter et convaincre, au niveau de la stratégie choisie et de sa mise en œuvre,

– le financier qui pourra lui répondre sur les aspects plus matériels et techniques du mode d'élaboration de la partie financière du plan.

Si le business-plan porte non pas sur l'ensemble de l'entreprise ou du groupe mais sur un "projet" spécifique, la présence du responsable de ce projet sera alors indispensable.

Le suivi

C'est probablement à ce niveau que le business-plan cesse d'être un objet pour devenir un moyen de communication.

Si comme cela est souhaitable, le business-plan devient un véritable outil de gestion de l'entreprise, il constituera alors la référence par rapport à laquelle se mesureront les réalisations de l'entreprise et par référence à laquelle se prendront les décisions.

Dans la pratique, cela veut dire que, chaque fois que l'entreprise devra communiquer sur sa stratégie ou ses résultats et que ce soit dans ou hors de l'entreprise, elle devra le faire en référence au business-plan.

Cela ne veut nullement dire que le business-plan soit un carcan qui interdirait toute innovation.

On sait bien que les événements obligeront de toute manière à réagir et que tout ne peut avoir été prévu.

Il n'est pas choquant d'annoncer que, sous la pression des événements, on est obligé de modifier la stratégie et que, donc, on ne réalisera pas exactement ce qui était prévu. Il serait à l'inverse choquant et dangereux soit de cacher ces changements de stratégie, soit de ne pas dire en quoi ils modifieront le plan initialement prévu. Dans ce cas en effet, le business-plan apparaîtrait comme un exercice théorique et sans portée pratique. Lors de l'élaboration et de la présentation du plan suivant, il y à fort à parier que celui-ci n'emporterait l'adhésion ni à l'intérieur de l'entreprise ni de la part des partenaires extérieurs. C'est, à ce niveau, la crédibilité du management qui est en cause.

Conclusion

N ous avons tenté de décrire dans cet ouvrage à la fois quelles pouvaient être les utilisations d'un business-plan et comment bâtir et utiliser celui-ci.

De nombreux lecteurs se poseront probablement la question classique : "Dans un monde aussi évolutif que le nôtre, est-il utile de tenter de prévoir l'avenir alors que chacun sait qu'il sera probablement différent de ce que l'on est capable d'imaginer aujourd'hui ?"

Cette question est une vraie question qui se pose non seulement pour le business-plan, mais pour toute tentative de prévision, que celle-ci concerne l'entreprise ou des horizons plus vastes.

La réponse tient probablement dans la finalité même de toute prévision. On peut en effet, semble-t-il, donner à l'acte de prévision deux sens différents.

▶ Prévoir pour prévoir

Dans ce cas, le seul but serait de tenter de savoir à l'avance ce qui va se passer. Cette approche, que l'on pourrait qualifier de "météorologue", ne présente en effet guère d'intérêt. Elle reviendrait à supposer que le chef d'entreprise n'a pas de moyens d'action ou de volonté d'agir et qu'il subira les événements comme nous subissons la pluie et le beau temps.

▶ Prévoir pour agir

C'est sans doute dans cette attitude que la prévision prend sa véritable signification et trouve à la fois son intérêt et sa justification. Le business-plan n'a pas pour intérêt, ou du moins pas pour intérêt essentiel, de prévoir ce qui va se passer mais plutôt de permettre d'agir et de réagir. On peut, en maniant le paradoxe, dire que si tout se passe comme prévu la prévision n'a guère d'intérêt. Le véritable intérêt réside à deux niveaux.

▶ Prévoir oblige à décider suffisamment tôt

La météorologie n'a d'intérêt que si elle débouche sur une action. Elle permet à l'agriculteur de rentrer suffisamment vite ses foins et de sauver ainsi sa récolte ou au promeneur de se munir d'un parapluie afin d'éviter d'être mouillé par l'averse.

Il en est de même pour l'entreprise. Réfléchir sur l'arrivée éventuelle d'un nouvel entrant sur le marché ou découvrir une possible impasse de trésorerie n'a d'intérêt que si cela permet de prendre suffisamment tôt des décisions pour mieux verrouiller le marché ou mettre en place par anticipation les financements nécessaires.

▶ Prévoir permet de réagir

Tous les navigateurs savent que l'on ne tient jamais le cap que l'on s'est fixé. Ils arrivent cependant au port. Ce n'est pas l'effet du hasard mais simplement l'effet d'actions correctives permanentes qui permet de compenser la dérive constatée. Cela ne leur interdit pas, si le temps se gâte, de changer de cap pour courir se réfugier vers une zone plus abritée, quitte à repartir ensuite vers la destination d'origine.

Il en est de même pour l'entreprise. Le business-plan indique un cap et définit les moyens de l'atteindre. Les événements créeront forcément des dérives. Le fait de connaître rapidement ces dérives et de les mesurer permettra de redresser la barre.

C'est pour ces raisons que le business-plan constitue un des outils essentiels du management moderne. Il est peut-être d'autant plus utile que l'on traverse une période difficile où les risques de dérive, voire d'échouage, sont importants.

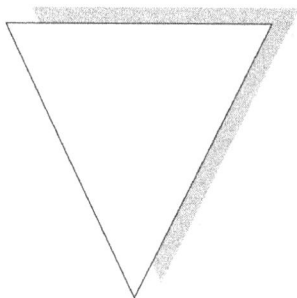

Annexes

Annexe

I

Comptes sociaux : documents fiscaux

Agrément N° **75900.1010**

N° 10937 * 02

Formulaire obligatoire (article 53 A
du code général des impôts).

① **BILAN — ACTIF**

D.G.I. N° 2050 0
(2000)

Désignation de l'entreprise : _____ Durée de l'exercice exprimée en nombre de mois* ⌊12⌋

Adresse de l'entreprise _____ Durée de l'exercice précédent* ⌊12⌋

Numéro SIRET* _____ Code APE _____

Déclaration souscrite en

F ⌊A7⌋X ⌊A8⌋ €

cocher obligatoirement une case

Exercice N, clos le : _____

N - I _____

				Brut 1	Amortissements, provisions 2	Net 3	Net 4
Capital souscrit non appelé (0)			AA				
Frais d'établissement*		AB			AC		
Frais de recherche et développement*		AD			AE		
Concessions, brevets et droits similaires		AF			AG		
Fonds commercial (1)		AH			AI		
Autres immobilisations incorporelles		AJ			AK		
Avances et acomptes sur immobilisations incorporelles		AL			AM		
Terrains		AN			AO		
Constructions		AP			AQ		
Installations techniques, matériel et outillage industriels		AR			AS		
Autres immobilisations corporelles		AT			AU		
Immobilisations en cours		AV			AW		
Avances et acomptes		AX			AY		
Participations évaluées selon la méthode de mise en équivalence		CS			CT		
Autres participations		CU			CV		
Créances rattachées à des participations		BB			BC		
Autres titres immobilisés		BD			BE		
Prêts		BF			BG		
Autres immobilisations financières*		BH			BI		
TOTAL (I)		BJ			BK		
Matières premières, approvisionnements		BL			BM		
En cours de production de biens		BN			BO		
En cours de production de services		BP			BQ		
Produits intermédiaires et finis		BR			BS		
Marchandises		BT			BU		
Avances et acomptes versés sur commandes		BV			BW		
Clients et comptes rattachés (3)*		BX			BY		
Autres créances (3)		BZ			CA		
Capital souscrit et appelé, non versé		CB			CC		
Valeurs mobilières de placement (dont actions propres : ...)		CD			CE		
Disponibilités		CF			CG		
Charges constatées d'avance (3)*		CH			CI		
TOTAL (II)		CJ			CK		
Charges à répartir sur plusieurs exercices* (III)		CL					
Primes de remboursement des obligations (IV)		CM					
Ecarts de conversion actif* (V)		CN					
TOTAL GÉNÉRAL (0 à V)		CO		1A			

ACTIF IMMOBILISÉ: IMMOBILISATIONS INCORPORELLES, IMMOBILISATIONS CORPORELLES, IMMOBILISATIONS FINANCIÈRES (2)

ACTIF CIRCULANT: STOCKS*, CRÉANCES, DIVERS

Comptes de régularisation

1er EXEMPLAIRE DESTINÉ A L'ADMINISTRATION

Renvois : (1) Dont droit au bail :

(2) part à moins d'un an des immobilisations financières nettes CP

(3) Part à plus d'un an : CR

Clause de réserve de propriété * | Immobilisations :

Stocks :

Créances :

* Des explications concernant cette rubrique sont données dans la notice n° 2032

Agrément N° **75900.1010**

N° 10938*02

Formulaire obligatoire (article 53 A du Code général des impôts)

(2) **BILAN — PASSIF** avant répartition

D.G.I. N° **2051** **0**
(2000)

1er EXEMPLAIRE DESTINÉ A L'ADMINISTRATION

Désignation de l'entreprise

			Exercice N	Exercice N - 1
CAPITAUX PROPRES	Capital social ou individuel (1)* (Dont versé : ....)	DA		
	Primes d'émission, de fusion, d'apport, ...	DB		
	Ecarts de réévaluation (2)* (dont écart d'équivalence EK)	DC		
	Réserve légale (3)	DD		
	Réserves statutaires ou contractuelles	DE		
	Réserves réglementées (3)* (Dont réserve spéciale des provisions pour fluctuation des cours A10)	DF		
	Autres réserves (Dont réserve relative à l'achat d'oeuvres originales d'artistes vivants* EJ)	DG		
	Report à nouveau	DH		
	RÉSULTAT DE L'EXERCICE (bénéfice ou perte)	DI		
	Subventions d'investissement	DJ		
	Provisions réglementées *	DK		
	TOTAL (I)	DL		
Autres fonds propres	Produit des émissions de titres participatifs	DM		
	Avances conditionnées	DN		
	TOTAL (II)	DO		
Provisions pour risques et charges	Provisions pour risques	DP		
	Provisions pour charges	DQ		
	TOTAL (III)	DR		
DETTES (4)	Emprunts obligataires convertibles	DS		
	Autres emprunts obligataires	DT		
	Emprunts et dettes auprès des établissements de crédit (5)	DU		
	Emprunts et dettes financières divers (Dont emprunts participatifs EI)	DV		
	Avances et acomptes reçus sur commandes en cours	DW		
	Dettes fournisseurs et comptes rattachés	DX		
	Dettes fiscales et sociales	DY		
	Dettes sur immobilisations et comptes rattachés	DZ		
	Autres dettes	EA		
Compte régul.	Produits constatés d'avance (4)	EB		
	TOTAL (IV)	EC		
	Ecarts de conversion passif* (V)	ED		
	TOTAL GÉNÉRAL (I à V)	EE		
RENVOIS	(1) Écart de réévaluation incorporé au capital	1B		
	(2) Dont { Réserve spéciale de réévaluation (1959)	1C		
	{ Ecart de réévaluation libre	1D		
	{ Réserve de réévaluation (1976)	1E		
	(3) Dont réserve spéciale des plus-values à long terme *	EF		
	(4) Dettes et produits constatés d'avance à moins d'un an	EG		
	(5) Dont concours bancaires courants, et soldes créditeurs de banques et CCP	EH		

* Des explications concernant cette rubrique sont données dans la notice n° 2032.

253

Agrément N° **75900.1010**

N° 10167*04

Formulaire obligatoire (article 53 A
du Code général des impôts).

D.G.I. N° **2052** **0**
(2000)

(**3**) **COMPTE DE RÉSULTAT DE L'EXERCICE** (En liste)

Désignation de l'entreprise : _____

1er EXEMPLAIRE DESTINÉ À L'ADMINISTRATION

			Exercice N			Exercice (N-1)
			France	Exportation et livraisons intracommunautaires	Total	
PRODUITS D'EXPLOITATION	Ventes de marchandises*	FA		FB	FC	
	Production vendue { biens*	FD		FE	FF	
	services*	FG		FH	FI	
	Chiffres d'affaires nets*	FJ		FK	FL	
	Production stockée*				FM	
	Production immobilisée*				FN	
	Subventions d'exploitation				FO	
	Reprises sur amortissements et provisions, transfert de charges* (9)				FP	
	Autres produits (1) (11)				FQ	
	Total des produits d'exploitation (2) (I)				FR	
CHARGES D'EXPLOITATION	Achats de marchandises (y compris droits de douane)*				FS	
	Variation de stock (marchandises)*				FT	
	Achats de matières premières et autres approvisionnements (y compris droits de douane)*				FU	
	Variation de stock (matières premières et approvisionnements)*				FV	
	Autres achats et charges externes (3) (6 bis)*				FW	
	Impôts, taxes et versements assimilés*				FX	
	Salaires et traitements*				FY	
	Charges sociales (10)				FZ	
	DOTATIONS D'EXPLOITATION — Sur immobilisations { - dotations aux amortissements*				GA	
	- dotations aux provisions*				GB	
	Sur actif circulant : dotations aux provisions				GC	
	Pour risques et charges : dotations aux provisions				GD	
	Autres charges (12)				GE	
	Total des charges d'exploitation (4) (II)				GF	
1 - RÉSULTAT D'EXPLOITATION (I - II)					GG	
opérations en commun	Bénéfice attribué ou perte transférée* (III)				GH	
	Perte supportée ou bénéfice transféré* (IV)				GI	
PRODUITS FINANCIERS	Produits financiers de participations (5)				GJ	
	Produits des autres valeurs mobilières et créances de l'actif immobilisé (5)				GK	
	Autres intérêts et produits assimilés (5)				GL	
	Reprises sur provisions et transferts de charges				GM	
	Différences positives de change				GN	
	Produits nets sur cessions de valeurs mobilières de placement				GO	
	Total des produits financiers (V)				GP	
CHARGES FINANCIÈRES	Dotations financières aux amortissements et provisions*				GQ	
	Intérêts et charges assimilées (6)				GR	
	Différences négatives de change				GS	
	Charges nettes sur cessions de valeurs mobilières de placement				GT	
	Total des charges financières (VI)				GU	
2 - RÉSULTAT FINANCIER (V - VI)					GV	
3 - RÉSULTAT COURANT AVANT IMPÔTS (I - II + III - IV + V - VI)					GW	

(RENVOIS : voir tableau n° 2053) * Des explications concernant cette rubrique sont données dans la notice n° 2032.

254

Agrément N° 75900.1010

N° 10947*02

Formulaire obligatoire (article 53 A du Code général des impôts)

(4) **COMPTE DE RESULTAT DE L'EXERCICE** (Suite)

D.G.I. N° 2053

(2000)

0

Désignation de l'entreprise _____

			Exercice N	Exercice N - 1
PRODUITS EXCEPTIONNELS	Produits exceptionnels sur opérations de gestion	HA		
	Produits exceptionnels sur opérations en capital *	HB		
	Reprises sur provisions et transferts de charges	HC		
	Total des produits exceptionnels (7) (VII)	HD		
CHARGES EXCEPTIONNELLES	Charges exceptionnelles sur opérations de gestion (6 bis)	HE		
	Charges exceptionnelles sur opérations en capital *	HF		
	Dotations exceptionnelles aux amortissements et provisions	HG		
	Total des charges exceptionnelles (7) (VIII)	HH		
4 - RÉSULTAT EXCEPTIONNEL (VII - VIII)		HI		
Participation des salariés aux résultats de l'entreprise (IX)		HJ		
Impôts sur les bénéfices * (X)		HK		
TOTAL DES PRODUITS (I + III + V + VII)		HL		
TOTAL DES CHARGES (II + IV + VI + VIII + IX + X)		HM		
5 - BÉNÉFICE OU PERTE (Total des produits - total des charges)		HN		
(1)	Dont produits nets partiels sur opérations à long terme	HO		
(2) Dont	produits de locations immobilières	HY		
	produits d'exploitation afférents à des exercices antérieurs (à détailler au (8) ci-dessous)	IG		
(3) Dont	- Crédit-bail mobilier	HP		
	- Crédit-bail immobilier	HQ		
(4)	Dont charges d'exploitation afférentes à des exercices antérieurs (à détailler au (8) ci-dessous)	III		
(5)	Dont produits concernant les entreprises liées	IJ		
(6)	Dont intérêts concernant les entreprises liées	IK		
(6bis)	Dont dons faits aux organismes d'intérêt général (art. 238 bis du C.G.I.)	HX		
(9)	Dont transfert de charges	A1		
(10)	Dont cotisations personnelles de l'exploitant (13)	A2		
(11)	Dont redevances pour concessions de brevets, de licences (produits)	A3		
(12)	Dont redevances pour concessions de brevets, de licences (charges)	A4		
(13)	Dont primes et cotisations complémentaires personnelles : facultatives A6 obligatoires A9			

(7)	Détail des produits et charges exceptionnels (Si ce cadre est insuffisant,joindre un état du même modèle):	Exercice N	
		Charges exceptionnelles	Produits exceptionnels

(8)	Détail des produits et charges sur exercices antérieurs :	Exercice N	
		Charges antérieures	Produits antérieurs

* Des explications concernant cette rubrique sont données dans la notice n° 2032.

Annexe II

1. Les ratios les plus courants

Ratios	Définition	Éléments de comparaison
1. Productivité		
11. $\dfrac{\text{Production}}{\text{Effectif}}$	Production par personne	À comparer éventuellement au ratio des concurrents.
12. $\dfrac{\text{Valeur Ajoutée}}{\text{Effectif}}$	Productivité du personnel : richesse créée par emploi	Idem
13. $\dfrac{\text{Frais de personnel}}{\text{Effectif}}$	Rémunération moyenne du personnel	Évolution à comparer : - à celle de la productivité du personnel - aux concurrents
14. $\dfrac{\text{Amortissements}}{\text{Immobilisations brutes}}$	Degré d'amortissement des immobilisations corporelles ; âge ou obsolescence des immobilisations	
15. $\dfrac{\text{Frais de personnel}}{\text{Valeur ajoutée}}$	Importance des frais de personnel dans la valeur ajoutée	Dépend du secteur d'activité

257

2.

Ratios	Définition	Éléments de comparaison
2. Rentabilité d'exploitation		
21. $\dfrac{\text{Marge brute}}{\text{Chiffre d'affaires ou Production}}$	Taux de marge commerciale. Degrés d'intégration.	- Surtout significatif pour les entreprises de négoce, commerce. - Dépend du secteur d'activité : activités plus ou moins transformatrices.
22. $\dfrac{\text{Excédent brut d'exploitation}}{\text{Chiffre d'affaires ou Production}}$	Taux de rentabilité de l'exploitation courante.	- En général 7 à 20 %. - Très significatif pour les entreprises industrielles
23. $\dfrac{\text{Frais financiers}}{\text{Chiffre d'affaires ou Production}}$	Importance des frais financiers dans le CA.	< 3 % 4 %
24. $\dfrac{\text{MBA}}{\text{Chiffre d'affaires ou Production}}$	Rentabilité globale de l'exploitation, taux d'autofinancement dégagé (après I.S).	En général 3 à 10 %
25. $\dfrac{\text{Bénéfice d'exploitation}}{\text{Chiffre d'affaires ou Production}}$	Rentabilité d'exploitation.	Comparaison avec les concurrents.
3. Rentabilité des capitaux investis		
31. $\dfrac{\text{Bénéfice net}}{\text{Situation nette}}$	- Rentabilité des fonds propres. - Rentabilité financière.	À comparer : - Au taux d'érosion monétaire - Au taux de croissance moyen du chiffre d'affaires - Au taux des obligations de 1ère catégorie
32. $\dfrac{\text{EBE-Amortissements}}{\text{Immo brutes + BFR}}$	- Taux de rentabilité interne nominal de l'exploitation (rentabilité économique de l'actif d'exploitation	À comparer au taux moyen du loyer de l'argent

3.

Ratios	Définition	Éléments de comparaison
4. Analyse du besoin en fonds de roulement		
41. $\dfrac{\text{Besoin en fonds de roulement brut}}{\text{Chiffre d'affaires}}$	- Besoin de trésorerie du cycle d'exploitation (achat-production-vente) avant tout financement bancaire. - S'établit en % du CA ou en nombre de jours de CA (en multipliant le ratio par 360) pour dégager la durée moyenne du cycle.	- Analyse particulière à mener pour les activités saisonnières.
41 bis. $\dfrac{\text{Besoin en fonds de roulement net}}{\text{Chiffre d'affaires}}$	- Besoin de trésorerie du cycle d'exploitation après financements bancaires sous forme d'escompte commercial (ou de mobilisation).	Interprétation du ratio en fonction de l'importance plus ou moins grande du recours à l'escompte (ou mobilisation) (cf ratio 58).
42. Stocks globaux en jours de chiffre d'affaires HT	- Délai moyen de stockage - Calcul $360 \times \dfrac{\text{stocks globaux}}{\text{CA HT}}$	
43. Clients en jours de ventes TTC	- Délai de recouvrement des créances - Calcul $360 \times \dfrac{\text{clients}}{\text{Ventes TTC}}$	- À comparer aux conditions standard de délai-clients de l'entreprise.
44. Fournisseurs en jours d'achat TTC	- Délai de paiement des fournisseurs - Calcul $360 \times \dfrac{\text{fournisseurs}}{\text{Achats TTC}}$	- À comparer aux conditions standard de crédit-fournisseurs de l'entreprise.

4.

Ratios	Définition	Éléments de comparaison
5. Équilibre financier *a) Fonds de roulement* 51. $\dfrac{\text{Fonds de roulement}}{\text{Chiffre d'affaires}}$	- Capacité de financement du cycle achat-production-vente. - S'établit en nombre de jours de CA (en multipliant le ratio par 360).	- À comparer aux ratios 41 et 42
52. $\dfrac{\text{Endettement à terme}}{\text{Fonds propres}}$	- Ratio d'indépendance financière ; poids de l'endettement à terme par rapport aux fonds propres.	- Pour la Banque de France ≤ 1 - En moyenne, de 0,3 à 0,8
53. $\dfrac{\text{Fonds propres}}{\text{Passif total}}$	- Structure du passif entre fonds propres et dettes extérieures. - Tenir compte des éventuelles réserves latentes de réévaluation de l'actif immobilier.	- En général 20 à 40 % dans l'industrie < commerce et services
54. $\dfrac{\text{Frais financiers}}{\text{Dette totale}}$	Coût moyen de l'endettement : - Note : DETTE TOTALE = endettement à terme + 100 % des prêts participatifs + Dette bancaire à court terme.	- À comparer au loyer de l'argent. - A comparer au ratio 32.
55. $\dfrac{\text{Endettement à terme}}{\text{MBA}}$	- Capacité de remboursement des dettes à moyen et long terme. NOTE : Les prêts participatifs sont inclus dans l'endettement à terme pour 100 %.	- Norme bancaire < 3 ou 5 maximum, si la dette est à long terme.
b) Trésorerie 56. $\dfrac{\text{(Dette bancaire à court terme)}}{\text{Chiffre d'affaires}}$	- Importance de l'endettement à court terme. - Ratio établi en nombre de jours de CA (en le multipliant par 360).	Maximum 60 jours (lié aux délais clients)

260

5.

Ratios	Définition	Éléments de comparaison
57. $\dfrac{\text{Frais financiers}}{\text{EBE}}$	- Ratio de trésorerie relative. - Indicateur de la capacité à faire face aux échéances bancaires à court terme	< 30 % bon > 50 % risque élevé
58. $\dfrac{\text{Crédit à court terme}}{(\text{Client} + \text{effets escomptés})}$	Part de la mobilisation du compte-clients par des financements bancaires courts (mobilisables ou non).	Maximum 50 à 60 %

NB: Pour annualiser un ratio, on multiplie le ratio par le nombre de jours de l'exercice, c'est-à-dire quand les exercices sont de 12 mois, on multiplie par 365 ou 360 (1 mois = 30 jours).

261

Exemple de calcul du BFR normatif (méthode des experts comptables)

1. Les stocks

Admettons que la durée normale de rotation des stocks, déterminée après enquête auprès des différents responsables, soit de 55 jours. Le compte d'exploitation montre, quant à lui, que le chiffre d'affaires HT est de 200 pour des achats (HT) de 120.

Le coefficient de structure applicable à la durée de rotation des stocks sera égal [1] à :

$$\frac{\text{Achat HT}}{\text{CA HT}}$$

Le stock représente donc : $55 \times 0{,}6 = 33$ jours de CA HT.

2. Les créances clients

Admettons que l'entreprise consente à ses clients un crédit dont la durée moyenne est de 50 jours (délai moyen entre la vente et l'encaissement du prix).

L'entreprise, d'autre part, est assujettie à la TVA au taux de 18,60 % et ne réalise aucune vente HT.

Le coefficient de structure sera égal à :

$$\frac{\text{CA TTC}}{\text{CA HT}} = 1{,}186$$

et les créances clients représenteront donc :

$$50 \times 1{,}186 = 60 \text{ jours de CA HT.}$$

---

1. Dans l'hypothèse où ces stocks sont évalués au prix d'achat.

3. Le crédit fournisseurs

Admettons que l'entreprise bénéficie de la part de ses fournisseurs de crédits dont la durée moyenne est de 90 jours.

Admettons d'autre part que tous ses achats supportent la TVA calculée au taux de 18,60 %.

Le coefficient de structure sera égal à :

$$\frac{\text{Achats TTC}}{\text{Ventes HT}} \quad \frac{\text{Achats HT} \times \text{indice TVA}}{\text{Ventes HT}} \quad \frac{120 \times 1,186}{200} = 0,72$$

et le crédit fournisseurs représentera donc :

$$90 \times 0,72 = 64,8 \text{ jours de CA HT.}$$

On procédera ensuite à l'addition :
- d'une part des postes de l'actif,
- d'autre part des postes du passif.

La différence entre le total obtenu à l'actif et celui du passif donnera une première estimation du besoin en fonds de roulement, le besoin en fonds de roulement brut.

Par exemple, si l'on suppose que l'entreprise évoquée précédemment n'a pas à financer à l'actif d'autres postes que « stocks » et « clients » et ne bénéficie d'aucune autre ressource cyclique que le crédit fournisseurs, son besoin en fonds de roulement sera :

- stocks   33,0
- clients   60,0
- fournisseurs   64,8

- BFR   28,2 jours de CA HT

NB : Bien entendu, les postes peuvent indifféremment être exprimés en pourcentage du CA HT. Ici :

- stocks   9,0
- clients   16,5
- fournisseurs   17,8

- BFR   0,7 % du CA HT

Il convient ensuite de tenir compte des sources de financement à court terme dont l'entreprise peut disposer quasi automatiquement et dont le montant varie en fonction du chiffre d'affaires : crédits de mobilisation de créances et similaires.

Après avoir pris en compte ces possibilités, on obtient une évaluation du fonds de roulement dont doit disposer l'entreprise pour rendre sa trésorerie nulle en moyenne, ou son besoin en fonds de roulement net.

*

*   *

Dans certains cas, le calcul peut conduire à un besoin en fonds de roulement négatif (rotation rapide des stocks, paiements comptant de la clientèle et crédit fournisseurs important : cas de certaines entreprises de distribution), ce qui signifie que l'entreprise peut théoriquement financer une partie de ses immobilisations nettes par des ressources à court terme tout en conservant une trésorerie nulle ou positive : en fait, une telle situation entraîne une grande sensibilité aux variations conjoncturelles du niveau d'activité, ce qui doit conduire l'entreprise à prévoir une marge de sécurité pour y faire face.

Documents financiers types

1. Bilans prévisionnels

	20..	20..	20..
Capitaux propres dont résultat net			
Comptes-courants Prêts participatifs et avances conditionnées			
Emprunts à moyen et long terme financiers			
Autres dettes à long terme			
Capitaux permanents			
Immobilisations incorporelles Immobilisations corporelles Immobilisations financières			
Immobilisations			
Fonds de roulement			
Stocks Clients (+ Escompte) Autres actifs d'exploitation			
Actif d'exploitation			
Fournisseurs Autres passifs d'exploitation			
Passif d'exploitation			
Besoins en fonds de roulement			
Actifs circulants hors exploitation Disponibilité Valeurs mobilières de placement Passifs circulants hors exploitation Dettes à court terme			
Trésorerie			

267

2. Tableaux de financements prévisionnels

	20..	20..	20..
Ressources			

• Cash-flow
  • Augmentation de capital
  • Quasi-fonds propres
  • Emprunts			

Total			
Emploi			

• Investissements
  • Variation du BFR (1)
  • Remboursements d'emprunts
  • Dividendes			

Total			
Solde annuel			
Solde cumulé			
(1) Le poste doit faire l'objet d'un calcul annexe.			

3. Comptes de résultats prévisionnels

Exercice	20..	20..	20..
Ventes de marchandises - Coût d'achat des marchandises			
Marge commerciale			
Production de l'exercice			
- Achats matières prem. et approv. + Variations de stocks			
Marge brute			
- Autres consommations externes			
Valeur ajoutée			
+Subvention d'exploitation - Frais de personnel - Impôts et taxes			
Excédent brut d'exploitation			
+/- Autres prod. et charges d'exploit. - Dotations aux amortissements - Dotations aux provisions d'exploit. +Reprises aux provisions d'exploit.			
Résultat d'exploitation			
- Charges financières +Produits financiers - Dotations + reprises sur prov. fin.			
Résultat courant avant IS			
+/- Résul. except. opér. de gestion +/- Résul. except. opér. de capital +/- Var. de provision exceptionnelle - Participation des salariés - Impôts sur les bénéfices			
Résultat net			

Liaisons entre les composants
du business-plan

Nous explorerons chaque grande rubrique contenue dans celui-ci en tentant de définir pour chacun d'eux :

- comment ils doivent être éventuellement ventilés, si l'on désire réaliser une prévision fiable ;
- avec quel autre poste il convient d'organiser des liaisons. L'examen du contenu de chacun des documents sera fait en respectant leur ordre normal d'élaboration. Cet ordre est évidemment celui qui est présenté au paragraphe 71.

1.

Postes	Ventilations	Liaisons
Compte de résultat		
- Ventes de marchandises	- Produits - Clientèles - Délais de règlement - Taux de marge	- Clients - TVA à payer - Stocks
- Variation de stocks	- Produits - Rotations	- Achats - Ventes
- Prestations de services	- Clientèles - Délais de règlement - Taux de marge	- Clients - TVA à payer - En-cours - Production d'immobilisations
- Travaux faits par l'entreprise	- Nature d'immobilisation	- Frais - Personnel - Amortissements
- Subventions	- Remboursables ou non	- Trésorerie
- Achats	- Revendus en l'état - Utilisés pour une production - Catégories de ventes	- Fournisseurs - TVA à récupérer - Stocks
- Variation de stocks	- Produits - Rotation	- Achats - Ventes
- Personnel extérieur	- Type de personnel	- Frais de personnel - Fournisseurs - TVA à récupérer
- Leasing	- Dette à terme - Trésorerie négative	- Fournisseurs - TVA à récupérer
- Autres	- Frais fixes, frais variables	- Fournisseurs - TVA à récupérer

272

2.

Postes	Ventilations	Liaisons
- Impôts et taxes	- Sur rémunération - Autres - fixes - variables	- Frais de personnel - État
- Personnel	- De production - D'encadrement - Administratif - Direction	- Rémunération dues - Congés à payer - Provisions pour retraite - Charges sociales
- Charges sociales	- Par catégories de personnel	- Personnel - Charges sociales à payer

- Dotation aux
  amortissements
	- Catégories
	  d'immobilisation
	- Taux d'amortissement
	- Mode d'amortissement
		- Immobilisations
		- Plus-values

- Dotation aux provisions	- Dépréciation - Risques	- Clients - Stocks - Provisions pour risques

- Charges et produits
  financiers
	- Sur emprunt
	- Sur trésorerie positive
	  ou négative
	- Provenant des filiales
	  ou participation
		- Emprunts
		- Découvert
		- Effets escomptés
		- Trésorerie

- Charges et produits exceptionnels	- Selon les cas	
- Participation		- Résultat
- Impôt société	- Résultats courants - Plus-values - Moins-values	- Impôt à payer - Trésorerie

273

3.

Postes	Ventilations	Liaisons
Tableau de financement		
- Augmentation de capital		- Capital trésorerie
- Cash-flow		- Résultat - Amortissements - Provision à caractère de réserve
- Emprunt	- Par durées - Par monnaies	- Immobilisations - Trésorerie
- Immobilisations	- Nature - Créées par l'entreprise - Achetées à l'extérieur	- Emprunts - Trésorerie
- Variation du besoin en fonds de roulement		- Stocks - Actifs circulants - Dettes à court terme
- Remboursement des emprunts	- Par durées - Par monnaies	- Trésorerie - Emprunts

4.

Postes	Ventilations	Liaisons
Bilan		
- Immobilisations incorporelles	- Type d'investissement - Durée d'amortissement	- Production d'immobilisations - Investissements - Amortissements
- Immobilisations corporelles	- Type d'investissement - Durée d'amortissement - Mode d'amortissement	- Emprunt - Trésorerie - Production d'amortissable - Investissements - Amortissements - Emprunt - Trésorerie
- Immobilisations financières	- Participation - Prêts	- Provisions - Emprunt - Trésorerie - Investissements
- Stocks	- Natures de produit - Rotations - Types de dépréciation	- Achats - Ventes - Dotations aux provisions
- Clients	- Délais de paiement - Risque d'insolvabilité	- Ventes - Trésorerie - Mobilisation financière - TVA à payer
- État	- Impôts payés d'avance - TVA à récupérer sur immobilisations - TVA à récupérer sur achats	- Impôts - Achats - Immobilisations - TVA à payer
- Autres actifs circulants	- Par délais de paiement - Par type de risques	- Divers
- Capital	- Actionnaires d'origine - Augmentation de capital	- Trésorerie

5.

Postes	Ventilations	Liaisons
- Réserves	- Actionnaires d'origine - Augmentation de capital	- Trésorerie
- Résultat		- Résultat - Dividendes
- Provisions pour risque	- Nature	- Dotations aux provisions - Reprises de provision
- Fournisseurs	- Délais de paiement	- Achats - Variation stocks - TVA à récupérer - Trésorerie
- État	- TVA à payer - Autres impôts	- Ventes - Charges fiscales - Trésorerie - TVA à récupérer
- Dettes sociales	- Par délais de paiement	- Frais de personnel - Trésorerie
- Personnel	- Congés payés - Autres	- Salaires - Trésorerie
- Autres dettes	- Par nature	- Divers

Plan de présentation d'un business plan

I. Présentation de l'entreprise

- Historique rapide
- L'entreprise, sa vocation, sa culture
- Position actuelle
  - les produits, les marchés
  - position concurrentielle
  - situation financière
  - points forts, points faibles.

II. Le projet de l'entreprise

- Que veut être l'affaire dans cinq ans :
  - sur ses marchés ?
  - au niveau financier ?
  - pour les hommes qui la composent ?
- Les moyens à mettre en œuvre :
  - politique commerciale
  - investissements envisagés
  - les hommes

III. Résumé des prévisions financières

- Bilan à l'issue du plan
- Exploitation et résultat des différentes années
- Besoins annuels de financement

IV. Exploration des risques

– Quantifier les conséquences :
  • d'un retard de réalisation
  • d'un échec partiel du plan

V. Annexes

– Données sur l'analyse produit-marché

– Évolution des effectifs

– Bilans prévisionnels annuels

– Tableaux de financement prévisionnels annuels

– Comptes de résultats prévisionnels annuels

– Détail des calculs de sensibilité